群文工作

黄达绥 ◎ 著

 厦门大学出版社　国家一级出版社
XIAMEN UNIVERSITY PRESS　全国百佳图书出版单位

序　言

　　发展群众文化事业，关心群众文化生活，不仅是推动精神文明的时代要求，也是未来建设不可缺少的前提。尤其是在中国大力推动国家新型城镇化建设的新时期，加强群众文化工作，繁荣群众文化建设，更是提高全体国民素质、创建新的精神文明、树立新的时代风貌的必然途径。

　　现阶段群文工作的基本特点，首先在于紧扣时代脉搏的"创新性"。中国的城镇化发展，需要与城镇化的不同特色相符合的城镇文化，为了建设这一城镇文化，必须大力推动群众文化工作。城镇文化的创新，并不能单纯地借鉴国际理念，一味地模仿他者，而要依托城镇自身的历史风土与人文精神，因地制宜，有效结合，创新性地提炼出为广大群众所接受的新文化。正如鲁迅先生所说的，"只有民族的，才是世界的"，因此，只有立足于地方，群众文化才能实现真正的创新。

　　现阶段群文工作的基本特点，亦体现为不同题材、不同形式的"多样性"。中国的城镇化发展，承载着最大内需所在和结构调整的重要依托，代表了经济结构转换、生活生产方式的升级，象征着传统的乡土文化朝着新型的城镇化文明的转型。城镇化文明的转型，并不是彻底地否定过去，更不是一切重新创造,而是文化精髓的历史传承,多样性的有机融会,为广大群众提供更多的、更好的精神食粮与文化服务。这样的多样性要求,也是对群文工作的一大要求,需要我们的群文工作深入群众,全心全意地服务于群众。

现阶段群文工作的基本特点,也体现为社会管理观念的"科学化"。中国的城镇化发展,需要采取统筹性的、科学性的规划与实施;需要合理、节约地利用资源,保护和珍惜生态环境;需要落实到每一个人,要求每个人皆全面、正确地理解城镇化。群文工作的根本任务,应该说不仅在于提高全民素质,使之知晓与理解城镇化的发展目标,也需要积极引导或者带动全体国民投身城镇化建设之中,通过合理的社会机制使之参与城镇化的管理,利用有效的分配制度使之成为城镇化建设的受益者。因此,群文工作的"科学化",不仅仅体现在利用高新技术手段、现代管理模式来推动群文工作的展开,更体现为使每个国民站在"科学"的立场上来审视自我的发展、城镇的转型乃至整个国家的进步。

作为中国之一隅的厦门,作为厦门之一角的海沧,一直以来就是历史传承与文明开拓的热土,是多样性的文化汇聚之地,是思维创新与科学跨越的实验之场所。这里有三都之地"九头九尾十八坑"的地理传说;有钟山蔡氏、石塘谢氏、锦里林氏、祥露庄氏等一批古老的家族;有保生大帝、送王船、蜈蚣阁为代表的民间故事或地方风俗。自东晋时期的漳州"门户",到"开闽三王"的治发传芳,再到孙中山《建国方略》的拟建"新式商埠",再到如今的"海沧区划",经历了千百年的历史变迁与文化累积,海沧如今成为中国东南地区的重要枢纽、闽南文化的对外窗口。这样得天独厚的人文风土,使海沧的城镇化建设具有扎实的底蕴、深厚的基础,这为群文工作奠定了坚实深远的基础。

与海沧文化馆馆长黄达绥女士的结识,正缘于对于海沧这一热土的感慨与热爱。我们同属厦门民盟,且作为同一批学员到厦门社会主义学院学习,就此得以结识。不过,要说了解黄馆长为人处事的风格,则是在2010年受邀加入"海沧风土"系列调查之后。面对不断消失的乡土环境,面对不断变化的城镇生活,面对不断涌现的城镇新文化,我们要如何来加以描述或者书写,保留下作为海沧风土、城市变迁乃至人类文明的一段记忆。正是基于这样一种情结,黄馆长邀请我加入"海沧风土"系列调查团队。或许正是感佩于黄馆长的热情与人格,不谙人类学调查研究的我也就抱着忐忑不安的心情加入这一团队,且一直坚持到如今。

"海沧风土"系列调查,无疑是群文工作的重要一环。不过,这一工作一开始并未获得来自组织的实质性支持。黄馆长全盘策划,一力支撑,使得调研工作能以开展。在这一过程中,黄馆长始终贯彻务实作风,为人朴实、办事扎实、诚信求实。工作伊始,千头万绪,问题不少。黄馆长认真谦逊、执着沉稳,使这一工作继续下去。在这一过程中,也贯穿务实作风,调研详实、工作踏实、注重真实。作为第一线的文化工作者,黄馆长秉承务实作风不断实践与耕耘,令我深感佩服。

《我的群文工作》一书,乃是黄馆长十多年来的生活与实践之写照,是其将自我的风格与精神落到"实"处的一大体现。拜读之后,我亦深切感受到务实的作风。团队建设、团队作品、团队特色,告诉我们要立足根本、注重实效,由此创作出一系列文化作品,创新性地提炼出自身的特色;群文杂感、群文研究、文稿例选,则是站在理论探索的立场,告诉我们遇事求真、落到实处;群文大家谈,更是站在对话的立场,探讨如何将群文工作进一步扎实地推动下去,使之更有实效。对于第一线的文化工作者,这样一个编辑方式无疑具有深刻的理论意义与直接的示范作用。梁漱溟曾在《中国文化要义》一书之中指出:"世界未来的文化,就是中国文化复兴。"我本不谙群文工作,而极为崇拜夫子之远志,对于人生亦抱有极大之热情,深知欲改变中国国民之风气,唯有文化之一途;欲追求中国文化之复兴,唯有群文之一径。群文工作之艰辛,不可谓不深也;群文工作之大任,不可谓不重也。在此,我亦真诚期待黄馆长的这一工作一直持续下去,得到更多的丰硕成果。

承蒙黄馆长不以我之文字鄙陋,嘱托为本书作序,匆匆写就,谨以为序。

吴光辉

2014 年 8 月 25 日

于厦门松竹斋

前　言

　　喜爱孩子是本性，从事教育是至小的意愿。二十五年前走上教育岗位时总以为自己会在教育岗位上忙碌到退休，于是，勤勤恳恳，在三尺讲台上施展才华，努力实现儿时的梦想，从教十七年后，因机构体制的变化，面临继续从事教育或转行从事群文工作的选择时，新鲜感和好奇心战胜了对教育的不舍，遂投身群文事业。

　　离开教育行业之时，已开始跟随市教研员培训全市语文教师，独立编写教辅材料，担任招聘教师的评委，承担市的重点课改课题，还陆陆续续在相关刊物上发表多篇论文，这种教学教研成果，在海沧教育界小学语文学科中属比较突出的，我非常满足于自己在教研上的成就，满足于本区语文老师们的肯定。

　　一念之间，选择离开教育行业，三尺讲台从此成为梦牵魂绕的圣地。刚到文体局时，面对陌生的环境和陌生的工作，我充满好奇，整天忙着处理办公室的各种事务，收发报纸、文件，撰写各类公文成了我的主要工作内容，好景不长，我马上厌倦了这种毫无挑战性的工作，从被人尊敬的教研员变成报纸收发员，角色的反差更让我的自尊心受到伤害。半路出家又缺少艺术细胞的我，无法胜任各种艺术辅导工作，我开始感到迷茫，在教育领域中获取的骄傲和自信荡然无存。我后悔，想重回教育，但各种人事关系调动程序已走完，原来的岗位已有新人，新岗位的领导又特别善待自己。那段时间，一到学校，我就不想离开，教师节时听到孩子的祝福，我就会泪流满面。

我的群文工作

在各种挣扎无果之后,我选择调整心态,强迫自己尽快进入角色,给自己定个目标:重新开始,无论什么工作,只要是自己经手做的,就要努力做得最好。

对于从教十几年的我来说,走上正常工作轨道并不难,我开始着手熟悉工作流程,查阅以往相关公文,从网上、书籍上学习群文知识,做好笔记,同时,到镇(街)、村(居)了解文化硬件建设的现状,文化活动开展、活动队伍组建等情况。利用当过语文老师的优势,对群文中存在的问题进行剖析,为群文发展拟定思路,为领导的决策提供参考。慢慢的,我接触到非物质文化遗产,找到和原先工作有许多共性的领域,在完成日常行政工作之后,我开始深入了解海沧的非遗,将此作为自己在群文界从事和研究的专业领域。

转眼十年过去了,先后在文体局办公室、文化馆办公室、文化馆负责人岗位从事办公室公文写作,活动策划、组织、执行,油画产业的调研、指导扶持,文化遗产保护,文化馆的管理等相关工作,对群文领域有了粗浅的认识,工作也慢慢得心应手了,在非遗工作方面还小有成效,当然还有了其他不菲的收获,两年内转了系列(从教育中级职称转为群文中级职称),五年内评上群文系列副高职称,走上了文化馆负责人岗位,有幸成为海沧区十一届人大常委会委员、海沧区人大代表,民盟厦门市委委员,海沧区第二批拔尖人才……我开始庆幸自己的选择,选择给予自己新的领域和新的挑战,得以从事所热爱的第二份事业。

本书梳理自己在群文工作积累下来的经验以及一些海沧区文化馆团队共同完成的作品。涉及文体协管员管理办法这块内容,由凌琳为主执笔,涉及文化人才这块内容的,由张洁为主执笔,其他人补充修改完成。谈不上总结,权当记载而已。

目 录

楔子　漫谈文化馆 …………………………………………… 1

第一章　团队建设 …………………………………………… 3
一、发展定位 …………………………………………………… 5
二、建设团队文化 ……………………………………………… 7
三、共同参与规则的制定 ……………………………………… 8
四、沉下心调研 ………………………………………………… 9
五、对接需求　讲究实效 …………………………………… 10
六、举办活动要认真有序、雕琢细节 ……………………… 12
七、海沧文化馆2013年工作分析 …………………………… 26

第二章　团队作品 ………………………………………… 37
一、厦门市海沧区文化发展规划（草案）………………… 39
二、海沧区《美丽厦门战略规划三年行动计划方案》
　　"文化提升"三年行动计划方案（初稿）……………… 52
三、海沧区文化人才发展规划（2013—2016年）………… 63

第三章　团队特色 ………………………………………… 79
一、非遗保护 ………………………………………………… 81
二、亲子读经班 ……………………………………………… 98
三、亲子活动的感悟 ………………………………………… 114
四、海沧油画 ………………………………………………… 119

第四章　群文杂谈 ······ 137

一、谈职称聘任有感 ······ 139

二、被"忽悠"当义工的总编 ······ 139

三、一个纯粹的人
　　——对台胞义工康英美的印象 ······ 148

四、小品《夜深人不静》的参赛花絮 ······ 150

五、不卑不亢 ······ 152

五、市级文物保护单位霞阳杨宅的处理风波 ······ 154

六、接待信访 ······ 157

七、感谢,感恩 ······ 158

八、工作日记选录 ······ 159

第五章　群文研究 ······ 171

一、立足农村实际　加强农村文化建设
　　——海沧区农村文化建设初探 ······ 173

二、浅谈保护海沧民间文化的几点对策 ······ 176

三、浅谈"五祖拳"有效保护和传承的途径 ······ 179

四、俯下身子　与农民平视
　　——浅谈如何提高"文化下乡"的有效性 ······ 183

五、加强外资企业员工精神文化建设的调研与思考 ······ 188

六、加强安置社区文化建设,推进城乡文化建设一体化 ······ 198

七、构建完善公共文化服务体系,为打造健康生态新区服务 ······ 204

八、城镇化进程中加强基层公共文化体系建设之浅见 ······ 211

九、关于扶持海沧油画产业的建议 ······ 217

十、重返校园,重圆梦想
　　——我与艺术扶贫 ······ 222

第六章　文稿例选 …… 225

一、保生慈济文化生态展览馆布展详稿 …… 227
二、海沧区非物质文化遗产展示厅文字稿 …… 240
三、游海沧（表演唱） …… 243
四、亲情回访（小品） …… 247
五、喜盈门（小戏） …… 254
六、蜈蚣阁（歌词） …… 265
七、海沧区文化中心启动庆典上的区领导讲话稿 …… 266
八、海沧文化中心正式启用庆典上的市领导讲话稿 …… 268
九、海沧区庆祝建党90周年文艺演出讲话稿 …… 269
十、保生大帝信俗与厦门非物质文化遗产展厅
　　开展仪式上的讲话稿 …… 270
十一、第三届海峡两岸（厦门）文化产业博览交易会海沧分会场
　　暨"祖国"大型油画长卷创作启动仪式主持词 …… 271

第七章　群文大家谈 …… 273

一、以文慧民　以文乐民　以文富民
　　——海沧群众文化建设纪实 …… 275
二、小歌手赛的启示 …… 277
三、我与摄影谈恋爱 …… 278
四、我与非遗工作 …… 280
五、关于城乡公共文化服务体系建设的思考 …… 281
六、我与免费培训 …… 291
七、用心经营，用爱管理
　　——群文管理工作感悟一二 …… 293

后　记 …… 297

楔子　漫谈文化馆

2004年,从教育行业改行到文化系统的我,一到文体局报到,就被安排在局里协助办公室工作,而人事关系因属事业编制,就落在文化馆。当时的文化馆连同我总共三个编制,在岗的只有一人。文化馆基本形同虚设,属于有机构,没有人员的状态,其大部分职能被纳入文体局整盘工作中,还有一部分类似培训的工作基本无法正常开展。

2006年,当时还在局办公室的我,因海沧区没有文化馆馆长,临时代表海沧区文化馆参加全省文化馆馆长会议,到了现场,终于感受到了体制内那种被边缘化群体的状态。以下是我和两位馆长的对话:

我:您好,请问你们文化馆编制人员有多少?

馆长甲:20多个;

我:平时你们都怎么开展群众文化工作?

馆长甲:政府给经费就干活,没有给经费就没办法开展工作。

我:财政给你们一年的活动经费是多少?

馆长甲:2万块,还不够支付水电费,所以没活动时这些人都不来上班,可以节省经费。

我:那政府怎么给你们那么多编制人员?

馆长甲:都是一些有能力安排的人把人员安排进来,但这些人能否干活,需不需要干活,没人管。

……

又找到另一位馆长

我:你们馆好像还不错,听说还组织馆里的人员一起到外面采风过。

馆长乙:是,带大家出去走走开开眼界。

我:经费怎么走?

馆长乙:我的画比较受欢迎,找到两家企业,画两幅画送给企业,企业负责赞助我们的采风费用。我告诉你哟,如果馆长没有艺术特长,根本当不了馆长,首先就是经费争取不来,其次就是没有人服你。

我:……

谈话后,我的心情沉入谷底,想过文化馆弱势,但从来没想过是这种状态,专业技术干部可以不用上班,政府可以不用拨付活动经费,还可以把大量的编制人员往里塞的团队该是怎样的一种状态呀。

但在座谈会过程中,主办方请了一些经济比较发达的地区做典型经验交流,特别是厦门思明区,对文化的投入非常大,让我冰冷的心有了些许的温暖,但对文化部门总体的感觉就如其中一个馆长比喻的那样:文化就像人脸上的眉毛,有钱修一修,漂亮!没钱放在那里也无伤大雅。经济发展、城市建设、教育教学等就像人脸上的眼睛、鼻子、嘴巴器官一样,没有是不行的,所以不要太指望政府在经济困难的时候给予文化更多的投入。

回到厦门,和领导闲聊中,聊到这两年财政给文化馆预算的活动经费,局长说"2万",怎么也是"2万"?考虑到平时文体局开展的活动不少,又问局长:"那平时开展的经费怎么来的?"局长说:"申请专项或请其他单位挂名一起组织。"

我非常迷茫,假如到文化馆,我该怎么开展工作呢?

第一章 团队建设

原来的工作经验和所学的专业,和文化馆所要从事的音乐、美术、舞蹈、曲艺、摄影等都没有衔接的点,唯独可以沾上边的是文学创作,就凭自己的文字功底,写写公文还凑合,哪里有能力谈文学创作。

还有可能的是从事文化馆的管理工作,但自己一没有经验,二这属于敏感区域。领导真会让我去做吗?我自己是开不了口呀!

我能逃避么,可逃到哪里呢?总感觉自己没有退路,只好硬着头皮,抱着试试看的态度走下去。

第一章　团队建设

发展定位

海沧区文化馆位于文化中心3号楼,2007年11月投入使用,建筑面积6 800平方米,设有展厅、舞蹈排练厅、合唱室、健身房、培训室、视听室等20多间功能室,属当时全省区县级最大的文化馆,也正因为文化中心的启动,政府给文化馆增加3个非在编的编制,至此,文化馆编制人数达到6位。

图1-1　海沧区文化中心

图1-2　文化中心广场

2008年年初,省文化厅领导到厦门,参观了海沧区文化中心,要求海沧区文化馆准备申报一级馆。确实,就凭文化馆的硬件条件,评国家级一级馆绰绰有余,更何况评一级馆可以为市、区创建文明城市加分,区分管领导要求文体局作好文化馆一级馆的申报工作。

由于要准备申报一级馆,2008年开始,局领导要求我将工作的重心慢慢转移到文化馆。至此,我全力以赴做好一级馆的所有申报工作。也就是当年,顺利通过一级馆的评估。2009年年初,我正式到文化馆上班并承担文化馆管理工作。

面对着当时群文状况和海沧区文化馆的实际情况,我确实迷茫,不知道该怎么做好文化馆的管理工作,也不明了自己在文化馆的专业发展方向。整整两个月,我脑子里都想着文化馆的定位和发展方向,同时,我走访了几个类似于思明区文化馆这样比较成熟的文化馆,向他们了解文化馆的运作和发展的情况,并多次召集馆里的同事商量今后该怎么做,最后,集思广益,我们给自己做个最简单的定位:本馆能主导的事,一定是对接群众的需求;对领导交办的事,认真保质保量完成;自己的团队,一定要用心去呵护;个人的专业能力,一定要发展。

于是,我也明确自己的工作方向:加强团队建设;深入基层调研;对接需求,开展相关工作;做好和兄弟单位的沟通,争取在没有财政拨款的情况下得到支持;夯实一定的基础后,力求作出自己本馆特色;在原有的基础上谋求发展,增加价值;根据自身的特点,致力于非物质文化遗产的传承和保护。

海沧区文化中心简介

海沧区文化中心已于2007年11月9日正式启用。它是一个综合性、多功能的公共文化活动场所,主体建筑由青少年宫、图书馆、文化馆、影剧院四部分组成。总用地面积3.5万平方米,总建筑面积近2.9万平方米,总投资11 169万元。中心内部所有活动场所实行统一管理、统筹使用、资源共享。其中文化馆、图书馆高四层,建筑面积16 586平方米,文化馆各种功能教室齐全,环境优美，可同时接纳上千人活动；图书馆可容藏书量20万册，一天可接待读者5 000人次；青少年宫高三层，建筑面积4 532平方米，可同时接纳600名青少年前来活动；影剧院高四层，建筑面积7 772平方米，可同时容纳近1 100人观看演出；文化广场面积1.5万平方米，可同时容纳数千名市民活动、休闲。

海沧区文化中心与之前落成的海沧行政办公楼群、行政广场、市民广场等项目一起，构成海沧行政中心区。文化中心的启用，海沧的广大百姓是最直接的受益者。

建设团队文化

开始正常运作的海沧区文化馆，在编和非编人数总共六人，我们将其分为三个工作部门：文艺部兼培训部；非遗兼文物保护；展览部兼办公室。其中文艺部兼培训部三人，其余两个部门均只有一人，我作为统筹，并适当倾斜非遗和文物保护工作。

我意识到，要管理好一个团队，必须建设自己的团队文化，经过深思熟虑后，确定了"和谐、敬业、服务、奉献、发展"作为本馆的团队文化宗旨，并向团队的所有人灌输"有为才有位"的理念，要求大家努力工作，成为求上进、高素质的干部或群文工作者，得到群众、同行、上级的尊重和认可，实现自我价值。当然我们对本馆文化的阐释也很简单。

所谓"和谐"，包含人与人之间的和谐，人与环境的和谐，环境之间的和谐等等，同事之间的和谐尤为重要，大家应和平相处，互相补台，同岗替代，发现别人做得不好的地方，当面劝说，不在背后议论，在利益面前，懂得互相谦让。

所谓"敬业"，就是喜欢并热爱自己的工作，对工作上心，上下班守时，保质保量完成任务，对自己所承担的项目要一站式负责到底,有做一行爱一行的精神。

所谓"服务",就是百姓事无小事,只要是基层群众合理的文化需求,只要能够为基层群众带来好处,都可以去做,也必须去做,基层群众上门,要特别热情招待,实施首问责任制。

所谓"奉献",就是不计较时间的付出,不计较精力的付出、不计较报酬的多少;崇尚为社会付出就是一种快乐。

所谓"发展",就是在熟悉业务的基础上,着眼于了解和熟悉全区乃至全市全省的群众文化,善于总结,努力提高,体现个人价值和团队价值。

共同参与规则的制定

一个团队,必须要有大家共同遵守的规则流程,我们馆也一样,贴在墙上的制度基本和其他馆差不多,但平时工作所应遵守的细节,全馆人员共同参与,提出自己的想法,再通过协调达成共识,成为约定俗成,这些习惯在具体的工作中必须严格共同遵守。

就比如,馆里的每一位工作人员在每年的年末,就要以书面的形式形成自己的第二年工作计划,提交到馆办公室,这些工作的内容和工作数量及完成工作的形式要在文化馆周例会上提出来,经过大家的讨论,觉得内容和数量均可行,就纳入文化馆第二年的工作计划。工作计划必须严格执行,不能执行必须说明理由。

再比如,在考勤上,我们有严格的制度,和局机关一样,一天八个小时必须在岗位上,但因文化馆工作的特殊性,节假日及晚上周末的加班很多,必然会占用大量的休息时间,这方面,我们强调在敬业、奉献的同时,在平时上班时间,如果家里或个人确实有事,在不影响工作的情况下,经批准同意,可以安排适当的时间调休。

近几年,如无特殊情况,馆里的同事基本不提出调休要求。

沉下心调研

一位住在农村的朋友给我讲过一件事,让我感触很深。她说,有一天,政府送电影到他们村,虽然宣传了很久,但开播时,到现场观看的群众寥寥无几,影片播放一会儿,观众们看到片子是旧的,陆陆续续回家了,影片播放还没有结束,现场就剩一个观众,放映员很感动地对那位观众说:"虽然人少,但你愿意看,我们就播给你看!"结果那个人幽幽地说:"我早就想走了,只是我家的凳子被你们用着,我是在等你们走了,好把这条凳子拿回家。"

长期以来,政府机关部门养成的工作习惯有两个:一是按上级的安排开展工作,二是认为自己应该开展某些工作。就比如,上级机关认为,为了提高基层群众的文化素质,多送些书应该是好事,于是,安排专款,要求相关部门送书下乡,相关部门就按数量要求,送了一批书到各个农村,建成农家书屋。但他们送书之前根本就不了解村里是否有合适的阅读场所,这些村民喜欢阅读什么样的书籍。结果出现没有土地的村民收到大量与种植有关的书籍,缺水的大山里的村落收到养鱼的书籍,个别村居把书长期放在仓库里或放在会议室里,从不开封。这能说是文化惠民吗?

这种做法说白一点就是不接地气,不了解群众的需求。只有走到基层去,听听基层的声音,工作才有真正的落脚点,工作才有实效性。于是,我们的团队沉下心来,按照自己确定的方向来做这份基础工作。

首先,到镇街文化站去,了解文化站近年为村居提供了哪些文化服务,需要我们区级文化馆提供什么样的指导和帮助。

其次,走访村居名人乡贤,了解他们及村民的生活状态,了解他们的文化需求,了解该村的根文化传承情况。

再次,走访老艺人、老文艺骨干,了解他们在文化上有什么专长,是否愿意或能为社会提供怎样的文化服务。

最后,召开座谈会,发放问卷调查表,了解他们的文化需求。

通过多方的走访、调查了解后,我们明确了工作的落脚点,明确今后工作的方向。

记得第一次到基层调研,很多人都不知道文化馆是什么单位,更不知道文化馆能做什么,和居民交谈时,都得先对自己的身份解释很久,然后再阐述自己的工作职责。尽管这样,他们还是似懂非懂。当时,同事们也很纠结,问我是否要这样做,这样做有意义吗?我就对他们说,坚持!我们的做法不会有问题,现在不认识我们,不了解我们工作职责不重要,重要的是他们若干年后能熟悉文化馆,能因为文化馆的努力而享受多一点的文化待遇。

通过调研,我们形成了自己的调研报告。

调研报告出来后,局里把基本情况汇报到区委宣传部,时任部长非常重视,召开会议,商讨采取切实的措施来加强农村文化建设,后决定采用我们的建议:"加强农村文化协管员队伍建设"作为切入点,让每个村居配备专职的文体协管员,出台相关的聘任制度和管理办法,提高文体协管员待遇。后来,我区的文体协管员的队伍建设成为全省基层文化队伍建设的成功范例,多次在省、市作经验典型交流。

对接需求　讲究实效

以前政府为百姓提供的各类文化服务产品有限,一是送文化下乡,如"温馨海沧"文化下乡活动,二是举办一些简单的赛事活动,取得的效果不错,但也有很大的局限性,一是参与面不够广,二是缺乏持续性,三是不一定是基层群众喜欢的活动。

针对这些情况,通过调研,了解到基层群众的需求后,我们就开展了一系列可持续性的活动,其中效果最好的是"培训—推广—指导—比赛"这一模式。

以广场舞推广为例,首先是培训,由每个村推选 2~4 名文艺骨干(文体协管员必须参加)参加文化馆举办的持续性的培训,馆里的专业教师不够,就外聘培训教师,每一期推广 4~6 个舞种,每个班 30 人,循环开班,让每个村的文艺骨干都能接受培训。

其次是推广,培训后,将舞曲复制好,让这些文艺骨干带回去温习,要求他们在本村居组建队伍,开始推广培训。

接着就是辅导。推广时间将近一个月后,文化馆下发通知,告知文化馆文艺干部下基层辅导,要求各村居上报辅导的时间、地点。不管是白天还是晚上,文化馆的下乡辅导时间服从村居的时间安排。根据各村居的时间安排,进行梳理,下基层一支一支队伍进行辅导。

最后是比赛,文化馆根据队伍的成熟情况,组织全区性的广场舞比赛,以奖代补,对这些参赛队伍给予资金奖励。

通过几轮的循环,收到意想不到的效果,一是村民参与的热情高,二是村民参与的人数多,三是初步塑造了文化馆在基层的形象,基层的队伍都说,文化馆人既敬业又专业。

图 1-3　文艺队伍培训

图1-4 "文化四下乡"

举办活动要认真有序,雕琢细节

文化馆开展群众性的文化活动非常多,就以2013年为例,举办大型的广场文化活动120多场,馆里人手少,既要完成场次的数量,还要把每一场活动做好,这就得靠积累的经验和有序的安排。主要做法如下:

首先,采取项目负责制,一个项目交给一个人总负责,原则上是要熟悉这份工作的人,包括前期方案的制定、过程的执行、后期的总结、信息的报送、效果的分析等等,所有的工作要贯穿到底。并先强调,这项工作如果自己能完成,就不要再去牵扯第二个人,如果在执行过程中需要馆里介入的,在策划时就得先提出来,馆里统一安排。

其次,要制定详细的方案,制定方案时一定要考虑细节,细节可以不体现在方案里,但一定要在脑海里。还要考虑可能出现不可预见因素,一定要有备选的方案。

最后,在执行过程中,全权处理所有的事情,包括合理的经费使用,遇到疑难或拿不定主意的时候,再来请示馆长,否则只需汇报工作进展和展示工作结果。所以,长期以来,海沧区文化馆里各工作部门专业技术人员除了要有一技之长之外,其中不可缺少的是文字功底。

当然,作为学艺术的文化馆干部来说,撰写各种文字材料是弱项,许多文化馆干部不缺实战经验,做起活动来程序非常清晰,但一旦需要制定详细的方案,或需总结提高时,他们就害怕,而这一块,我们馆里从来就没有放松过,文字材料始终跟随着活动。就比如,学钢琴的蔡菲,她制定的"喜迎十八大暨厦门市第五届群众文化艺术节海沧专场文艺晚会方案"比网上搜索的强多了。

"喜迎十八大"暨厦门市第五届群众文化艺术节海沧专场文艺晚会方案

为了迎接党的十八大胜利召开,庆祝中华人民共和国成立63周年,展示我区群众文化事业蓬勃发展的成果,拟举办喜迎十八大暨厦门市第五届群众文化艺术节海沧专场文艺晚会。

一、组织机构

主办:海沧区委宣传部　海沧区文体广电出版旅游局
承办:海沧区文化馆

二、活动主题

喜迎十八大暨厦门市第五届群众文化艺术节海沧专场文艺晚会

三、活动时间

2012年10月30日　19:00

四、活动地点

海沧区文化中心影剧院

五、节目内容

由海沧区文化馆自创自编自导,我区业余文艺骨干参与,拟参加第五届厦门市群众文化艺术节的部分文艺节目。

(一)音乐类

女声独唱《我爱我的家乡》(原创),男声独唱《梦中的卓玛》,男声小组唱《海沧湾　海沧港》(原创),小组唱《鼓浪恋歌》(原创),表演唱《海沧三宝》(原创),合唱《海风吹》《火把节的欢乐》,古筝独奏《林冲夜奔》,二胡独奏《豫乡行》等

(二)舞蹈类

《快乐的渔家嫂》(原创),《祝福祖国　扎西德勒》,《风酥雨忆》,《走雨》等

(三)戏剧、曲艺类

小品《等你没商量》(原创),相声《80后的幸福童年》(原创)

(四)诗歌朗诵类

《永生的和平鸽》,《河床》

海沧区文化馆
二〇一二年十月十九日

**"喜迎十八大"暨厦门市第五届群众文化艺术节
海沧专场文艺晚会节目单**

节　目:

一、女声合唱《海沧之歌》　演出单位:区直机关女子合唱团

二、京剧《贵妃醉酒》 演出单位:盛世和鸣京剧社
三、表演唱《海沧三宝》 表演者:毛永安等
四、女声独唱《我爱我的家乡》 演唱者:卢辰仪
五、小品《等你·没商量》 表演者:周耀 纪立昆 邱丽玲
六、小组唱《鼓浪恋歌》 表演者:李伏阳等
七、二胡独奏《豫乡行》 演奏者:罗岚
八、男声小组唱《海沧湾 海沧港》 表演者:张亚力 邹忠普等
九、诗朗诵《永生的和平鸽》 表演者:凌琳 宋亮
十、男声独唱《梦中的卓玛》 演唱者:罗峭松
十一、舞蹈《风酥雨忆》 表演者:谢玲珊等
十二、少儿舞蹈《妈妈,我没哭》 演出单位:育才小学
十三、民乐合奏 演出单位:延奎小学
十四、大型舞蹈《红灯笼》 表演者:潘玉眉等

主　　持:凌琳(兼主持词撰写)
　　　　罗峭松

主　　办:中共海沧区委宣传部
　　　　海沧区文体广电出版旅游局

承　　办:海沧区文化馆

时　　间:2012年10月29日19:00

地　　点:海沧区文化中心影剧院

"喜迎十八大"暨厦门市第五届群众文化艺术节
海沧专场文艺晚会主持词

(开场白)

尊敬的各位领导、来宾、亲爱的朋友们：

晚上好！

凌：金秋十月，从首都北京到鹭岛之滨，鲜花、彩旗笑脸无处不在。在复兴伟业的辉煌里，我们迎来了党的十八大的召开！

罗：党的十八大犹如一朵盛世花环。在灿烂的阳光下，镰刀和铁锤向世人展示中华民族的雄姿。

凌：凝望这面鲜红的旗帜，我们仿佛穿梭在历史长廊里。我们不会忘记1921年南湖红船上发出的那声呐喊，更不会忘记天安门城楼上的庄严宣告。

罗：透过这面鲜红的旗帜，我们仿佛置身于一幅波澜壮阔的战斗画卷。改革开放掀起社会主义建设的新浪潮。

凌：远的不说，就看看咱们生活的这座城——海沧！这个昔日的渔村如今早已成为现代化新城区。经济综合实力跻身全国百强，社会管理创新进入国家第一方阵，各项经济指标在全市名列前茅。

罗：在海沧，到处充满着发展的活力，洋溢着干部群众的豪情，而今天，幸福的海沧人将用最朴实的方式来赞美新生活，歌颂伟大的共产党！

凌：值得一提的是，我们所有的演员都来自我区的各行各业，他们中有在读学生，有企业员工，有武警官兵，有退休干部，还有很一大部分是咱们快乐的渔家大哥渔家嫂。他们自创自导自编自演，用歌声唱响和谐新篇，用舞姿为十八大献礼！

罗：我们坚信，党的十八大必将成为世人瞩目的一盏明灯指引我们勇往直前收获美丽与辉煌!

尊敬的各位领导、各位来宾,"喜迎十八大"暨厦门市第五届群众文化艺术节海沧专场文艺晚会——

(合)现在开始!

凌:首先,有请来自延奎小学的孩子们。他们将带来一曲民乐合奏《闽巷晨音》。请欣赏。

2. 男声独唱《最美的歌儿献给妈妈》

凌:谢谢孩子们。一曲《闽巷晨音》拉开小城新一天的序幕,也道尽小城的祥和美好。接下来,要欣赏的是男声独唱《最美的歌儿献给妈妈》。

3. 少儿舞蹈《妈妈,我没哭》

凌:谢谢小罗。是啊,当我们在党旗下庄严宣誓后,就成了党的儿女。91年的风雨前行,虽说也有荆棘,可是因为有了妈妈,我们从来不曾退缩! 接下来,请欣赏少儿舞蹈《妈妈,我没哭》。

4. 方言说唱《海沧三宝》

罗:真是一群可爱的孩子。在他们身上,我们看到了民族的希望。下面我们要欣赏的是一个富有咱们闽南风情的节目,请欣赏方言说唱《海沧三宝》。

5. 二胡独奏《豫乡行》

凌:这些大姐大叔真让人羡慕,谁说青春只属于年轻人? 如今在咱们海沧的各个广场随处可见老年人跳排舞、打太极的身影。和谐,就在他们的笑容中绽放。接下来,要邀请各位继续带着愉悦的心情来一趟豫乡之行。

6. 小品《等你没商量》

罗:怎么样,这趟豫乡行收获不少吧? 祖国风光无限好啊!

不过,下面要登场的这位兄弟,估计此时已经没有游山玩水的兴致了,他现在满脑子想的就是怎样才能平息老婆的怒火。一起去看看。

7. 舞蹈《风酥雨忆》

罗:瞧把他高兴得!得,咱也替他高兴,这小家庭和睦了,咱们的大家,咱们的社会不也和谐欢乐了么!下面请大家欣赏舞蹈《风酥雨忆》。

8. 女声独唱《祖国之恋》

罗:请欣赏女声独唱《祖国之恋》。

9. 诗歌朗诵《永生的和平鸽》

罗:"祖国"这神圣的词汇,在每个华夏儿女心里,都是精神和灵魂永远的家园。而30多年前,一位年轻的战士毅然远赴亚热带前线,为的就是维护祖国的和平与稳定。请欣赏诗歌朗诵《永生的和平鸽》。

10. 男声小组唱《鼓浪恋歌》

罗:请欣赏男声小组唱《鼓浪恋歌》。

11. 舞蹈《走雨》

罗:请欣赏舞蹈《走雨》。

12. 女声独唱《海沧之歌》

凌:谢谢姑娘们带来的丝丝细雨。"春风化雨润心田",这也正是海沧民众的切身感受。这些年,从教育改革到医疗保障,从文化大繁荣到和谐拆迁的海沧模式,每一件都是实实在在的"为人民服务"。今天我们也要为咱们的建设者们唱一曲。请欣赏《海沧之歌》。

13. 大型舞蹈《红灯笼》

凌:最后,让我们一起高挂喜庆的红灯笼。

结束语

罗:在火红的灯笼里,我们的演出即将落下帷幕。

凌:今天,我们将美妙的歌声化作深情的祝福,将动人的舞蹈编织成衷心的祝愿,祝福我们伟大的党从胜利走向胜利,祝愿祖国繁荣富强。

罗：让我们在欢歌笑语中，在鲜红的党旗下，共同迎接海沧更加美好的明天！

凌：朋友们，谢谢您的观看，再见！

海沧区文体广电出版旅游局关于"喜迎十八大"开展系列活动的函

海沧区公安分局：

为了喜迎党的"十八大"胜利召开，展示海沧经济发展、文化繁荣、生活和谐的万千气象，海沧区文体广电出版旅游局拟在"十八大"召开之前举办系列文艺演出、群众文体项目展示、美术书法摄影展、电影放映等活动，为党的十八大召开营造热烈和谐的喜庆氛围。现将活动情况向贵局报备。

特此函达。

附：海沧区文体广电出版旅游局关于"喜迎十八大"活动内容安排（略）

海沧区文体广电出版旅游局

2012 年 10 月 22 日

关于举办"喜迎十八大"暨厦门市第五届群众文化艺术节海沧专场文艺晚会的情况汇报

区委、区府办：

为了迎接党的十八大胜利召开，展示我区群众文化事业蓬勃发展的成果,拟于2012年10月30日19:00在海沧区文化中心影剧院举办"喜迎十八大"暨厦门市第五届群众文化艺术节海沧专场文艺晚会。晚会由海沧区委宣传部、海沧区文体广电出版旅游局主办,海沧区文化馆承办,晚会舞台节目由海沧区业余文艺骨干参与,海沧区文化馆自创自编自导自演的,歌颂和赞美海沧的音乐类、舞蹈类、戏剧曲艺类、诗歌朗诵类节目组成。届时,建议请区四套班子主要领导及分管领导,区各部、委、办、局、各镇(街)人民团体和区属企业等单位领导观看。

附:

1."喜迎十八大"暨厦门市第五届群众文化艺术节海沧专场文艺晚会方案

2.关于组织观看"喜迎十八大"暨厦门市第五届群众文化艺术节海沧专场文艺晚会的通知

3."喜迎十八大"暨厦门市第五届群众文化艺术节海沧专场文艺晚会节目单

4."喜迎十八大"暨厦门市第五届群众文化艺术节海沧专场文艺晚会入场券安排表

海沧区文化馆
2012年10月19日

关于举办海沧区"歌唱祖国"歌咏比赛活动的通知

各党委(各党组、直属党工委、直属党支部),各部、委、办、局,各镇(街),各人民团体:

为庆祝中华人民共和国成立60周年,热情讴歌祖国社会主义建设特别是改革开放和现代化建设的辉煌成就,展示我区干部职工

高度的爱国热情和团结奋进、昂扬向上的精神风貌,经区委研究,决定举办海沧区"歌唱祖国"歌咏比赛活动,有关事项通知如下:

一、组织机构

主办单位:中共海沧区委、海沧区人民政府

承办单位:中共海沧区委宣传部、区委文明办、海沧区文体局、区文联

本次比赛设组委会,下设办公室,办公室设在区文化馆。

二、参赛对象

以下系统和单位各组1队参赛:

1. 区直机关党工委(不含列入以下系统的区直各机关单位或部门)
2. 区政法系统(由区政法委牵头)
3. 区经贸系统(由区经贸局牵头)
4. 区教育系统(由教育局牵头)
5. 区卫生系统(由区卫生局牵头)
6. 区财税系统(由区财政局牵头)
7. 区建设系统
8. 东孚镇
9. 海沧街道
10. 新阳街道
11. 海沧投资集团有限公司
12. 海沧公用事业有限公司

三、比赛形式

比赛采用合唱形式,统一用钢琴伴奏,每队人数在60~80人,除指挥、钢琴伴奏、领唱外,合唱人员必须是本单位在岗人员。

四、参赛曲目

每个合唱队参赛曲目为两首,一首为规定曲目(目录附后),另一首为自选曲目,自选曲目应选择切合主题的中国优秀歌曲(包括行业歌曲和规定曲目中的歌曲)并经组委会确认。

五、时间地点

1. 报名时间:各参赛单位应于 7 月 31 日前将报名表填好并加盖公章送至区文化馆,地址:海沧区滨湖北路 15 号 3413 室;联系人:×××;联系电话:××××××。

2. 比赛时间:9 月下旬(具体日期另行通知)

3. 比赛地点:海沧区文化中心影剧院。

六、评比标准

比赛采取 10 分制,邀请市有关专家组成评审小组,负责比赛评比工作。

评比标准为:

1. 精神面貌、舞台作风、领导参与;
2. 音准节奏、演唱技巧、声部效果;
3. 歌曲处理、作品体现、演唱风格。

(注:组队单位系统领导参与可加 0.2 分)

七、奖项设置

本次比赛设一等奖 1 名,二等奖 2 名,三等奖 3 名,优秀奖若干名,对获奖单位分别给予奖励。

八、几点要求

1. 各系统、各单位要高度重视,要把本次活动作为对干部职

工进行爱国主义教育的重要形式,广泛发动,积极组队参赛;

2. 各系统、各单位领导要积极带头参赛,为节目的组织、排练、演出等提供必要的人员、经费、时间上的支持,做到既注重效果,又注意节俭;

3. 各参赛队应统一着装,赛前要积极组织排练,争取赛出风格,赛出水平。

附件:1. 海沧区"歌唱祖国"歌咏比赛报名表;
　　　2. 海沧区"歌唱祖国"歌咏比赛规定曲目目录。

中共海沧区委宣传部　中共海沧区委文明办
海沧区文化体育局　海沧区文联
二〇〇九年七月十三日

"歌唱祖国"歌咏比赛组委会人员组成及分工

总　策　划:×××

执行策划:×××

一、演出组:××××

组　长:×××

成　员:×××,×××

职　责:1. 各队参赛曲目审定

　　　　2. 召开领队会,布置抽签等相关事宜

　　　　3. 舞美、灯光、音响的布置

　　　　4. 制作安装合唱台

　　　　5. 制作节目单

　　　　6. 邀请主持人

　　　　7. 撰写主持词

8. 邀请评委组成评审小组
9. 制定评分标准

演出图片

10. 安排两名计分员
11. 安排走台、配伴奏等演出事宜
12. 预算本组使用经费

二、安全保卫组

组长：×××

成员：×××，×××

职责：1. 拟定公安、交警、消防安全保卫工作方案
   2. 检查场馆设施安全
   3. 联系供电部门，确保演出用电安全
   4. 演出当天全面协调、组织实施安全保卫工作方案
   5. 预算本组使用经费

三、后勤保障组

组长：×××

成员：×××，×××

职责：1. 场所申请和安排

2. 座位安排（制作示意图）
3. 周边气氛布置
4. 评委座位牌、工作人员用牌制作
5. 评委接送车辆保障
6. 现场医疗救护保障
7. 工作人员饮水保障
8. 联系电工在现场保障用电安全
9. 奖牌制作
10. 颁奖领导、程序安排
11. 整场活动经费预算汇总

注：各组应于6月30日前提出经费预算安排，9月10日前出初步工作方案。

在群文行业工作，平时可参照和借鉴的文档和案例特别少。我们馆要求艺术干部制作活动方案，要花不少精力。当然，所有的方案都是为活动服务，但制定方案过程就是思考的过程，只要按照方案认真执行，这项工作没有做不成和做不好的。

认真制定各种活动方案，还能养成大家认真工作的好习惯，也符合现在政府的工作要求，今年，有个部门将自己要开展活动的方案报区委办，区委办就直接打回去，告诉他们写活动方案要文化馆把关后才能往上报。

我们经常和文化传媒公司打交道，有时候看到他们提供的活动方案，我就在想，假如我们文化馆的同志下岗了，到这些文化传媒公司就职，也可以谋一口饭吧。

海沧文化馆 2013 年工作分析

  团队建设需要过程和积淀，转眼又到了 2013 年的工作思路安排，与往年一样，在 2012 年年底，我们馆里都要召开几次馆务会，研究 2013 年的工作思路和工作计划。制定工作计划需考虑的因素有：首先是省、市、区里涉及群众文化的相关精神如何在工作中体现以及一些具体需要完成的项目；其次按照国家一级馆的要求所需完成的各项基础工作；第三、局里长期由我们馆承担的文物、文化产业等相关工作如何完成；四、馆里的特色工作如非遗、亲子活动如何再做出特色；五、每个专业工作人员如何找出一至两个和自己专业相关的特色工作思路；六、留足时间和空间完成临时交办的其他工作。

  这一年，我们安排了如培训、辅导、演出、展览等基础工作，同时，还根据自己馆里的特点，完成了非物质文化遗产展厅建设、拆迁村"一村一本"普查和编辑，亲子志愿活动等特色工作。单凭这些工作，就足够我们忙碌。可 2011 年年底布置的厦门市创建国家级公共文化体系示范区，在 2013 年必须验收通过。这项工作是一项全区性的工作，时间长，任务重，早在 2011 年，我担心局里习惯性地把整个创建工作放到文化馆，就建议局长对工作进行分工，由我们馆承担一项最重的任务——按指标要求做好 73 盒创建材料的收集和整理。局长也同意了，但在工作推动过程中，市里、镇街和其他相关单位许多工作都直接和文化馆联系，文化馆平时一直强调责任和首问制，结果做着做着，到了 2013 年，除了材料的整理外，对镇街、村居场所的指导，文件的制定，书面汇报材料的初稿撰写，4 次的阶段迎检的准备工作，大部分都变成文化馆的工作。结果这一年，和往年一样，我们又临时增加了很多工作。

海沧文化馆2013年工作总结表

项目1 创建公共文化示范区

原计划工作内容：收集有关工作文件、材料，按指标要求整理好76项指标相关材料，汇编《海沧区创建国家公共文化示范区工作手册》。做好两街一镇及38个村居文化中心建设，力求100%达标。

负责部门：非遗部。

主要责任人：张洁牵头，馆里其他人配合，稽查队林静、图书馆赖明丽配合

完成情况：汇编《海沧区创建国家公共文化服务体系示范区工作手册》，推进区、镇街、村居三级公共文化服务场所建设，100%达标，完成我区6大部分、30项内容、76个基本指标、29份数据表格、23项创建亮点的迎检材料的整理和报送工作。圆满完成创建国家公共文化服务体系示范区工作，高分通过国家文化部的评估验收并荣获"厦门市创建国家公共文化服务体系示范区先进区"称号，海沧区文化馆被评为"厦门市创建国家公共文化服务体系示范区先进单位"。

项目2 群众文化活动开展

原计划工作内容：做好"美在海沧"及各种专题和节庆日的文艺演出90场；完成"美在海沧"文化进社区系列活动10场；结合节假日，举办美术、书法、摄影等展览及流动展览15场；开展亲子国学读经班活动48期。

负责部门：文艺部、展览部、办公室。

主要责任人：陆建英、凌琳、蔡菲、阮文婷、陈淑华。

完成情况：举办"美丽海沧"系列文艺活动122场。其中广场

精品文艺演出83场（海沧区文化中心广场共举办61场"美在海沧"假日广场歌舞晚会；在海沧阿罗海城市广场共举办14场"美在海沧"假日广场歌舞晚会；从9月份起还在海沧新阳街道悦实广场共举办8场）；在文化中心剧场等场所举办各专题大型演出6场；民俗阵头表演18场，"文艺轻骑兵"等文化进社区14场；为配合我区"对台合作交流先行区"的发展目标，我馆以"美在海沧 情系台企"为主题，将文化送进台企，在台企举办各种演出、展览5场。总共开展52期亲子国学培训班，并组织两次结业典礼和一次孝道成长体验营活动。

项目3 培训讲座

原计划工作内容：根据具体情况举办文体协管员排舞、拉丁舞培训；区直机关排舞培训；相声、小品或朗诵培训；书法、摄影培训；群众性的美术、书法、摄影培训或讲座；举办两周一期的摄影沙龙。

负责部门：培训部、展览部

主要负责人：陆建英、凌琳、蔡菲、阮文婷、陈淑华

完成工作情况：开设常规性和阶段性培训。常规性培训项目：少儿合唱班、青少年表演班、中老年合唱班、亲子国学读经班、水头慈善艺术团节目排练等十多个项目，每月培训40课时，每年大致400多课时；同时，文化馆还根据我区群众的实际需求，开设了阶段性3期免费培训，每一期历时2～3个月，有亲子书法班、亲子手工班、拉丁舞班、吉他班等40个培训项目，培训960课时，受益群众近万人。举办24期摄影沙龙，受益群众700多人。

项目4 赛事

主要负责部门：培训部。

主要负责人：陆建英、凌琳、蔡菲、阮文婷。

原计划工作内容和完成工作情况：举办少儿声乐比赛和少儿

故事大王比赛,选拔选手参加省赛;举办成人声乐比赛,聘请教师进行声乐培训,储备小型节目;举办全区排舞争霸赛;组织队伍参加全省文体协管员技能大赛。

项目5 队伍建设

主要负责部门:培训部、展览部。

主要负责人:陈淑华、陆建英、凌琳、蔡菲、阮文婷。

原计划工作内容:做好文体协管员和农村文艺骨干队伍建设;组建大鼓凉伞队伍20支、健康舞20支,京剧、歌仔戏社各一个;组建美术、书法、摄影展览志愿者队伍。

完成工作情况:根据我区文件精神,制定《海沧区文体协管员管理办法》《海沧区基层文化以奖代补专项资金管理办法》;举办三期免费培训,其中有三个课程是专门针对文体协管员和农村文艺骨干开设;下乡指导村(居)文艺队伍建设,包括指导大鼓凉伞队伍64课时,指导海虹社区秧歌队20课时,指导新阳街道广场舞队伍30课时,带领他们参加"2013年厦门市健身广场舞锦标赛展示活动"获得风采奖;共组建20支大鼓凉伞队伍,成员400人;顺利运行盛世和鸣京剧社以及评剧社,参与我区全年大小文艺演出数十场。(新增加)成立青少年表演班、少儿合唱团。

项目6 非物质文化遗产

主要负责部门:非遗部。

主要负责人:刘丽萍。

原计划工作内容:完成东屿村的资料整理,将后井村与东屿村的调查资料汇编成册;继续开展锦里、石塘等其他村落的民俗调查和资料整理;继续进行民俗实物收集,进行非遗展厅的建设工作;深入挖掘我区造船技术、土笋冻制作等非遗项目,根据非遗项目价值的大小申报市级、省级、国家级名录予以保护。

完成工作情况:海沧街道东屿村和后井村民俗调查资料的收集整理顺利完成,编印出《风土海沧》系列丛书之《凤舞东屿》、《金沙后井》两卷;根据实际情况,启动温厝村、海沧村、囷瑶村的民俗调查和资料整理工作。建设完成海沧区非物质文化遗产展示厅,结合第五届海峡论坛,举办非遗展示厅开馆仪式,展厅按上班时间免费开放,接待了大量的参观群众。申报的海沧土笋冻制作技艺和闽南天然香制作技艺入选厦门市第四批市级非物质文化遗产代表性项目,土笋冻制作技艺传承人林联和、闽南天然香制作技艺传承人陈建兵被评为市级代表性传承人;已将我区造船技术相关资料整理成文字资料,并对接好相关传承人,准备于2014年申报市级名录项目。结合我国第八个"文化遗产日",开展国家级非遗项目——海沧蜈蚣阁的宣传和展示活动。

项目7 文物保护

主要负责部门:非遗部。

主要负责人:刘丽萍。

落实青礁慈济宫修缮启动相关事宜,继续推进庄银安旧居、胡元轩墓等文物保护单位的修缮和保护工作。定期开展文物点的检查,完善各项管理制度。

在青礁慈济宫修缮保护方面,完成配合设计单位提供青礁慈济宫文物保护规划设计所需的地形图、档案等相关资料;配合海旅集团整理青礁慈济宫修缮立项相关材料;向省文物局报送《青礁慈济宫修缮工程开工登记表》等工作。目前青礁慈济宫修缮工程已正式开工。庄银安旧居、胡元轩墓的修缮方案发回设计单位继续完善修改。参照市文广新局下发的《厦门市文物安全与执法巡查记录本》,定期开展文物点的检查,督促文物管理人员对存在问题进行整改。

(新增加)完成区人大执法检查组对我区《文物保护法》落实情

况的检查工作,撰写迎检总结报告,整理相关文物档案资料,配合其对我区多处文物保护单位进行实地考察;为莲塘别墅、霞阳杨宅及庄银安旧居等古民居进行了白蚁灭治,配置灭火器等消防器材;为莲塘别墅、霞阳杨宅配备了声控式和联网式警报器;对霞阳杨宅、庄银安旧居、莲塘别墅进行电线改造,确保文物安全。

项目8　文化产业

主要负责部门:非遗部。

主要负责人:张洁。

原计划工作内容:做好文化人才发展规划、文化人才引进和培育实施办法的制定和实施。抓好文化人才引进、文化艺术名家工作室建设工作;组织辖区相关文化艺术企业,参与市级、省级、国家级文化产业示范基地的申报工作;做好第六届海峡两岸(厦门)文博会分会场的筹办工作;做好中国油画邨软硬件配套设施建设、油画相关扶持优惠政策落实、区美术产业协会的规范管理等各项工作。

完成情况:根据《海沧区人才发展五年规划(2012—2016年)》等文件精神,结合"海纳百川"人才计划实际,制定出台《海沧区文化人才发展规划(2013—2016年)》(厦海委办〔2013〕64号)、《海沧区高层次文化人才引进和培育暂行办法》(厦海委办〔2013〕70号)2份文件。结合我区"百家会所"工程,围绕兴港花园、天竺山景区名家工作室(会所)聚集区的建设,落实名家引进计划,推动著名诗人汪国真、著名影视演员唐国强、齐白石画院院长章友华等一批名家工作室落户海沧。积极推动省级文化产业示范基地——海沧油画村纳入第四批国家级文化产业试验园区——福建(厦门)闽台文化产业园范畴。配合完成第六届海峡两岸(厦门)文化产业博览交易会海沧油画、玛瑙分会场筹办工作。完成马青路永信花园油画街立面整治及景观改造;依托兴港花园四期项目的建设,拓展海沧油画产业发展新空间,完善中国油画邨艺术品交易中心建设;完成

2013年度油画产业创业奖励发放和2012年度油画企业地税退税工作。

项目9　美丽海沧　共同缔造（新增）

主要负责部门：文艺部。

主要负责人：蔡菲、凌琳、阮文婷、陈淑华。

原计划工作内容：围绕"美丽海沧　共同缔造"开展相关活动

完成情况：利用群众舞台，调动社区文艺骨干共同参与美丽海沧共同缔造的工作。组织"文艺轻骑兵"演出，举办海沧区群众文化示范点文艺骨干才艺比赛。多次深入洪塘村、海虹社区、兴旺社区等地了解社区文艺队伍情况及现有困难。通过对社区原创节目进行帮扶指导提高社区文艺队伍的专业水平。根据队伍需求，针对洪塘村"好媳妇"评选活动，专门编创说唱节目《婆媳情》；对兴旺社区"特色之家"原创作品《兴旺之歌》进行修改提高，请专业人员制作伴奏MIDI，并对社区演唱人员进行了现场教唱；对海虹欢唱队的原创歌曲《美丽的厦门我的家》进行修改提高，制作成伴奏MIDI。关爱公交车司机、城市环卫工人、外来务工人员、残疾人等弱势群体，举办环卫工人专场文艺演出。在各类文艺演出中，免费向弱势群体赠送门票，使他们有机会走进剧院，欣赏高雅艺术。围绕"美丽厦门　共同缔造"之"百姓讲故事，讲百姓故事"活动，组织海沧区美术产业协会会员画师深入东孚镇西山社、新阳街道兴旺社区等试点社区，以群众积极参与共同缔造的典型故事为素材，进行现场创作绘画。现已完成主题油画作品近30幅。

项目10　艺术扶贫

主要负责部门：培训部。

主要负责人：凌琳。

原计划工作内容：与外来务工人员集中的企业直接挂钩,开展共建。

完成情况：举办"外来员工子女舞蹈班"。

项目11　精品创作

主要负责部门：文艺部、展览部。

主要负责人：凌琳、蔡菲、陆建英、阮文婷、陈淑华。

原计划工作内容：创作声乐类、曲艺类、器乐、小品、歌舞类节目各一至两个。

完成情况：完成少儿合唱《我们是春天》、小品《众生》的编排工作；完成原创小品《夜深人不静》编排工作,在"第五届中国戏剧奖小戏小品奖"选拔赛中获评"推荐剧目",在全国总决赛中获评"剧目奖";组建队伍参加"2013年喜迎十八大,巾帼健身行"广场舞比赛,获得一等奖;组建队伍参加"第十九届运动会广场舞比赛",获得第六名。创作小品《老杨的故事》、大型歌舞《旗帜颂》廉政文化节目;配合编辑《我爱海沧的七大理由》已经出版（新增）;参加厦门市文广新局主办、市图书馆和市文化馆承办"公共文化服务体系建设摄影大赛",我馆选送的多幅摄影作品获奖,其中,叶莎莉的摄影作品《千人腰鼓齐欢舞》荣获一等奖,肖华蓉的《晨歌晨曲》荣获二等奖,陈淑华的《海沧文化志愿者在行动》获得三等奖,黄昱臻的《两岸学者雄辩才》、郑伟明的《海沧庙会》《火的激情》获得优秀奖（新增）。

项目12　公文材料的撰写

主要负责部门：馆办公室。
主要负责人：全馆人员。
原计划工作内容：完成上级单位交办的各种文字材料的撰写和督办件等材料的回复。
完成情况：2013年，全馆工作人员完成局机关等上级部门交办的公文、督办件等材料700多件。

项目13　信息报送

主要负责部门：办公室、文艺部、非遗部。
主要负责人：陈淑华、凌琳。
原计划工作内容：完成局里交办的信息报送任务，编印内部刊物《海沧群文信息》12期。
完成情况：在省级刊物、文化厅网站发表信息及图片10篇；在市级刊物、文化部门网站发表信息及图片50多篇；在区政府网、海沧消息等报纸发表信息及图片近百篇。完成文化馆内部刊物《海沧群文信息》的信息审核、编辑工作，共完成编辑和发行24期。

海沧区户籍人口不足15万，常住人口40多万，下辖两街一镇，属于厦门市户籍人口最少的行政区。和其他区相比，海沧区文化馆人员编制也是最少的。常常听说很多文化馆专业技术人员被抽借到主管局，从事局里的行政工作。由于工作量大，海沧文化馆长期从局里借用人员到文化馆帮助工作，这些人还成为文化馆的骨干力量。从每年度工作完成的记录看，文化馆的工作都超额完成计划任务。很多人认为文化馆的主要工作是演出、展览、培训等。其实不然，海沧区文化馆许多工作来自"完成上级单位交办的各种文字材料的撰写和督办件等材料的回复"，就从2013年的工作总结项目数据来看，全馆工作人员完成局机关等上级部门交办的公文、督办件等材料700多件。这项工作总结起来一句话，可花掉了整个馆专业人员近一半的精力。但是大家并无怨言，还是很开心地把工作完成得很好。就说创建工作吧，凡是我们对接完成的一些考评指标，在全市中都稳居第一。

第二章 团队作品

文化馆的工作具体为：承办政府主办的各类社会文化艺术活动，组织开展各类社会文化艺术活动，包括常设阵地活动、社区、乡镇、广场等文化活动；为群众提供各种健康、有益的文化服务；组织群众文艺作品创作；辅导、培训文艺骨干和社会文艺团队；挖掘、保护和传承非物质文化遗产民间文化遗产；组织和开展群众文化理论研究；辅导本行政区域内下一级文化馆、文化站（中心）开展群众文化工作；开展对外社会文化交流，弘扬中华民族优秀文化等。

海沧区文化馆的工作任务却很特殊，额外承担：文物保护和传承工作；文化产业的扶持工作；人才发展工作以及局里的文化类的部分行政工作。我们还要承接各种规划、政策草案的制定，大至全区的文化发展规划、文化人才规划、油画扶持政策、小至文体协管员管理办法，区里、局里都很放心交由文化馆这个团队来完成。每当承接到这种任务，馆里的团队都感到压力特别大，在这一过程中，我们的团队接受了极大的挑战，但最终都圆满地完成任务，而且这些作品成为区里文化发展的重要参考。

厦门市海沧区文化发展规划(草案)①

为进一步推动海沧文化发展,加快实施"文化强区"战略,推动文化大发展大繁荣,根据中央及省市有关文化发展的文件精神,结合本区的实际情况,特制定全区文化发展规划。

一、发展背景

海沧区的文化建设在区委区政府领导下,深入贯彻党的十七届六中全会关于推动社会主义文化大发展大繁荣若干重要问题的决定,落实科学发展观,创新思路,加大投入,强化保障,促进文化对经济社会发展的贡献率不断提高,全区文化呈现蓬勃发展的良好态势,文化强区共识初步形成。

公共文化建设成效显著。初步建成覆盖区、镇(街)、村(居)三级文化设施和公共文化服务体系网络;结合首批国家级闽南文化生态保护试验区建设,整体性开展文化遗产传承和文化生态保护工作。文化产业实力明显增强,初步形成海沧油画及艺术品产业区、东孚玛瑙产业园等文化产业体系,成功举办海峡两岸保生慈济文化节、首届厦门海沧国际山地越野公开赛等具有国际和全国影响的重大文体活动,一批提高城市文化品位、增强城市文化软实力、展现城市文明形象的文化活动品牌正在形成。对台对外文化交流不断深化。

与此同时,随着经济形势、社会结构的不断变化和人口总量的不断增加,各种社会问题和矛盾不断增多并趋于复杂化、多样化,

---

① 此文为区分管副区长交办的任务,文化馆牵头完成,起草于2012年12月。

文化事业的发展在构建和谐社会中既面临着难得的机遇,也面临着严峻的挑战。公共文化资源布局均衡化及其功能效益的要求与文化发展不平衡、公共文化设施使用效率低下存在严重矛盾;文化产业实力和竞争力不强、知名品牌和经营实体缺乏的状况与国内其他文化发展先进城市相比还有较大差距;文化人才引进和使用的机制不够健全,高素质、复合型的文化人才相对匮乏,难以满足高新技术应用和经营管理创新的需要;文化体制重要领域和关键环节的改革攻坚力度有待加强,文化发展的政策法制环境有待进一步完善。

二、指导思想、发展目标

(一)指导思想

以党的十八大提出的文化大发展大繁荣为指导,深入贯彻落实科学发展观。牢牢把握先进文化的前进方向,建设社会主义核心价值体系。全面贯彻落实《国务院关于支持福建省加快建设海峡西岸经济区的若干意见》和省、市战略部署,以发展为主题,以改革为动力,着力在继承保护弘扬上下工夫、在导向提升带动上下工夫、在创新创作创造上下工夫、在基层基础机制上下工夫、在领导保障队伍上下工夫,推动海峡西岸文化事业全面繁荣和文化产业快速发展,不断满足人民群众日益增长的精神文化需求,为构建社会主义和谐社会、建设海峡西岸经济区提供思想保证、精神动力和文化支撑。

(二)发展目标

1. 发展思路

围绕海沧建设东南国际航运中心、海西先进制造业基地、厦门健康生态新城区、对台交流合作先行区的战略目标,大力繁荣文化事业,加快文化产业跨越发展,不断提升城市文化竞争力和综合实力。到2015年,区、镇(街)、村(居)三级公共文化设施体系更加完善,与全面建设小康社会相适应,城乡精神文明和岛内外文化建设一体化基本形成,文化发展的体制机制环境全面优化,文化产业作为全区支柱产业的地位基本确立,与经济社会发展相适应的文化优势和与人民群众精神文化需求相适应的文化条件基本形成,切实将海沧建设成为中国东南沿海的重要文化中心、全国重要的文化产业中心城市和文化产业示范城市、全国重要的自然和文化旅游中心、集中展示闽南文化魅力的窗口、海峡两岸文化交流的重要基地和文化产业合作中心,以及具有鲜明特色的国际知名文化城市。

2. 目标定位

到2015年,形成适应海峡西岸经济区发展要求的文化设施配套健全、文化市场繁荣有序、区域文化特色鲜明、文化产业优势明显和公民素质普遍提高、群众文化活动丰富多彩的文化发展新格局,使我区成为全省乃至全国重要的文化产业基地、海峡两岸文化交流的重要基地。全区公共文化服务体系、传统文化保护体系、现代文化市场体系和文化创新体系更加完善,社会主义核心价值体系建设成效显著,公民综合素质更强,社会文明和谐程度更高,文化发展主要指标进入全国前列,成为文化事业整体水平和文化产业总体实力居全国前列的文化强区。

三、主要任务和举措

(一)完善公共文化服务体系建设

按照体现公益性、基本性、均等性、便利性的要求,以政府为主导,以公益性文化单位为平台,鼓励全社会积极参与,推进岛内外公共文化服务建设一体化,大力推动厦门作为国家公共文化服务体系示范区建设,完善覆盖城乡、比较完整、可持续的公共文化服务体系,保障公民基本文化权益。

1. 加快文化基础设施建设

坚持以大型公共文化设施为核心,以社区和乡镇基层文化设施为基础,优先建设关系群众切身利益的文化建设项目,构建覆盖城乡、惠及全民的公共文化设施网络。

建设一批代表城市文化形象的大型公共文化设施。至少引入一个市大型文化设施项目在海沧落户,发展专业化、集群化图书馆群,推动各种文化设施互联互通、共建共享。

健全镇(街)综合文化站、村(居)文化室。实现全区镇(街)文化站、村(居)文化室覆盖率达到100%,其中未成年人活动场所达到30%以上。加强新城区文化设施建设。

推进文化信息资源共享工程建设。文化信息资源共享服务点由镇(街)向村(居)延伸覆盖。到2015年,文化信息资源共享服务点村(居)覆盖率达到100%。

推进广播电影电视工程建设。农村有线广播、城区有线数字电视和农家书屋覆盖率达到100%,农村电影放映总数达到744场(社区每月1场、农村每月2场);推进农村有线数字电视整体转换,力争解决城市隧道无线调频广播覆盖。继续实施电影放映数字化改造工程,实现全区至少有2个以上数字化电影放映设备。

2. 繁荣群众文化活动

不断丰富群众文化活动内涵。形式上广收并蓄,适应和满足了不同层次、不同文化背景、不同地域人群的文化口味及文化需求。

广泛开展群众性文化活动。5年累计举办社区活动达1000场以上;举办各门类艺术培训;继续做好激情广场大家唱、群众歌咏比赛、文化下乡等群众文化活动;开展企业文化节、社区文化节、农民文化艺术节等。

深入举办主题教育活动。围绕区委区政府中心工作,组织开展"美丽海沧""综治平安""和谐发展"等系列主题艺术教育活动等。

大力普及高雅艺术。发挥文化中心影剧院资源优势,引进厦门市歌舞剧院、厦门大学艺术学院、小白鹭艺术团等专业团队,进一步向全体市民开展高雅艺术普及活动,逐步向镇(街)、村(居)延伸辐射;以"美在海沧"为平台,通过开创艺术讲堂等形式,提升市民文化素质和欣赏品味,开辟群众文化广阔空间。

3.健全服务机制,创新服务方式

广泛开展文化志愿者活动,保障和实现低收入居民、残疾人、老年人和农民工等群体的基本文化生活需求。提高公共文化服务的便利性、参与性。实施公共文化场所免费开放制度,每周文化活动信息发布制度;实施公益文化活动展演展览导赏制度。

(二)打造文化品牌

以提高海沧城市形象和文化软实力为目标,动员和整合社会各界资源,高水准地适时举办或承办若干打造城市文化品牌区域性、全国性、国际性的文化活动、文化赛事,扩大城市影响力,打造城市文化品牌。以挖掘海沧地域文化为宗旨,创作文化精品,丰富海沧特色文化内涵,提高海沧文化品牌含金量。

1.办好重大文化活动

充分挖掘"保生慈济文化"的历史价值、文化价值和社会价值,不断提升海峡两岸(厦门海沧)保生慈济文化节活动规格、活动内容和文化内涵。办好海峡两岸文博会、海峡两岸歌仔戏艺术节、东孚玛瑙文化节等重大活动和赛事。

2. 发展区域特色文化

策划创作一台富有保生文化思想内涵的"印象慈济"舞台剧和神医大道公前传电视剧。

打造海沧民俗文化活动品牌。扩大充实蜈蚣阁、送王船、宋江阵等民间民俗文化活动的规模和内涵,联合海沧和台湾两地的蜈蚣阁资源,举办"海峡两岸蜈蚣阁进香朝拜"活动,并争取由海峡两岸共同申报"世界最长的蜈蚣阁"吉尼斯纪录。

精心打造特色文化节庆活动品牌,如元旦、春节、五一、国庆等特色节庆活动,持续扩大中国女子高尔夫公开赛、厦门(海沧)国际山地越野公开赛等体育文化活动的知名度和影响力。

巩固、深化"温馨海沧"、"美在海沧"群众文化活动品牌的影响力。

3. 实施精品战略

创作生产思想深刻、艺术精湛、反映人民主体地位和现实生活的群众喜闻乐见的文化精品。

重点扶持海沧新城建设题材、两岸题材、侨乡文化题材、保生大帝题材等本土特色方面题材的影视广播类、舞台类和文学类等艺术作品的创作。

鼓励和引导社会力量参与文艺创作。鼓励民营文化企业、社会力量和民间文艺工作者参与文艺精品创作生产。鼓励、引导社会演艺团队、民间文艺团体等健康发展。扶持一批专业性强、有发展潜力的艺术生产单位。

建立奖励扶持机制。建立健全精品创作生产运作机制,建立奖励扶持机制,加大政策扶持、资金投入和奖励力度,充分调动文化工作者的积极性和创造性。

(三)强化人才队伍保障

根据《国家中长期人才发展规划纲要(2010—2020年)》、《厦门市中长期人才发展规划纲要(2010年—2020年)》、《海沧区人才发展五年规划(2012—2016年)》等文件精神,结合海沧文化人才实际,制定和实施《海沧区文化人才发展五年规划(2012—2016年)》。

1. 加强组织领导

坚持党管人才原则,完善党管人才工作格局。在区委、区政府的统一领导下,宣传文化系统各部门、各单位各司其职,密切配合,充分调动各人民团体、企事业单位、社会组织的积极性,动员和组织全社会力量,形成文化人才工作整体合力。

2. 加大资金投入

树立文化人才资金投入优先保障理念,加大公共财政投入力度,完善政府投入机制,保障文化人才开发经费逐年增长。设立"海沧区文化人才发展专项基金",确保对文化人才引进补贴、名家工作室改造、承担重大研究课题、继续教育、考察调研、重要演出、创作出版及表彰奖励等项目的专项投入。

3. 健全培养机制

建立健全文化人才引进、培养、使用、输送等保障机制,规范文化人才队伍的管理和使用。充分利用区委党校、干部培训中心等平台,对全区文化人才进行全员培训,并通过组织外出学习考察、下基层锻炼等形式,培养文化人才队伍的理论水平和实践能力。

4. 优化发展环境

加大舆论宣传力度,树立尊重知识、尊重劳动、尊重人才、尊重创造的观念,进一步营造全社会关心、支持文化人才发展,有利于各类优秀文化人才脱颖而出、人尽其才的宽松环境和社会氛围。坚持"二为"方向和"双百"方针,聚焦重大文化项目、重要文化基地建设,拓展创业平台建设,积极为文化人才创造良好的工作环境和发展空间。进一步修订和完善文化人才工作政策,优化政策保障,为文化人才提供生活便利,解决后顾之忧。

(四)加强文化遗产保护

物质文化遗产保护工作贯彻"保护为主、抢救第一、合理利用、加强管理"的方针,非物质文化遗产工作贯彻"保护为主、抢救第一、合理利用、传承发展"的方针。坚持保护文化遗产的真实性和完整性,坚持依法和科学保护,正确处理经济社会发展与文化遗产保护的关系。通过采取有效措施,使文化遗产保护得到全面加强,基本形成较为完善的文化遗产保护体系;具有历史、文化和科学价值的文化遗产得到全面有效保护;保护文化遗产深入人心,成为全社会的自觉行动。

1. 加强重要文化遗产保护

妥善利用第三次全国文物普查的成果,高度重视普查中新发现文物点的保护。加强遗址、文物保护单位和涉台文物古迹的保护管理,完善重大建设工程中的文物保护工作。充分利用"文化遗产日"和传统民俗节日,组织开展文化遗产保护系列宣传展示活动。

2. 抢救濒危文化遗产

采取有效措施,保护濒危的文化遗产。加强各级文物保护单位的维护修缮,2015年,完成国家级文物保护单位青礁慈济宫的修缮工作,排除其他文物保护单位的险情,逐步启动其他各级文物保护单位的修缮工作。做好基本建设中的抢救性考古发掘和文物保护。

3. 推进闽南文化生态保护实验区建设

坚持政府引导支持、社会参与投入的办法,立足市场化运作,积极推进闽南文化生态保护实验区内"青礁保生大帝文化""新垵村红砖大厝传统民居与五祖拳"两个保护试点和"保生大帝信俗"、"新垵五祖拳"两个传习中心的建设。

结合"青礁慈济宫庙会""蜈蚣阁进香朝拜"等海峡两岸共有的

民俗活动形式,积极推动闽南文化生态保护区内文化要素的活态传承、保护和弘扬。

4. 加强非物质文化遗产挖掘和保护

抢救珍贵的非物质文化遗产,进一步开展非遗调查,特别是拆迁村落的民俗调查。用文字、录像、录音、数字化媒体等手段对保护对象进行全面、真实、系统的记录、整理、建档,编撰非遗丛书,并根据非遗项目研究、利用、宣传价值的大小,代表性的强弱,品位的高低,需要抢救的迫切程度等,申报市级、省级、国家级保护名录予以保护。

建立区级非物质文化遗产名录体系,注重扶持和培养非遗项目传承人,设立专项资金,对传承人的传承活动给予一定的经济资助和相应的荣誉。

恢复传统民俗活动,复苏民俗环境。利用保生大帝信俗、蜈蚣阁、送王船、新垵五祖拳等举办各种民俗文化节或武术赛事,提高群众的文化自觉、文化认同和文化参与,在群众积极参与中恢复原有的文化生态。

建设非物质文化遗产永久性展厅,展示我区优秀的非物质文化遗产项目和具有代表性的民俗实物,以增进人民群众对我区非物质文化遗产的了解,推进我区非物质文化遗产的传承与保护。

(五)大力发展文化产业

加大文化产业资源整合和结构调整力度,发展重点文化产业,加快文化产业园区和文化产业集群建设,不断提高文化产业产值和占全区GDP的比重指标,促进文化产业成为我区国民经济的支柱性产业。

1. 加快发展油画产业

加大对马青路永信花园油画城、兴港油画村和中沧油画产业基地三大油画生产创作集聚区软硬件设施建设的投入,不断完善中国油画邨的配套服务功能。

加快推进海沧油画旅游网点和配套公交线路的建设,把海沧油画纳入"厦门一日游"旅游推介线路,开拓海沧油画旅游市场,开发油画旅游相关产品,带动油画营销收入增长。

加大政策扶持力度,由区政府每年安排油画产业专项扶持资金,对油画产业整体广告宣传、公益展览参展补贴、经销商批量采购补贴、企业扩大出口奖励、诚信优质商家奖励、原创获奖画师奖励等方面进行投入,推动产业又好又快发展。

继续利用海峡两岸文博会、海峡论坛等重大对台交流项目,举办海沧油画分会场活动,扩大海沧油画的影响力。

2. 加快发展玛瑙、陶瓷等产业

依托海沧东孚作为我国最大的玛瑙生产基地和玛瑙原石交易中心的资源优势,加强引导玛瑙产业转型升级。继续举办厦门(海沧)玛瑙文化旅游节,进一步提升海沧东孚玛瑙的知名度。

加强对以敦海艺品、纽威轻工为代表的陶瓷树脂产业以及以妙吉祥为代表的香道产业的管理和服务,进一步丰富海沧文化产业的业态种类。

3. 加快推进文化产业园区规划建设

围绕文化产业发展,规划建设具有地域特色的文化产业园区,完善相关配套建设,形成集聚效应,打造文化产业新洼地。

(六)深化对台文化交流与合作

海沧是我国设立最早、面积最大的台商投资区,同时也是对台合作交流的先行区。充分发挥海沧对台优势和对外开放窗口作用,深化对台、对外文化交流与合作,创新文化"走出去"的形式和手段,积极参与地区和国际间的文化交流活动,扩大海沧文化的影响力和辐射力。

1. 拓展对台文化交流合作领域

深化民间民俗文化交流合作,推动两岸传统民俗文化交流、民俗文艺活动开展、民俗文化研究、民俗文化产品开发、族谱研究、宗亲交流等领域的深入对接。

密切两岸文化艺术交流合作,加强两岸国学教育研究的交流,增强台湾人民对祖国大陆文化的认同感和归属感。

建立两岸特色文化交流基地,以保生慈济文化节、海峡论坛等重大文化活动为抓手,加强闽南文化生态保护实验区及传习中心建设,加快推进海峡两岸中医药博物园区建设进程。

2. 推进两岸文化产业合作进程

打造文化产业合作基地,拓宽文化产业合作领域,加强文化产业项目对台招商,加快推动"海峡两岸旅游文化综合体"项目建设进程,并灵活利用"海峡两岸旅游文化综合体"晋升国家级文化产业试验园区的优势,积极争取国家更多的政策扶持。

构建文化产业合作平台,继续办好海峡两岸文博会海沧分会场等重大对台文化交流活动。

提升对台文化贸易水平,鼓励和引导台资来海沧投资文化事业和文化产业,扶持对台文化交流重点项目。通过文化艺术展演、文化产品展销、文化产业推介等方式,推动对台文化贸易。

四、保障措施

(一)强化组织领导保障

1. 摆上全局位置

各级党委、政府要重视文化建设,把文化建设纳入经济社会发展全局,加强对文化改革发展重大问题的研究,着力破解制约文化发展的瓶颈问题。树立正确的政绩观,把文化改革发展成效纳入科学发展考核评价体系。

2. 落实工作责任

宣传文化部门发挥职能作用,加强统筹协调与指导;发改、建设、规划、国土等部门抓好重大文化项目和文化设施建设的立项、规划、建设;财政、税收、工商、劳动保障、人事等部门抓好国家和省市文化经济政策的落实;统计部门加强文化产业统计工作;工、青、妇等部门积极支持配合,形成齐抓共管推进文化发展的新格局。

(二)强化经济政策保障

1. 加强公共财政投入

逐年增加公益性文化事业投入,安排农村文化建设专项资金和文化产业发展专项资金,加强财政资金使用绩效评估。调整和优化公共财政投入结构,重点对基本公共文化需求、农村、社区文化建设和文化创新、文化发展项目加大倾斜力度,强化公共文化事业投入的绩效考评。

2. 落实国家和省市已出台的文化经济政策

落实从城市住房开发投资中提取1%,用于社区公共文化设施建设的规定。将文化设施纳入城乡建设总体规划,在立项、资金、用地、规费和拆迁安置等方面,给予保障和优惠。制定完善对新办文化企业、新兴文化企业、高新技术文化企业的优惠政策,促进文化产业发展。鼓励和引导金融机构加大对文化企业的信贷支持,鼓励和支持符合条件的文化企业上市融资和通过债券市场融资。放宽文化产业市场准入条件,鼓励个人、企业、外资、社会团体进入国家政策法规准许的文化领域。鼓励有实力的企业、团体、个人依法发起组建各类文化产业投资公司和文化产业投资基金。

(三)强化文化法制保障

1. 加强文化立法

认真落实上级关于文化建设的一系列法律法规,加快制定出台促进海沧文化发展、市场监管和完善公共文化服务体系等地方性法规。建立完善对文化项目、文化财政投入和文化建设规划等重大文化决策的论证、听证和评估制度机制。

2. 强化监督检查

加强文化执法和监督,完善内部行政监察制度,强化对各级领导干部执行文化建设方面的法律法规情况的检查,实施责任追究制度、保证各项法律、法规、规章和规划的落实。

(四)强化体制机制保障

转变政府职能,逐步实现政府由办文化向管文化的转变。进一步深化文化体制改革,不断破除制约文化发展的体制性和机制性障碍。健全统一的文化行政管理机构,深化公益性文化事业单位内部人事、分配和社会保障制度改革,逐步推行基层文化单位全员聘任制和岗位设置管理制度。

海沧区《美丽厦门战略规划三年行动计划方案》"文化提升"三年行动计划方案[①]
（初稿）

一、发展目标和思路

围绕《美丽厦门战略规划》精神实质，结合海沧文化发展实际，加快推进文化强区建设，大力繁荣文化事业，推动文化产业跨越发展，不断增强城区文化竞争力和综合实力。争取用三年左右的时间，打造海沧"三张文化名片"——全国一流的公共文化服务体系示范城区、海峡西岸重要的文化产业集聚中心、传承弘扬闽南文化、非遗文化的展示窗口。

二、行动策略

（一）城乡居民精神塑造工程

1. 主要任务

贯彻落实《社会主义核心价值体系建设实施纲要》和《公民道德建设实施纲要》精神，大力加强社会主义核心价值观教育，深入实施公民道德建设工程，努力弘扬特区文化、闽南文化和优秀传统文化，推进城乡居民思想道德素质显著提升。

---

① 此文为当时区里交给局里，再由局里交办给馆里的任务。起草于2013年9月13日。

2. 重大支撑项目或事项

(1)加强公民道德教育主题宣传。深入挖掘重要传统节日的文化内涵,组织开展"我们的节日"主题宣传活动,弘扬优秀传统文化;持续开展"道德讲堂"活动,倡导爱国、敬业、诚信、友善等道德规范;组织开展"做一个有道德的人"主题实践活动,举办红色经典少儿故事等类似赛事。

(2)完善公民道德教育载体建设。组织开展群众性道德评议活动,总结宣传道德建设典型经验,培育一批具有较大社会影响力的道德品牌;结合"厦门市道德模范评选"活动,积极开展"我推荐、我评议身边好人"和"感动海沧"十大人物评选活动,及时发现、推荐、宣传道德建设先进模范,进一步营造崇尚道德模范、学习道德模范、争当道德模范的浓厚社会氛围。

(二)文化活动拓展工程

1. 主要任务

深入实施文化惠民工程,全面完善区、镇(街)、村(居)三级公共文化服务设施体系建设,努力搭建群众参与公共文化活动平台。积极拓展群众文化活动内涵,打造一批具有地域特色的群众文化活动品牌,满足群众日益增长的精神文化需求。争创全国一流的公共文化服务体系示范城区。

2. 重大支撑项目或事项

(1)完善文化基础设施建设。一是建设"城乡十分钟文化圈":加快推进海沧区体育中心二期及东孚文体中心、新阳文化中心建设,基本构建以区级大型公共文体设施为核心,镇(街)公共文体设施为枢纽,村(居)基层文体设施为基础的三级公共文化服务网络。重点突出均等性、便利性。二是实施"村(居)五个一工程":实现每个村(居)建有一个标准配置的文化活动室,一个群众文化活动广场,一个纳凉点,组建一支以上文化志愿者队伍,配置一名以上专职文化协管员。

（2）打造一批文化活动品牌。一是打造"保生慈济"对台文化品牌：充分挖掘"保生慈济"的历史价值、文化价值和社会价值，持续举办海峡两岸（厦门海沧）保生慈济文化旅游节，传承弘扬闽南文化，深化对台交流合作，扩大"保生慈济"文化品牌影响力，打造海沧拓展和改善对台文化工作的烫金名片。二是打造"美丽海沧"广场文化品牌：依托海沧广场资源优势，每月定期在区文化中心广场、阿罗海城市广场、青礁慈济宫景区、天虹商场等处常态化开展"美丽海沧"文化活动。围绕统筹城乡发展，推动公共文化服务均等化工作目标，开展"美丽海沧"文化下乡、进社区主题活动。结合海沧国家级台商投资区特色，开展"美丽海沧"五送文化（送文艺演出、送艺术培训、送流动展览、送书籍刊物、送电影）进台企活动，并在台企设立图书分馆，组建台胞文艺团队和文化志愿者队伍。三是繁荣海沧节庆文化品牌：结合重大会展节庆赛事活动，持续组织开展海峡两岸（厦门）文博会海沧分会场、厦门（海沧）玛瑙旅游文化节、海沧汽车文化节、海沧市民节、城市狂欢节等节庆活动。

（3）传承弘扬地方非遗文化。一是完善非遗文化保护体系建设：传承弘扬非遗文化，在现有三个国家级非遗保护项目（保生大帝信俗、蜈蚣阁民俗、送王船民俗）以及多个省级、市级非遗保护项目的基础上，持续推动一批优秀非遗项目申报市级、省级、国家级保护名录，予以保护。推进海峡两岸中医药博物馆、青礁慈济宫保生慈济文化生态展览馆、海沧区非物质文化遗产展示厅改善建设，全方位展示海沧优秀非遗项目。持续推进拆迁村落民俗文化调查、整理工作，完成"风土海沧"系列民俗文化丛书六个拆迁村落"一村一书"的任务。二是培育村（居）非遗文化活动：结合闽南文化生态保护实验区建设，努力挖掘闽南民间文化优势资源，培育村（居）特色非遗文化活动，实现"一村（居）一品"。重点培育青礁村保生大帝信俗、钟山村送王船民俗、东屿村蜈蚣阁民俗、新垵村五祖拳等群众性文化活动的开展。

(三)文化实力提高工程

1. 主要任务

加大文化产业资源整合和结构调整力度,重点发展油画、玛瑙等特色文化产业,扶持和培育一批龙头示范企业。加快文化产业园区和文化产业集群建设,壮大文化产业规模,提高文化产业产值占国民生产总值的比重指标,推进文化产业成为我区国民经济的支柱性产业。争创海峡西岸重要的文化产业集聚中心。

2. 重大支撑项目或事项

(1)加强规划引导,完善文化产业园区建设。

一是打造两个专业化文化产业园区:依托中国三大商品油画出口基地、福建省级文化产业示范基地——海沧油画村,以及中国玛瑙之都、中国玛瑙原材料集散中心——东孚玛瑙村的资源优势,加强规划引导,加大政策扶持,进一步完善海沧油画、东孚玛瑙两个专业化文化产业园区软硬件配套设施建设。争取纳入国家级文化产业试验园区——闽台(厦门)文化产业园区建设范畴,获得国家相关政策支持。

二是搭建文化产业展示交易平台:围绕海峡两岸(厦门)文化产业博览交易会,持续举办海峡文博会海沧油画、东孚玛瑙分会场活动。在海沧规划建设大型专业化文化艺术品交易中心,打造成为商贸对接、品牌展示、物流集散、文化教育、旅游会展、消费购物的文化产业综合平台。

(2)推进文化产业战略结构调整,促进产业转型升级。

一是健全文化产业价值增值链建设:完善文化产业生态环境,降低文化企业的生产和交易成本,提高文化产业的运营质量,推动文化产业扩大规模,优化结构。重点发展具有高附加值、高效益的油画、玛瑙工艺品原创设计、生产,培育一批具有较大规模和影响力的文化产业龙头企业。

二是加快完善油画、玛瑙工艺品研发基地建设:积极引进国内外知名艺术院校在海沧建立产学研合作基地、实践基地,建立健全文化产品合作开发创新机制,全面推进文化产业转型升级。

(3)做好招商引资,提升文化产业园区集聚效应。

一是实施重大文化产业项目带动战略:加大文化产业项目招商引资力度,争取大型文化企业、重点文化项目落户海沧,规划建设具有地域特色的文化产业集聚区,完善相关配套建设,形成集聚效应,打造文化产业新洼地。

二是深化对台文化产业交流合作:以闽台(厦门)文化产业园为合作平台,全方位对接台湾文化产业转移,吸引台湾知名文化企业、优秀文化项目落户海沧,打造一批具有自主知识产权和核心竞争力的两岸知名的文化品牌。

(四)文化创建深化工程

1. 主要任务

建立健全创建全国文明长效常态机制,深入开展群众性精神文明创建活动,持续推进志愿服务行动,不断提高公民文明素质和社会文明程度。

2. 重大支撑项目或事项

(1)实施社区文明创建网格化管理。对接镇(街)网格指挥服务中心,纳入区级指挥平台。一方面及时将创建动态信息及工作部署要求传达至基层,形成上下联动;另一方面基层网格员在日常网格巡查中发现问题若无法及时解决,可以向镇街网格指挥服务中心寻求帮助。若是问题较复杂,需多部门联合行动才能解决,则通过网格指挥平台及时将问题提报区创建办,由区创建办协调职能部门加以解决。同时,社区居民对文明创建如有建议、意见,也可以借助指挥平台反馈到区创建办,实现文明创建"下至上"的诉求反映。

(2)开展文明餐桌行动。加大宣传力度,通过总结试点宾馆酒店和机关、学校食堂的经验,推动"文明餐桌行动"在全区各餐馆、机关、学校食堂和快餐店、小吃店进行普及和推广,使节俭用餐、文明用餐理念真正深入人心,成为广大市民的自觉行为。

(3)开展"网络文明"行动。抓好市级以上文明单位网络文明传播志愿者队伍建设,精心设计活动项目,大力开展网上道德建设,引导网民网上传播正能量,充分发挥网络文明传播志愿者队伍传播文明、引领风尚的重要作用。

(4)深化志愿服务工作。重点抓好三支队伍建设,即依托各级党组织成立党员学雷锋志愿服务队,依托各级文明单位成立学雷锋志愿服务队,依托物业公司成立社区学雷锋志愿服务队,支持帮助各类社会志愿组织开展活动。大力开展"台胞义工志愿行"活动,加强与台湾志工服务组织的互动交流,吸引台商、台胞、台企员工和侨外友人参与志愿服务,积极培育有影响力的活动品牌。

三、保障措施

(一)健全组织领导保障

各级党委、政府要高度重视文化建设,把文化建设纳入经济社会发展全局,完善文化事业、文化产业管理机制体制建设,成立文化发展工作领导小组,落实工作责任,加强统筹协调,形成齐抓共管推进文化发展的新格局。

(二)完善资金投入机制

加强公共财政投入,逐年增加对文化建设的投入,安排公益性文化建设专项资金和文化产业发展专项资金,研究制定专项资金使用管理办法,做好财政资金使用绩效评估工作。

(三)建立经济政策保障

建立扶持文化产业发展的政策体系,细化和完善用地支持政策、金融支持政策、人才引进政策和园区发展政策。落实国家对文化创意产业和非遗项目经营的税收优惠政策。

(四)完善人才队伍建设

突出文化人才作为文化强区建设的核心要素,将文化人才的引进和培养纳入区人才发展总体规划,健全文化人才管理和激励机制。贯彻实施《海沧区文化人才发展规划(2013—2016年)》、《海沧区高层次文化人才引进和培育暂行办法》,全面抓好文化艺术人才、新闻宣传人才、公共文化服务人才、文化产业人才四支人才队伍建设,加快实施文化名家、文化优才、文化产业领军人才和文化产业创新创业英才四类高层次文化人才的引进和培育。

海沧区"文化提升"2014年工作计划
(初稿)

为做好美丽厦门文化提高工作,打造海沧"三张文化名片"——全国一流的公共文化服务体系示范城区、海峡西岸重要的文化产业集聚中心、传承弘扬闽南文化、非遗文化的展示窗口建设,提出我区2014年重点推进工作。

一、城乡居民精神塑造工程

1. 加强公民道德教育主题宣传

深入挖掘重要传统节日的文化内涵,组织开展"我们的节日"主题宣传活动,弘扬优秀传统文化;持续开展"道德讲堂"活动,倡导爱国、敬业、诚信、友善等道德规范;组织开展"做一个有道德的人"主题实践活动,举办红色经典少儿故事等类似赛事。

2. 加强道德模范培育宣传

广泛宣传先进事迹,加强对道德模范、身边好人的关爱帮扶,进一步营造崇尚道德模范、学习道德模范、争当道德模范的浓厚社会氛围。组织开展第三届"感动海沧"十大人物评选活动。

责任单位:区委宣传部、区文明办、镇街、民政局、文体局

二、文化活动拓展工程

1. 完善文化基础设施建设

一是"城乡十分钟文化圈"建设初见雏形:海沧区体育中心二期及东孚文体中心、新阳文化中心建成投入使用,构建以区级大型公共文体设施为核心,镇(街)公共文体设施为枢纽,村(居)基层文体设施为基础的三级公共文化服务网络。

责任单位:文体局、建设局、东孚镇、新阳街道

二是实施"村(居)五个一工程":实现每个村(居)建有一个标准配置的文化活动室,一个群众文化活动广场,一个纳凉点,组建一支以上文化志愿者队伍,配置一名以上专职文化协管员。

责任单位:文体局、建设局、镇(街)、民政局

2. 打造一批文化活动品牌

一是继续打造"保生慈济"对台文化品牌:充分挖掘"保生慈济"的历史价值、文化价值和社会价值,持续举办第七届海峡两岸(厦门海沧)保生慈济文化旅游节,传承弘扬闽南文化,深化对台交流合作,扩大"保生慈济"文化品牌影响力,打造海沧拓展和提升对台文化工作的烫金名片。

责任单位:区台办、区文体局、区民宗局、镇(街)、海旅集团

二是继续打造"美丽海沧"广场文化品牌:依托海沧广场资源优势,每个月在区文化中心广场(4场)、悦实广场(2场)阿罗海城市广场(1场)、青礁慈济宫景区(1场)、天虹商场(1场)等处常态

化开展"美丽海沧"文化活动。开展"美丽海沧"文化下乡、进社区主题活动。结合海沧国家级台商投资区特色,开展"美丽海沧"五送文化(送文艺演出、送艺术培训、送流动展览、送书籍刊物、送电影)进台企活动,并在台企设立2个图书分馆,组建1支台胞文艺团队和一批文化志愿者队伍。

责任单位:区文体局、区台办、区工会、镇(街)

三是繁荣海沧节庆文化品牌:结合重大会展节庆赛事活动,持续组织开展海峡两岸(厦门)文博会海沧分会场、厦门(海沧)玛瑙旅游文化节、海沧汽车文化节、海沧市民节、城市狂欢节等节庆活动。

责任单位:区经贸局、区文体局、镇(街)、海投集团、海旅集团

3. 传承弘扬地方非遗文化

一是完善非遗文化保护体系建设:传承弘扬非遗文化,在现有三个国家级非遗保护项目(保生大帝信俗、蜈蚣阁民俗、送王船民俗),以及多个省级、市级非遗保护项目的基础上,持续推动一批优秀非遗项目申报市级、省级、国家级保护名录予以保护。加速海峡两岸中医药博物馆、青礁慈济宫保生慈济文化生态展览馆、海沧区非物质文化遗产展示厅建设,全方位展示海沧优秀非遗项目。持续推进拆迁村落民俗文化调查、整理工作,完成"风土海沧"系列民俗文化丛书渐美村和石塘村的素材普查收集工作。

二是开展村(居)非遗文化活动:结合闽南文化生态保护实验区建设,努力挖掘闽南民间文化优势资源,培育村(居)特色非遗文化活动,实现"一村(居)一品"。重点培育青礁村保生大帝信俗、钟山村送王船民俗、东屿村蜈蚣阁民俗、新垵村五祖拳等群众性文化活动的开展。

责任单位:区文体局、镇(街)、区卫生局、民宗局、海旅集团

三、文化实力提高工程

1. 加强规划引导,完善文化产业园区建设

一是做好两个专业化文化产业园区的基础工作:依托中国三大商品油画出口基地、福建省级文化产业示范基地——海沧油画村,依托中国玛瑙之都、中国玛瑙原材料集散中心——东孚玛瑙村的资源优势,加强规划引导,出台扶持政策。争取纳入国家级文化产业试验园区——闽台(厦门)文化产业园区建设范畴,获得国家相关政策支持。

二是搭建文化产业展示交易平台:围绕海峡两岸(厦门)文化产业博览交易会,持续举办海峡文博会海沧油画、东孚玛瑙分会场活动。

责任单位:区经贸局、区文体局、区文联、区台办、镇(街)

2. 推进文化产业战略结构调整,促进产业转型升级

一是重点发展具有高附加值、高效益的油画、玛瑙工艺品原创设计、生产,推荐一批具有较大规模和影响力的文化产业企业申报省市级文化产业示范基地。

二是加快完善油画、玛瑙工艺品研发基地建设:积极引进国内外知名艺术院校在海沧建立产学研合作基地、实践基地,建立健全文化产品合作开发创新机制,全面推进文化产业转型升级。

责任单位:区经贸局、区文体局、区建设局、区文联、区台办、镇(街)

3. 做好招商引资,增强文化产业园区集聚效应

一是实施重大文化产业项目带动战略:加大文化产业项目招商引资力度,争取一至两家大型文化企业、重点文化项目落户海沧,规划建设具有地域特色的文化产业集聚区,完善相关配套建设,形成集聚效应,打造文化产业新洼地。

二是深化对台文化产业交流合作:以闽台(厦门)文化产业园

为合作平台,全方位对接台湾文化产业,吸引一两家台湾知名文化企业、优秀文化项目落户海沧,打造一批具有自主知识产权和核心竞争力的两岸知名的文化品牌。

责任单位:区投促局、区经贸局、区文体局、区文联、区台办、镇(街)

四、文化创建深化工程

1. 实施社区文明创建网格化管理

将社区交通秩序、环卫保洁、公共设施等创建检查内容纳入网格员日常巡查工作中,及时通过网格系统处理并反馈整改情况。

责任单位:区文明办、区民政局、区执法局、区卫生局、区教育局、区文体局、区工商局、公安分局、镇(街)、城建集团

2. 开展文明餐桌行动

进一步推进"吃多少,点多少,剩菜打包"行动。

责任单位:区文明办、区卫生局、区经贸局、区文体局、区工商局、区餐饮文化协会

3. 推动和谐邻里节活动社区自办

本着"共同缔造"的原则,推动和谐邻里节由以往政府主导向社区自发组织,政府为辅的方向转变,提高社区居民人人参与,人人共享的意识。

责任单位:区宣传部、区文明办、区文体局、区民政局、镇(街)

4. 深化志愿服务工作

强化对志工服务内容进行培训,将志工服务时间进行量化登记,举办"台胞义工行"及"微志愿"活动。

责任单位:区文明办、团区委、区台办、镇(街)

海沧区文化人才发展规划[①]

（2013—2016年）

文化是综合国力竞争的体现，是经济社会发展的支撑。人才是引领和支撑文化大发展、大繁荣的第一资源，是推动海沧"文化强区"建设的第一要素。必须以高度的责任感和使命感，加快人才优先发展，不断开创充满活力、人才辈出的文化发展繁荣新格局，为加快推进我区"四个定位"建设，当好"三个排头兵"提供坚强有力的文化人才保障。

在区委区政府的领导下，我区的文化人才队伍规模不断扩大，结构日趋优化，创新能力逐步增强，为海沧文化建设作出积极贡献。但是，目前我区文化人才工作还存在高层次文化人才总量不足，特别是名家大师不多；文化人才原创能力不强；文化产业新兴领域人才匮乏，与文化大发展大繁荣的要求不相适应等问题。为大力加强我区文化人才队伍建设，根据《厦门市中长期人才发展规划纲要（2010年—2020年）》、《海沧区人才发展五年规划（2012—2016年）》等文件精神，结合我区"海纳百川"人才计划实际，制定本规划。

一、指导思想和发展目标

（一）指导思想

高举中国特色社会主义伟大旗帜，以邓小平理论、"三个代表"

[①] 此文为区里交办局里的任务，并由文化馆牵头完成。起草于2012年11月，于2013年7月由区两办正式发文。

重要思想为指导,牢固树立科学发展观,深入学习贯彻党的十八大精神,坚持党管人才原则,围绕海沧文化大发展大繁荣的战略需要,加大优秀文化人才集聚和培养力度,充分发挥文化人才在经济社会发展中的独特作用,为推进我区科学发展、跨越发展提供强而有力的人才保证和智力支撑。

(二)发展目标

实施文化人才工作"十百千万工程"。到2016年,我区文化人才总量达到1 000人,人才结构进一步优化,人才工作机制进一步创新,使海沧成为充满创新精神、创造活力、创作激情、创意思维,在国内外具有重要影响力的文化人才高地。

其中,文化领域副高职称以上或高级经营管理人才达到20人,入选国家、省、市或区级拔尖人才总数达到2人,区级注册文化艺术社团组织达到10家,文化协管员和文艺骨干达到100人,文化志愿者队伍达到1 000人,各类民间业余文艺团队队员总量达到10 000人。

二、加强高层次文化人才队伍建设

高层次文化人才是打造"文化强区"的核心竞争力。要把高层次文化人才的培养和引进放在更加突出的位置,建设一支复合型、高层次的文化人才队伍,推动文化人才结构优化,进而带动整个文化人才队伍的建设。

(一)文化名家培养和引进计划

按照国家文化名家工程要求,在文化艺术、新闻出版、广播影视、非物质文化遗产和文物保护等领域,培养和引进一批造诣高深、成就突出、影响广泛的名家大师,由政府出资扶持打造文化名家工作室聚集区,进一步营造海沧文化艺术浓厚氛围,扩大海沧知名度和影响力。到2016年力争培养和引进文化名家达到3人。

(二)文化产业领军人才培养和引进计划

根据国家重点推进的文化产业振兴规划要求,在文化创意、广告会展、出版印刷、数字动漫等领域,培养和引进一批具备经营管理经验的领军人才,进一步推动海沧文化产业集聚区建设。到2016年力争培养和引进文化产业领军人才达到4人。

三、加快培养各类文化人才队伍

按照各领域文化人才队伍自身特点与发展要求,加快推进各类文化人才队伍开发和建设。

(一)文化艺术人才队伍

依托文学、影视、美术等文艺创作重点工程、重大项目、重大节庆活动,加大优秀文艺人才扶植和奖励力度,造就一批德艺双馨的艺术家。扎实推进文化强区"八大工程",加强文艺人才实践基地建设,加大文艺紧缺人才引进和培养力度,吸引和汇聚一批国内外优秀文艺人才在海沧建设名家工作室。

(二)新闻宣传人才队伍

深入开展"三项学习教育"(即"中国特色社会主义理论体系、马克思主义新闻观、职业精神职业道德")活动,重点抓好媒体负责人、业务骨干和一线网宣员的培训,加强新闻媒体从业人员的业务培训,提高新闻宣传的能力和水平。

(三)公共文化服务人才队伍

围绕创建国家公共文化服务体系示范区的工作目标,建设一支职业化、专业化的公共文化服务人才队伍。以公共文化设施管理、群众文化活动指导、非物质文化遗产保护为抓手,加强区、镇(街)、村(居)公共文化体系建设和人才队伍建设,推行文化从业人员持证上岗制度,开展基层文化人才轮训,实施基层文体协管员、文化志愿者业务培训,完善"文化志愿者之家"等一批人才培训基地建设,全面提升基层文化人才队伍的业务水平。

(四)文化产业人才队伍

加强文化产业人才队伍建设。充分发挥辖区现有油画、玛瑙、瓷艺、贝雕等文化产业园区及创意产业集聚区的示范带动作用,在资金补助、财税政策、创业扶持、政策咨询、公共服务等方面给予倾斜。紧紧抓住"海峡两岸(厦门)文化产业博览交易会""海峡论坛"等重大交流平台,积极推进对台文化人才交流合作,实现两地文化人才交流合作的常态化。

四、完善组织实施保障体系建设

(一)加强组织领导

坚持"党管人才"原则,完善"党管人才"工作格局。在区委人才工作领导小组的统一领导下,宣传文化系统各部门、各单位各司其职,密切配合,充分调动各人民团体、企事业单位、社会组织的积极性,动员和组织全社会力量,形成文化人才工作整体合力。重点抓好文化人才规划制定、文化人才政策统筹、文化人才队伍培养、先进典型宣传等工作。

(二)加大资金投入

加大公共财政投入力度,完善政府投入机制。在海沧区人才专项资金中设立"海沧区文化人才专项资金",确保对我区文化人才引进工作的专项投入。逐步健全完善以政府投入为主导,多渠道募集社会资金,建立多元化投入的保障机制,为各类文化人才在海沧创业提供有力保障。进一步加强对财政资金的监管和审计,切实发挥好文化人才发展专项资金的使用效益。

(三)健全培养机制

积极实施"人才强区"战略,加强文化人才的培养力度,提升文化人才队伍整体素质。建立健全文化人才引进、培养、使用、输送等保障机制,规范文化人才队伍的管理和使用。充分利用区委党校、干部培训中心等平台,对全区文化人才进行全员培训,并通过组织外出学习考察、下基层锻炼等形式,提高文化人才队伍的理论水平和实践能力。力求区级宣传思想文化系统在职人员每年参加脱产培训时间不少于15天,镇(街道、农林场)级宣传文化服务单位在职人员每年参加脱产培训时间不少于10天,村(居)级基层宣传文化专职工作人员每年参加集中培训时间不少于5天。

(四)优化发展环境

加大舆论宣传力度,树立尊重知识、尊重劳动、尊重人才、尊重创造的观念,进一步营造全社会关心、支持人才发展,各类优秀人才脱颖而出、人尽其才的社会氛围。坚持"二为"方向和"双百"方针,聚焦重大文化项目、重要文化基地建设,拓展创业平台建设,积极为文化人才创造良好的工作环境和发展空间。做好优秀文化人才表彰奖励工作,整合各类宣传资源,有计划、分重点向全社会推出优秀文化人才,不断提升知名度、扩大影响力。

海沧区高层次文化人才引进和培育暂行办法①

第一章 总则

第一条 为进一步贯彻落实党的十八大和十七届六中全会精神,推动文化事业繁荣和文化产业振兴,加快"文化强区"建设,根据《海沧区人才发展五年规划(2012—2016年)》等文件精神,结合海沧区文化工作实际,制定本办法。

第二条 成立区高层次文化人才引进工作领导小组(以下简称区领导小组),成员由区委区政府领导,组织部、宣传部、编办、文体广电出版旅游局、财政局、人社局等部门领导组成。领导小组下设区高层次文化人才工作领导小组办公室(以下简称区文化人才办),具体负责高层次文化人才引进和管理工作。

第二章 引进对象和引进程序

第三条 高层次文化人才的引进对象主要是文化名家、文化优才、文化产业领军人才和文化产业创新创业英才等四类人才(以下简称四类人才),并重点向我区现阶段急需紧缺的广播影视、文化艺术、文物保护、文化产业经营、文化科技、文化管理等方面的优秀人才倾斜。

第四条 四类人才以市委宣传部的认定为准,原则上区级不再评审。

第五条 高层次文化人才的引进程序:

(一)符合引进条件的人才与我区用人单位对接洽谈并达成合作意向后,由用人单位或人才本人直接向市专项组申报。

---

① 此文为区里交办局里的任务,由文化馆牵头完成,起草于2012年11月,于2013年7月由区里两办正式发文。

(二)经市专项组认定的人才,必须与我区用人单位签订5年以上的劳动(聘用)合同。

(三)由用人单位或人才本人持市专项组资格认定书、劳动(聘用)合同以及《厦门市文化名家、文化产业人才引进计划实施细则(试行)》规定的相关材料向区文化人才办进行申报,并经区委宣传部复核后予以认定。

(四)人才的柔性引进按市里的政策执行。柔性引进的文化名家主要通过岗位聘任、项目聘任、客座邀请、定期服务、兼职服务、短期合作等方式,参与我区文化工程建设,为我区文化事业发展服务。一般每年在我区的工作时间累计不少于3个月。

第三章　扶持政策和保障措施

第六条 工作条件支持

(一)参照市里的政策,对于引进的文化名家,给予每人100万元的工作补助;对于引进的文化产业领军人才,给予每人50万元的工作补助。工作补助经个人申请,专项用于改善人才的工作条件,在规定项目、限额和期限内据实列支。

(二)对于引进的四类人才在我区自主创业的,3年内给予每年不超过10万元的创业场所租金补助。

(三)对于柔性引进的文化名家,给予相应的名家工作室建设补助。根据引进主体性质的不同,补助标准分为:

1.由行政事业单位引进的,一次性给予工作室建设装修补助经费30万元,工作室资产归政府所有。

2.由企业引进的,企业提供工作室,可享受下列扶持政策:

(1)一次性给予名家工作室建设补助经费5万元,工作室资产归企业所有。

(2)名家工作室自其首次在海沧工商部门注册登记之日起4年内,前两年对其实缴税收区级地方留成部分给予100%的奖励,后两年对其实缴税收区级地方留成部分给予50%的奖励。

（3）名家工作室自其首次在海沧工商部门注册登记之日起3年内，每年给予场地租金50%的补助，每年补助额度最高不超过2万元。

第七条 生活条件保障

对于引进的文化名家、文化产业领军人才，一次性给予每人25万元的安家补贴；对于引进的文化优才、文化产业创新创业英才在海沧自主创业的，一次性给予每人20万元的安家补贴。

第八条 引进人才子女在义务教育阶段和幼儿园就学的，可申请在区属学校各择校一次，由区教育局统筹安排入学。

第九条 引进人才5年内每年可参照公务员体检标准免费进行一次体检。

第十条 以上第六条（一）、（二）款及第七、八、九条所称的引进人才不含柔性引进人才。

第四章 经费保障和后续管理

第十一条 本办法规定的引进人才政策所需经费从区人才工作专项资金列支。

第十二条 建立人才信息库和个人档案，做好人才个人简历、学习培训、业务成就、考察考核、奖惩等情况的收集和存储。

第十三条 人才的后续管理和考核工作采用动态管理，建立跟踪考察制度，坚持把日常了解与定期考核相结合。区文化人才办每两年对人才发挥作用的情况进行考核评估，考核评估达不到要求的，终止其享受本办法规定的各项扶持政策。

第十四条 人才在我区最短服务期限为5年，如人才中途违约或解除劳动关系的，全额退回已享受的政府扶持资金。

第十五条 人才如有违法违规行为或弄虚作假骗取扶持政策的，终止其享受相关待遇，追回已发放的扶持资金。情节严重的，依法追究相应的法律责任。

第五章 附则

第十六条 本办法适用于海沧辖区各级宣传思想文化系统的行政机关、企事业单位、社会团体和文化企业。

第十七条 本办法自发布之日起执行,由区委宣传部组织实施,区高层次文化人才引进工作领导小组负责解释。

海沧区村(居、场)文化体育协管员管理考评办法总则(初稿)①

第一条 为认真贯彻中央办公厅、国务院办公厅《关于进一步加强农村文化建设的意见》精神,进一步加快我区基层文化建设步伐,根据《中共海沧区委办公室 海沧区人民政府办公室关于建立村(居、场)级文化体育协管员制度的通知》(厦海委办〔2007〕22号文件)的要求,制定本办法。

第二条 文化体育协管员必须坚决拥护党的路线、方针和政策,遵纪守法,热心基层文化体育事业,确保各项工作适应新形势下基层文化建设的要求。

第三条 海沧区文体广电出版旅游局负责全区文化体育协管员的培训、业务指导工作。

第四条 镇(街、场)负责所辖村(居、场)文化体育协管员的聘用、考评、工资补贴发放等。海沧农场、第一农场文体协管员工资由文体局拨付至农场,农场负责工资发放、聘用及考评等具体

---

① 2013年起草,局交办任务,是一份针对文体协管员队伍建设相对详细和规范的管理细则。海沧区文体协管员队伍的聘用、管理、待遇等工作,一直走在全省前列。

工作。

第五条 在区文体广电出版旅游局、各镇(街、场)领导下,村(居、场)参照网格员的管理方式负责对文化体育协管员进行日常管理。

第六条 文化体育协管员在村居中专职专岗专用,负责公共文化服务场所免费开放,不招聘兼职人员。

第一节 聘用

第七条 各镇(街、场)负责文化体育协管员的聘用工作,包括报考、考试、聘用、年度考核等。具体流程为:镇(街、场)接受报名→组织笔试→组织面试→通过考试者,镇(街、场)与其签订劳动合同→安排到村(居、场)工作→村(居、场)负责日常管理、参与年度考核。所聘用人员报区文体广电出版旅游局备案。

第八条 应聘人员必须提供下列四项材料:本人的求职申请、最高学历原件及复印件、身份证复印件、简历。原则上要求应聘人员具有高中及以上文化程度,年龄四十五岁以下。优先考虑户籍在本村(居、场)的应聘者。

第九条 考试合格,具有良好政治素养、道德品质、业务能力,身体健康者方可由主管部门安排工作。

第十条 新录用的文化体育协管员,试用期为一个月。试用期满,村(居、场)向镇(街、场)提供考察材料。主管部门通过审核、决定录用后,自正式录用之日起一个月内与其签订劳动合同。凡经考核不能胜任工作的,不予录用。

第十一条 文化体育协管员服务年龄限至五十五岁。

第二节 工作职责

第十二条 利用本村(居、场)的文化阵地,普及科学文化体育知识。

第二章 团队作品

第十三条 在村（居、场）"两委"领导下，协助开展群众性精神文明创建活动。

第十四条 组织村（居、场）群众开展丰富多彩，群众喜闻乐见的文艺、体育、节庆民俗活动，丰富群众精神文化活动，配合上级有关部门做好村（居、场）电影放映工作。确保村（居、场）每月都开展统一组织的文化活动。

第十五条 负责做好村（居、场）文化活动室免费开放工作，每周开放时间不少于40小时，开展群众读书活动，协调选送文艺爱好者参加各类文化艺术讲习班（讲座），辅导和培训群众文艺骨干。

第十六条 注意发现当地的文化遗产资源，配合上级有关部门积极做好文化遗产的宣传和保护工作。

第十七条 做好公共体育健身场所设施的维护管理，充分发挥现有场所的作用，组织开展"以奖代补"文化休闲、读者服务活动、体育健身活动。

第十八条 积极组织参与上级社会体育指导员培训，确保户籍人口每万人拥有社会体育指导员1.8人以上。

第十九条 加强村（居、场）社会体育组织建设，建立健全各类体育协会组织。

第二十条 落实全民健身计划，努力打造全民健身品牌，力争实现"一村（居、场）一品"。

第二十一条 配合当地政府和文化体育主管部门，做好当地的文化体育市场管理，发展具有当地特色的文化体育产业。

第二十二条 配合当地政府和文化体育主管部门，做好文明创建及文化市场管理工作，加强对当地文化市场的监督，及时向主管部门汇报文化市场动态。

第二十三条 负责做好本村（居、场）农村有线广播的管理、维护、播放等工作。

第二十四条 完成上级主管部门交办的其他工作事项。

第三节　管理

第二十五条　实行文化体育协管员每季度例会制度,原则上由上级主管部门领导主持;例会主要总结上季度工作,分析存在的问题,安排本季度工作。

第二十六条　考勤规定

(一)根据《国务院关于职工工作时间的规定》,每日工作8小时,每周工作40小时。结合组织开展文体活动的需要,可以适当延长或调整工作时间。(星期六、星期天必须开放,每天开放时间不少于8个小时;星期一至星期五每天不少于5个小时)。

(二)文化体育协管员的日常考勤由村(居、场)管理,实行月上报制。

(三)区文体广电出版旅游局和镇(街)采取不定期抽查的方式,检查文化体育协管员的出勤情况,对迟到、早退、无故缺勤等情况,作为是否续聘的依据。

第二十七条　工资待遇规定

(一)村(居、场)文化体育协管员的工资标准及福利待遇及发放办法,参照《厦门市海沧区人民政府办公室关于调整城乡社区网格员工资标准及福利待遇的通知》(厦海政办【2013】103号)的要求。

(二)海沧农场、第一农场文化体育协管员工资由农场按月统一发放,村(居)文化体育协管员工资由所属镇(街)按月统一发放。

第四节　考核

第二十八条　考核办法

(一)平时考核。各镇(街)文化站、农场在配合抓好村(居、场)文化体育协管员具体管理工作的基础上,按季度对村(居、场)文化体育协管员的工作情况进行评议,将评议情况汇总上报区文体广电出版旅游局。

（二）年度考核。各镇（街、场）负责每年度组织一次对村（居、场）文化体育协管员的考核和聘用。村（居、场）公共文化服务场所免费开放、完成各项任务情况、解决实际问题情况和群众的反馈意见是年度考核的重要依据。

第五节　奖惩

第二十九条　对考核称职以上的村（居、场）文化体育协管员予以续聘，发放年终考核奖；对工作积极、表现突出的，给予表彰奖励。经区、镇（街）考勤组检查，对文体协管员负责的村（居）公共文化活动场所无法按时免费开放，脱岗三次以上，群众不满意的给予解聘。

海沧区基层文化以奖代补专项资金管理办法（初稿）①

第一条　为加强我区基层文化"以奖代补"专项资金（以下简称奖补资金）管理，提高资金使用效益，根据国家有关法律、法规及财务规章制度，制定本办法。

第二条　奖补资金来源为区财政预算专项安排。

第三条　奖补资金用于全区开展非物质文化遗产活动、基层群众性文化活动、基层群众性文艺原创作品等方面的支出。

第四条　奖补资金的分配遵循"政策透明、规范公平、鼓励先进、引导投入"的原则。

---

① 文化馆凌琳起草，2013年12月发布，根据共同缔造的精神，发挥群众参与提供文化产品的积极性而拟定。选送到区里后，对其进行修改后执行。

第五条 奖补资金中涉及的各项赛事、展演必须为宣传文化系统所举办。

第六条 奖补项目

(一)非物质文化遗产项目:含国家、省、市各级非物质文化遗产保护项目(手工技艺、民间艺术表演、体育竞技等)。

(二)基层群众性文化活动:含辖区内各文艺社团、基层群众团体组织开展的广场文化活动、文艺展演、文化培训活动等。

(三)基层群众性文艺原创作品:含各文化单位、登记在册的文艺社团、自发组成的民间文艺团队、村(居、场)文艺表演团队及我区文艺人才原创的各门类文艺节目。

第七条 奖补标准

(一)非物质文化遗产项目:活动类项目依据规模大小给予组织单位奖补,活动人数达300人为小型活动,奖补标准为2 000元/场;活动人数达500人为中型活动,奖补标准为4 000元/场;活动人数达800人为大型活动,奖补标准为6 000元/场。手工技艺及体育竞技类依据参赛或展演级别给予奖补,在市级比赛中获奖,奖补标准为3 000元/次,参加市级展演奖补标准为2 000元/次;在省级、国家级比赛中获奖,奖补标准为6 000元/次,参加省级、国家级展演奖补标准为5 000元/次。

(二)群众性文化活动项目:广场文艺活动、群众性自发文艺展演活动类项目依据规模大小给予组织单位奖补,观众或活动人数达500人为小型活动,奖补标准为2 000元/场;观众或活动人数达800人为中型活动,奖补标准为4 000元/场;观众或活动人数达1 000人为大型活动,奖补标准为6 000元/场。群众文化培训活动依据参与人数给予组织单位奖补,参与人数(受益人数)达500人以上,奖补标准为3 000元/期,参与人数(受益人数)达800人以上,奖补标准为5 000元/期;参与人数(受益人数)达千人以上,奖补标准为6 000元/期。

(三)基层群众文艺原创作品项目:据原创作品的质量及参赛、展演级别给予创作单位(或个人)奖补。各文化单位、登记在册的文艺社团、自发组成的民间文艺团队、村(居)文艺表演团队及我区文艺人才原创的作品在区级比赛中获奖,奖补标准为2 000元;在市级比赛中获奖,奖补标准为4 000元;在省级比赛中获奖,奖补标准为6 000元;在国家级比赛中获奖,奖补标准为8 000元。

第八条 申报程序

(一)申报方依照相关条件填写相关申报资料,提供证明资料(含活动方案、通知、信息报道、图片、影像资料等)。

(二)非物质文化遗产保护项目、群众性文化活动项目及登记在册的文艺团队向区文化馆进行申报;未登记在册的群众自发文艺团队及村(居)文艺队伍向所在镇(街)文化站申报。

(三)文化馆及镇(街)文化站须认真核实申报资料,确保数据、资料真实、准确、及时。以书面形式将奖补资金申请报告上级主管部门。

第九条 奖补资金的使用必须接受财政、审计部门的监督和检查。对编报虚假信息和违规使用奖补资金的,一经查实,将追回奖补资金并予以通报,情节严重的,取消享受奖补资金的资格。

第十条 本办法由×××负责解释。

第十一条 本办法自颁布之日起施行。

以上的几个规范性材料,因找不到可参照的资料,只能从平时的工作经验积累中挖掘出来。

接到这种"大活",我一开始都很焦虑,文化馆的工作人员接触面窄,视野有限,总觉得这种活不是文化馆人员可以完成的。不得不赶鸭子上架时,我都会在案头上压几天,直到自己有一点清晰的思路才敢把任务往下安排。如果时间紧,就自己写,或者把自己的思路告诉同事,他们写好后我来修改;如果时间不紧,我会给他们几天的时间,然后再一起探讨怎么入手。但也有领会不了领导的意图,又无参照的素材,很长时间都找不到头绪的时候。就比如制定文化发展规划时,因为其他区还没有先例,市里也没有可明确参考的范本,为这个规划,我们馆整整折腾了三个月。因为文本比较大,又迟迟找不到头绪,讨论了好几次,都无法动笔,最后还是对其作分工,丽萍、张洁根据自己熟悉的版块分头写,再由凌琳贯穿和汇总,好不容易出来了,自己也比较满意,但送到领导那里时,发现他要的并不是这样一份材料,而是一个简单的想法。不过,后来在创建国家级公共服务体系时,这份规划倒成为我们区的亮点工作之一。《海沧区村(居、场)文体协管员管理考评办法总则》的制定也事先召开几次各种群体的座谈会,讨论《办法》制定的科学性和可行性,待初稿出来后,还要经过各级领导的审核,如今它已成为厦门市文体协管员队伍建设的范本。

第三章 团队特色

我们馆的工作思路非常清晰：基础工作扎扎实实，特色工作与众不同。所谓特色，是立足主体工作上的创新，别人没有的，我们有，且这种工作能取得与众不同的效果并为大众所接受。

我到文化馆后，将非遗保护和亲子国学等确定为本馆的特色工作，对应了天时、地利、人和。就比如非物质文化遗产保护，对具有悠久历史但正在大开发的海沧区来说，十分必要和紧迫。一个个村落的消失，带走的是一串串沉甸甸的历史文化，限于表面的普查工作和项目申报，能保留下来的少之又少，这会让生活在这片土地的人留下许多遗憾，尽管深度工作并无上级的指令和要求，我们还是针对实际，努力创新工作方式；其次是我们馆里的人员结构，负责非遗工作的刘丽萍，既是历史专业毕业又是闽南人，她工作踏实，积极肯干，特别能坚持，只要有她在，这项工作一定会推动执行得很好；最后就是处于拆迁阶段的村民，他们自身对文化遗产的保护愿望也非常强烈。此项工作能够做出特色做出成绩也就容易许多。

再比如由台胞主导的亲子国学读经班。其一，海沧是台商投资区，有一个长期住在海沧的台胞群体，他们具有丰富的义工活动经验和强烈参与的意愿；其二，这种亲子形式的培训，对构建和谐家庭大有益处；其三，这种培训的内容和形式与同处在文化中心的少年宫举办的少儿培训不重复，不冲突，反而会形成良性的互补机制。

第三章 团队特色

非遗保护

将非遗工作列为馆里的特色工作,基于自己的些许私心。我从普通师范学校毕业后,先后参加了法律专业和汉语言文学专业专科和本科的进修,但不管是自己所学的专业,还是自己的气质长相,丝毫和艺术挂不上钩……刚出校门时,即便借给我最大最丰富的想象力,也不会联想到自己的事业会和群文有关系,所以我经常自嘲说,我是连艺术脓包都没有的人,怎么就来文化馆工作呢!

不管怎么说,既然到了文化馆,我既不会唱歌跳舞,也不会写字画画,只能找个和自身所学专业有点关联的非遗作为发展的落脚点,从此,我就在非遗上多用心了。

海沧是个具有历史底蕴的区域,其所处的九龙江流域,是古漳泉驿路的交汇点,为闽南地区的核心区域,自古是中原文化与海洋文化的一个重要交汇点。1998年,海沧青礁一带发现了细石器遗存,说明一万多年前已有人类在此生存。秦汉之时,中州人民已南迁入闽。先民在发展社会生产的进程中,也积累了大量的非物质文化遗产。

按照市里工作部署,2006年12月至2007年3月,我带领一支普查队伍对海沧区所辖的村居开展非物质文化遗产普查,那是我第一次接触海沧区的非物质文化遗产文化。普查队伍对325位老人进行了采访和座谈,收集了口头流传类中的谚语660条、传说82篇、谜语65条,民间手工技艺8种(榨糖、裱糊等),传统表演艺术9个(宋江阵、五祖拳、踩高跷、蜈蚣阁、芗剧、答嘴鼓、打夯歌等),民间美术6件,民间信仰习俗11类(划龙舟、做清醮、扛大龟、穿火城、吃祖、祭祖、油炬游境等),传统知识与实践16种。此外,对各个村庄的婚嫁、丧葬等民间礼俗还进行了较详细的了解。

在顺利进行非物质文化遗产的普查基础上,我们成功将新垵五祖拳和海沧蜈蚣阁申报为省级非物质文化遗产保护名录项目,将保生大帝信俗申报为国家级非物质文化遗产保护名录项目。此后,我们又先后将海沧蜈蚣阁、闽台送王船申报为国家级非物质文化遗产扩展项目。

随后,我们对普查资料进行整理,先后按照区、镇(街)的行政区域对线索似的材料进行汇编成册。

2009年,我们建成了保生慈济文化生态展览馆,2013年又建成了海沧区非物质文化遗产展示厅,将非遗保护工作直观、系统地呈现在市民面前,特别是海沧区非物质文化遗产展示厅,主题突出、亮点鲜明。一是以"阮厝边"为主题,充分利用文化馆二楼的展览空间和展示条件,按照天井、厨房、厅堂、内室的布局布置展厅,还原了海沧普通人家的日常生活场景;二是展示手段多样化,采用展板、实物以及声光电技术相结合的形式,多方位地展示了非物质文化遗产的魅力;三是展示内容全面,一共展示了我区保生大帝信俗、海沧蜈蚣阁、送王船、新垵五祖拳、青草药、闽南蛇伤传统疗法、海沧土笋冻制作技艺、闽南天然香制作技艺共八项非物质文化遗产名录项目和100余件民俗实物。海沧区非物质文化遗产展示厅不仅是展示项目和实物的崭新平台,也是传承、保护非物质文化遗产的重要载体。

在非遗保护方面,最重要的是我们将关注的视角转向将要拆迁的村落。海沧区城市化的进程非常快,原有的一个个古村落逐渐消失,消失的村落带走的是海沧几百年来沉淀下来的民间文化。我们充分运用馆里现有人员,再发动社会可利用资源,启动了"风土海沧"一村一书的拆迁村文化调查活动,调查的方向包含经济教育发展、行政变迁、风土人情、民俗文化、文物古迹、农耕渔猎等,此外,对每个村独特的特色文化给予重点收集,采取的形式主要是记录口述,查找村里原始档案,开展座谈。

图 3-1　海沧区非物质文化遗产展示厅 1

图 3-2　海沧区非物质文化遗产展示厅 2

别人都说,书是写出来的,而我们的书是用脚"走"出来的。为了写好"风土海沧"一村一书,写出最本真的东西,我们馆的非遗干部连同我们聘请的林致平(海沧翔鹭公司退休专员)等人,走遍了这些村落的每个角落,走访了有可能提供信息的每一个人,探寻村

图 3-3　海沧区保生慈济文化生态展览馆 1

图 3-4　海沧区保生慈济文化生态展览馆 2

里的每一处古迹……有些素材需要反反复复地走访同一个地方,访问同一个人……熟悉村史的老人相继离世,健在的老人记忆略为模糊,年轻人则缺乏切身的了解和感受,这些问题需一一克服,以完成调查和编撰工作。所以,这些书上所呈现的内容基本属于口述的记载和到村里所见所闻。

拆迁村的村民对我们所做的这项工作非常配合,他们认为这才是真正的惠民工程。以钟山村为例,离我们文化中心最近的一个拆迁村,海沧区政府大楼就是征用他们的土地建设起来的。很多民间民俗专家关注他们村里"送王船"的民俗迹象、文物古迹,我们却将视角转向这个即将消失的村落所能追寻到经济变迁、文化变迁、教育变迁等现象。

《风土海沧·水美钟山》之经济发展篇

钟山村的经济发展,正如钟山村的行政变迁一样,也经历了一个巨大的转变。在这一过程之中,应该说三个时期的标志性的事件代表了钟山村经济发展的质的变化。首先,以1951年的土地改革为标志,钟山村形成以农业为核心的经济发展模式;其次,以1986年钟山村人与福清长乐人合资筹建海沧第一家石料场为标志,代表着钟山村的经济发展步入以初级加工为基础的工业化经济时期;最后,以2000年的新规划为契机,钟山村大力发展多元化的经营活动,步入城市化的发展阶段,经济发展中突出服务制造业的重要作用。

在这样的一个巨大变迁之中,钟山村的经济发展呈现出多样性、多元化的特征。这一特征,一方面体现在经济类别的多样化。如下文所示,钟山村村民从事农业耕作、铁件加工、机械维修、家庭作坊,经营供销、食杂、机械、经贸、文具、加油站,具备了一定的规模;一方面还体现在经济形式的多样化上,也就是内部加工、外部出口、地域合作、城乡结合的多样化。正是因为坚持多样化的经济发展模式,作为城乡结合部的钟山村因此也就有了因地制宜、统筹发展的先决条件,这也造就了钟山村经济建设与社会发展的辉煌。

1949 年　钟山村成立农会,先期上级指派南下干部周顺明、苏金换指导工作,活动地点在蔡北贞厝后学仔。后期指派华美山、郭玉桐、陈金虎指导工作,村部设在上厝尾学仔(现蔡香才厝182号)。

1949 年　农会开展以下工作:减租减息、剿匪反霸、支援前线、石甲头战役、10月17日解放厦门的战役。

1950 年　刚解放时,钟山人口617人,百孔千疮、民不聊生,有厝无人住,有地无人种,杂草丛生,野兽出没,曾有老虎进村咬猪被村民打死的记载;普通村民住的是黄土垒墙的破烂房屋。

1950 年　农业生产水平低下,水源未得到利用,没有任何水利设施,不是旱,就是涝,农具简陋,技术简单,单干作业,亩产极低,地瓜是主要的充饥粮食。

1950 年　由当时农会牵头,组织用地缺水的农户一起出工出力,在金换厝和德隆厝边的溪流上筑起两个小水坝,后在崎头窟又建了新水坝,层层蓄水,解决了部分农田用水的难题。

1951 年 4 月　土改工作队进驻钟山村,到8月土改结束,农民分到土地,耕者有其田,农村面貌开始改变。当时,渐美、卢坑、钟山合并为渐美乡,钟山的严乃聪被选为农会主席,蔡钉为副乡长,蔡坤朝当时是财粮委员兼文书,分管钟山村的具体事务。

1952 年　村里成立了农业生产互助组,农民以自愿互利的原则,换工互助,弥补劳力、畜力、农具的不足,农业产量开始增加,村民生活有了改善。

1956 年 1 月 1 日　钟山村初级农业生产合作社成立,村民将私有的土地作股入社,社员集体劳动,收益按出工和入股土地进行分配,耕畜、大农具由合作社统一使用并支付一定的报酬,调动了农民的生产积极性,低产田得到改造,大型水利工程——湖窟水库也于当年3月顺利开工。

1957 年 8 月　钟山村从海澄县划归新成立厦门市,属集美郊区;同年,钟山初级农业社转为高级社,田地和主要生产资料划归集体所有,完成了由农民个体所有制到社会主义集体所有制的转变,农民参加集体劳动,"各尽所能,按劳分配",为增加水源,西坑内水库开始建设。

1958 年 5 月 海沧人民公社成立,钟山高级社转为钟山大队,首任大队长为钟福成,廖海河为副书记;全村 1 100 人分为 6 个生产队,分队过程实行一平二调:对田地、生产资料、大小劳力进行平调(钟山村至今仍沿用当初的 6 个生产队改制而成的 6 个居民小组)。

1959 年 公社化早期,大队办了两个食堂,一、二、三队在下底食堂,地点在现黄氏莆田籍建楼处,四、五、六队在头顶食堂,地点在现戴生活厝,大家统一吃食堂,每日一稀二干,较为浪费,后来大队支持不了,按人口分粮食回家自理,食堂前后维持了八个月,不符合实际的做法显然无法长久存在。

1960 年 强台风、大水、大旱,1959—1961 年连续三年严重的自然灾害未压垮钟山村人民,在 1961 年 5 月与渐美正式分开成立大队后,钟山人民开展生产自救、重建家园,修水田、修水库,努力增产,6 个生产队为完成每年 30 多万斤的征统购粮的任务和保证全村社员吃粮而展开劳动竞赛,当年哪个生产队夺得完成征统购粮第一名是非常光荣的事。当时社员们宁可自己留下较差的稻谷当口粮,也要把最好的粮食交给国家。国家则相应分配一些当时非常珍贵的化肥给生产队。

1961 年 当年国家粮库设在东屿村,到交售征统购粮时节,全村人手推独轮车,肩挑大粮袋,一路热闹的景象,老人们至今记忆犹新。

1963 年 年底,大队购买了一台 295 型 24 匹马力的立式柴油机,办起一个碾米厂,地点就在下底食堂边,从此钟山村彻底改变了几百年的原始舂米方式,解放了部分劳动力,广大社员受益匪浅（据蔡明群书记回忆，当时购进的是大型卧式进口机器，美国或德国制造的柴油机，震耳欲聋，闻名遐迩）。

1963年　大队成立了水产小组和林业队，利用遍布全村的河窟发展淡水养殖，在蔡尖尾山上开荒造林，广种红柿等果树，既增加了大队的副业收入，又能很好地保持水土；因地制宜、综合利用成为钟山村的一大优势。

1964年　年初，钟山大队的四清运动在当时的青礁驻军干部指导下进行，事实证明，钟山村的干部是廉洁的，是一心带领社员战天斗地，夺取粮食丰收，改善群众生活的好干部。

1964年　为提高湖窟水库蓄水量，增加大队水田的用水，防止山洪暴发对村民的伤害，干部们带领社员日夜奋战，将水库的坝岸架高了几米，水库的蓄水量增加到了28万立方米。

1964年　在已经担任漳州龙海干部的廖坤朝指导和牵线下，大队在蔡尖尾山上种下了1 000多棵从漳州九湖引进的荔枝树，增加了副业收入，较好地改善了村民的生活。

1965年　开始贯彻"农业八字宪法"（土、肥、水、种、密、保、管、工），提倡科学种田，加强田间管理，大队的粮食产量节节提高，在蔡尖尾山海拔200米的"三五"水库如期动工，增加了农田的水源供应，粮食生产更有保障。

1966年　"文革"开始，钟山村也顺应时势，村口立起拱形门，村中到处插上标语牌，"抓革命、促生产"是当时响亮的口号。

1967年　钟山大队成立了一支毛泽东思想文艺宣传队，30多人的队伍具有一定的规模；宣传队带着《红灯记》《沙家浜》等革命样板戏剧目，上高山下海岛，走南闯北为革命演出，在当地颇有影响。文艺宣传队一直到1975年体制下放后才自然解散。

1967年　"文革"时期，钟山村无法避免当时的阶级斗争成分论，宗祠、庙宇、祖先灵龛、族谱都遭到破坏，一些人员被批被斗，但大家的内心都是明理的，一些文物也被有心人冒险保护下来。

1968 年　钟山大队从当年开始全面推广薄膜育秧,解决了早稻冻秧、大田拔秧等难题,对提高秧苗成活率和控制水稻成长期起到较大的作用。传统的农业耕作方式随着科学种田的推广,也在逐步改变。

1969 年　钟山大队自筹资金安装了一台 10 千瓦发电机组(蔡明群提到,这次购买机器的型号是 295 型),全村每到夜晚大放光明,结束了使用昏暗小油灯的历史,在大田用灯光诱蛾杀虫作为新技术在钟山大队率先进行。

1969 年　水利工程的重要项目,长 100 多米,高度 6 米,跨度 4.5 米的坑底渡水桥建成通水,源源不断的水流向黄茂、钟地、后埭等大片本村田地,还供应了石塘、东屿等村大部分用水。

1970 年　钟山大队建设了两个电灌站,一个位于山前(翔鹭宿舍西侧),一个位于地沟(信海花园处),分别解决洋田和后埭大片农田的用水,所装的两台苏式 5 马力柴油机由华侨蔡清冷捐献。电灌站改变了粮食低产的历史,糖蔗亩产将近 8 吨,地瓜达到 8 000 多斤。

1970 年　为改善社员生活,提高副业收入,大队于 1970 年兴办蘑菇场、白木耳场,成立果林队、水产队;各生产队成立副业组,集体养猪在 100 头左右;提倡社员户户都养猪,广积农家肥,种植绿肥、收集牛羊粪、在海边的红树林收集海苔做肥料,努力增加粮食产量,社员生活逐渐提高。

1971 年　海峡局势紧张,厦门沿海进入战备状态,钟山大队也根据上级安排,"深挖洞,广积粮",抽调各生产队劳力,在现钟山变电站附近挖防空洞,后期由于地下水渗透和地质问题而出现部分塌方,工程遂告停止。

1972 年　钟山大队和岛内的黄厝大队于全市农村中购置了第一辆 27 马力轮式拖拉机,轰动了整个海沧公社,田间耕作大都由机械代替,极大地提高生产效率,生产队纷纷购置 12 马力的手扶拖拉机,解放了大批的劳动力。

1972年 筹划多年的岩崎水库动工,水库建成后保证了蔡尖尾山的大片农田的用水。岩崎水库于1980年被大水冲垮,未予以重修。

1973年 一批厦门市知识青年来到钟山大队下乡落户,他们与社员们同吃同住同劳动,锻炼的同时,促进了农村的文化进步。1978年,后他们陆续回城,在各行各业发挥重要的作用。

1974年 村里的人口增长到1 400人,人多地少,围海造田在那个年代是增加集体土地的一项措施,猪哥堤就是大队组织劳力在当年围筑的海堤,共围田地30亩。因当时大队送了一只公猪犒劳围堤的社员而得名。

1975年4月 开始体制下放改革,原来的公社、大队二级核算改为公社、大队、生产队三级核算,社员的劳动积极性得以激发,钟山大队的发展也渐入正轨。当年,大队的果林队在山内弯种下成片的龙眼树,红柿树已经发展到800多株,李树则种植了5 000多株,蔬菜田的面积也扩展到77亩。村里的第一个水泥地面的篮球场也建成投入使用,极大地活跃了乡村的文化体育生活。

1976年5月 钟山大队与渐美大队合作,从海沧公社电灌站架设了一条高压线路,供两个村的生产和生活用电,大大改善了用电紧张状况。

1986年 钟山村与福清长乐人合资筹建海沧第一家石料场,位于西坑内水库左侧;后因管理不善一度停产,1991年由钟山村民承包后恢复经营;在1999年底海沧实施风景资源保护专项治理行动之前,在钟山林地范围内,先后又有6家石料场投入使用,提供的石料为海沧新区的建设起到较大的作用。

1990年 当年开始实施的厦门市重点项目"901工程",为海沧带来翻天覆地的变化,海沧生活区的建设和马青路的施工征用钟山村的土地330亩,以前的铁赤后(小村落)被如今的大海洋酒家所代替。

1991 年 村委会投资一万多元在村中心建设一座占地 400 多平方米的农贸市场,方便本村人员买卖交易。

1991 年 随着村民自治改革开始实行,1991 年 5 月 17 日,钟山村第一位民选村委会主任蔡嘉辉当选上任。

1994 年 5 月 钟山村第二届村委会选举圆满结束,蔡嘉辉获得全体村民的信任,连任村委会主任。

1994 年 9 月 经村委会与邮电部门协商,开通了一条数字程控电话线路,首批安装 70 部电话,每台初装费为 4 760 元。

1995 年 4 月 村委会投入资金,在马青路南侧翔鹭宿舍西侧钟山村地块上建了面积近千米的 29 间临街店面和一个较为规范的农贸市场,方便了村民销售农产品及周边市民的生活需求。

1995 年 钟山村陆续成立治保会、联防队等群防群治组织,形成了社会防范网络,增强了当地的治安维护。

1995 年 钟山村重视计划生育工作,自成立计生协会以来,1996—1999 年,连续多年被评为区、镇级计划生育先进集体;1996 年,钟山村人口为 1 797 人。

1996 年 8 月 筹划多年的钟山小学新教学楼破土动工,占地 9 000 平方米,总投资 120 万元的四层半教学楼于 1997 年 2 月底竣工,村民子女高高兴兴地进入新教室上课了。

1996—1997 年 全村自来水安装工程竣工,村民们彻底改变饮用不洁井水的历史。

1997 年 当年的村委会换届选举中,一些年轻有为、扎实肯干、勇于开拓的村干部进入领导班子。蔡明群被选为新一届的村委会主任。

1997 年 7 月 20 日 钟山村老人协会和老人之家成立,饱经风霜、为社会打拼多半辈子的钟山老人们终于有了温馨和睦的温暖之家。同年,由 20 多位农村妇女自愿组成的钟山村腰鼓队也成立了。

1998年8月 首期投资100多万元的钟山村内道路改造工程开工,拆迁房屋围墙等近500平方米,修建、拓宽村干道178米;二期拆迁房屋围墙等400平方米,修建主干道176米;随后又改造、修建各类道路800多米,新修道路平坦宽敞,布局合理,地下管道齐全,彻底改变了原来道路狭窄,凹凸不平的状况,村容村貌和村民的出行大大改善。

1998年10月 钟山村文化中心正式启用,图书室、阅览室、乒乓球室、影像厅、旱冰场等一应俱全,村民的文化生活丰富多彩、文化层次得到较大提高。

1999年10月 14号强台风正面袭击海沧地区,钟山村遭受严重灾害,山上的果树被连根拔起,村民的简易房屋被吹倒,农田被淹,损失达1 000万元以上;在村两委的领导下,全村人民齐心协力共同抗灾,在较短的时间内恢复了村庄的正常生产和生活。

2000年4月 位于兴港路东侧的钟山新村建成,23家拆迁户高高兴兴搬进了独栋别墅型新家。

2000年8月 村委会再次投资四万多元,对钟山小学的围墙进行施工和6 000多平方米的学校操场进行平整,学生们的学习环境得到进一步的改善。

1995—2000年 1995年开始,钟山村对大部分的电线杆和老化的线路进行改造;1997年对各户的电表进行彻底更换;2000年8月,全村的电改工作完成,村民的电费从原来的每度0.50元降到0.386元,生活开支节省了许多。

1999—2000年 1999年,村两委根据上级建设新农村的要求,对村庄的建设提出规划和公告,改造面积23公顷。2000年,由于村民意见分歧,改造并不彻底,只打通村庄的中路,过坛尾前面的部分。

2003—2010 年 2003 年,海沧管委会主任翁云雷上任,提出钟山村要实现农村城市化,规划村民拆迁后就地安置,集中安置在村庄的一侧,其他部分土地交给政府处置。

2003—2010 年 村两委对政府的措施积极支持,但由于土地房屋拆迁对村民生活造成巨大冲击,干部们做了大量工作,拆迁依序进行。

2010 年 村庄改造正式拉开序幕。经过多方争取,反复论证,新村选址确定,就在原村庄的东北侧,紧靠繁华的海沧市区。共建 11 栋 10 多层的高楼,房屋朝向良好,采光充足,楼距宽阔。小区内的布局合理,有中心广场、幼儿园、家族宗祠、朝圣庙宇,外围还有沿街店面,为今后村民的生活提供了良好的保障,创造了农村安置的"钟山模式"。

2010 年 钟山村的一万多平米的集体房屋土地拆迁后可以以 1∶1 的比例置换商场店面或套房,为今后的社区集体经济发展提供了良好的空间。

2011 年 目前,拆迁工作正在紧锣密鼓进行中,当艰巨的任务等待钟山的社区干部和村民们去完成,相信不远的将来,崭新的钟山社区将出现在海沧大地上。

至 2000 年年底,钟山村全村人口 1 797 人,551 户,58 个姓氏,非农业人口 480 人,小学生 281 名,中学以上 140 名,从事铁件加工、机械维修、家庭作坊等 49 家,个体私营公司有供销、食杂、机械、经贸、文具、加油等多家;99 年底社会总产值 950 万元,总收入 832 万元,人均收入 4 630 元。

1997 年开始征地 1 147 亩,现有耕地 656 亩、山林 3 076 亩,私人宅基地 142 亩(485 宗)、村属建筑 54 亩(村委会、新旧小学、2 个农贸市场、临街店面等);村有果树:荔枝 1 804 株、龙眼 604 株、杂果 77 亩;84 年新开发果园 106 亩。

现存河窟有楼白河、燕白河、戏管河、大河、公山河、地郎井。

钟山村几乎每家都有海外华侨亲戚关系,多数失去联系,回来的都十分热心公益事业。

旧大厝有棋盘、旧小学、大六间、学子埕、新大厝、大条厝、山宅大厝。

四个角落:上厝尾、中社、后埔、四芽。

蔡尖尾山:公山、虎空山、洪厝山。

图3-5　风土海沧系列丛书

这么详实的资料汇总在一起时,我看了都感动。当我们将这本书送到村民手上时,很多上了年纪的村民泪流满面,这些字眼勾起他们无限的回忆,村落即将消失,老人一个个即将逝去,如果没有我们的记载,若干年后,谁还能记得这个村落的那些故事。这本书印刷出来后,村民们自发凑钱要请文化馆参与调查的人员吃饭。我们破例接受了他们的邀请,这也许也是他们感恩回馈释放情怀的方式,我们恭敬不如从命。

由于人力有限,启动三年来,我们才完成钟山村、东屿村、后井村三个村的调查和资料汇编,我们还在继续努力。

向海延伸的民俗[①]
——海沧区民俗采访录

一

每次到地方采访民俗,我都感觉心里有一种敬畏。这是因为,民俗是一个地方广大民众所创造、享用和传承的生活文化。它起源于地方群众生活的需要,在特定的历史条件和地域中不断形成、扩大和演变,从而成为当地民众生活中必不可少的活动。正因如此,这种来源于民众、传承于民众、深植于民众心中的行为,往往具有语言、形象和心理上的有形的崇拜和无形的力量。接触它们时,就会看到历史阶段延续和演变的标记,甚至看到仍有实用价值的历史残存。

对此,谁能不怀敬畏之心?

但是,要真正了解某一地方的民俗,关于它的来源、演变、禁忌传承和现状,确是一件很不容易的事。许多民俗,常常因事过境迁而不断改变,或者不断消逝,现有的类型和模式究竟还有多少? 又有多少能得到重新显现和保护? 加之民俗本身并非典籍文化,它似乎从未有过一个权威的文本,主要是靠耳濡目染和言传身教的途径在地方和人际之间传承,能遗存下来的确实不易;因此,许多民俗学家总是在大声呼吁甚至奔走呼号,发起了有关民间文化遗产的抢救和普查工程,缀拾那些行将消泯的"大地与母亲的文化"。

令人感到意外和惊喜的是,这次在厦门海沧区采访民俗,发现海沧区早在 2006 年 5 月就已着手对海沧民俗文化的调查和收集,

---

[①] 朱谷忠:《走进海沧——美丽家园 活力新城》,海峡出版发行集团 2014 年版,第 238~245 页。朱谷忠为福建省作家协会副主席。

我的群文工作

并于2008年成功申报了"保生大帝信俗"国家级非物质文化遗产保护名录。2006年年底开始,海沧区开展了第一次非物质文化遗产全面普查;2009年1月,全省非物质文化遗产普查工作会议在海沧召开,该区文化馆在会上作了经验交流。

在这次采访中,我认识了海沧文化馆馆长黄达绥。这位出生于1967年的女馆长,是个副研究馆员。2004年10月,她从海沧区教育局调入文化馆从事群众文化工作,带领团队,积极投身该区内的非物质文化遗产保护,制定了详细和科学的普查计划,走家串户,进行拉网式调查,发现和收集了大量的口传文学和民俗文化、民间手工技艺、民间信仰习俗等线索和材料,从中筛选出有着重要历史和科学价值的项目,进行非物质文化遗产各级名录的申报工作。到2013年年底,申报成功的国家级3个、省级4个、市级8个,其中保生大帝信俗、海沧蜈蚣阁、闽台送王船被列为国家级非物质文化遗产保护名录。而她个人,不耻下问,潜心研究、整理、挖掘当地的民俗文化,以高度的责任感,踏勘民间遗存,终于出版了《海沧区民俗文化》一书。除此,她还组织撰写了《海沧区非物质文化遗产》和《海沧区非物质文化》"海沧街道卷""新阳街道卷""东孚镇卷"等书籍。"风土海沧"的系列研究,是对海沧乡村的城市化展开人文调查取得的成果。黄达绥更是通过这一工作深刻认识到民俗的社会作用非凡。她认为,海沧民俗文化"曾为闽南子弟拓展生活空间提供了可贵的精神支柱和情感寄托。自宋迄今,民俗在信仰区整合了乡族力量,维系了社会秩序。其排难解纷、张善惩恶的作用弥补了地方政府和官吏所不及。而今,民俗活动弘扬的主流精神是扶危济弱、扬善弃恶、和谐友爱,这对构建安定、和谐社会颇有裨益"。

黄达绥侃侃而谈,我一边听一边快速记录,这个外表看似沉静但内心却热情如火的人,谈起海沧民俗,全身都散发着闽南浓郁的传统文化气息。这一气息,又使人看到她身上的一种历史情感和文化情怀。

第三章 团队特色

二

任何民俗，都是有一定属性的。

海沧有一片大海，有时壮丽辉煌，有时宁静和谐。诞生于这一山海间的民俗，它的属性又是什么呢？

从大处看，也许取决于这里的风土地貌、城乡景致、庙宇祠堂；从细处看，也许取决于这里的四季劳作、礼尚往来、人文关怀……但是这一切，却都带着明显的海的沧桑、海的气息、海的颜色。因此，这里民俗的属性很容易使人把它和海的内在关系牵连起来，想到这里民俗具有一种独特的海的内向凝聚力和海的外向感召力，如平安清醮习俗，是由于民朝一位李姓抗倭名将被百姓视为沿海保护神加以供奉产生的；油炬走境习俗，是以渔业和农业为生的村民祈求风调雨顺的一种仪式；祭祖习俗，则是中国人都要记住出生何族、来自何处的一种伦理祭拜；渔民缯网补渔习俗，直接指明的是对一种浅海补鱼工具的挚爱；扛大龟民俗活动，是由刘山社当年娶媳妇或生孩子的家庭向村人发送红龟粿等贡品的一种仪式；而"新江农历3月15日进香"是由宗族组织到慈济东宫朝拜的活动；除此婚嫁习俗、祈子生养习俗、节庆习俗、丧葬习俗等也完全是海沧乃至闽南一带传统形态与禁忌等等。虽然这些民俗也会因时间的流传而有所改变，但它们各自都有着清晰的类型和模式，然而，它们却都是在向海的地域上形成、扩大和演变的，海的沧桑、海的气息、海的颜色，是它们须臾也不曾离开的。尽管从这些民俗中也可以看到古越文化遗风、中原文化遗风以及海外文化持续的冲击和临地文化长期的渗透，但这种多元文化的民俗依然浸透了海味，成为海沧人民世代生活中不可或缺的一部分。

黄达绥在采访中曾动情地说道：海沧自古以来就是中原文化和海洋文化的重要交汇点。丰富的民俗活动，其中所蕴含的优秀传统文化，是中华民族的精神与智慧之根，更是维系大陆与台湾的精神纽带，体现了闽台区域文化的历史同一性和不可分割性，体现了传统文化的根和叶、源与流的关系。

我不禁问道:"海沧区致力于民俗和非物质文化遗产线索、材料的收集整理,其目的正是如你所说的这一切吗?"

黄达绥沉思了一下答到:"我们所做的这些,就是想把海沧丰富的民俗活动的精神纽带留下来,将历史资料、亲眼之所见、现实的感受、口述的文本堆砌、整理出来。即使是这样一种堆砌、整理,至少也是一种呈现,并且是最直观的一种呈现,使民俗以一个新的传承形式流传下去。"说到这里,她又补充了一下:"存在,就有记录的价值;记录,是对曾经存在的缅怀!"

三

著名作家、社会活动家冯骥才说过:"所谓民族复兴,实质是文明的复兴。"海沧之所以令人向往,正是经历了从传统乡村到现代都市的蜕变,从而成为闽南乃至福建社会文明进步的一个缩影。在海沧采访民俗的那两天,我亲眼目睹了海沧人致力于文化遗产保护的所作所为,也接触了如海沧区文化馆馆长黄达绥等一批人,深切认识到非遗保护对促进经济、社会发展的重要作用,他们克服了这样那样的困难,最终取得令人欣慰的成果。他们相信,这些向海延伸的"非遗",也许不是一代人可做完的事情,甚至要一代一代的人坚持做下去,才能真正触到民族的那个根,那个最深的中华文化之根。

也许,我们对未来充满希望,原因就在这里。

亲子读经班

海沧文化馆举办各类培训中最值得一提的是亲子培训——像亲子书法班、亲子手工班、亲子摄影班……这些班中,最值得称道的是"亲子读经班"。

"经"就是中国的经典文化。

读经班有几大特点：从对象说，是处于记忆力最好、最适合记诵经典阶段的十三岁之前的儿童。从教材方面，如《大学》《中庸》《论语》《唐诗三百首》《三字经》《弟子规》等等，是中国传统文化浓缩的精华。

从教法方面，引导孩子熟读熟背，不求甚解，在读中背，在游戏中读。

从形式来说，亲子读经班属于亲子共同参与的常态性活动，每周一次，于每学期结束举办结业总结，每年的夏天举办相对应的两期夏令营，邀请台湾义工协会派老师进行系统指导。

从教师来说，以台湾的义工老师为主导，不用支付任何报酬，在家长中培养志愿者老师，共同承担教学任务。

"天下父母心"——每一位父母都希望自己的孩子健康快乐成长，在家里是孝顺父母的好孩子，在校是品学兼优的好学生，出社会是个有用的人。

经典书籍乃古圣贤的心血结晶，熟读经典，个人可开启智慧，洗涤心灵，端正思想，规范行为，社会大众普遍读经，更可教化人心，培养善良风气。

亲子读经有诸多好处：

其一，增进亲子感情的融合。亲子之间有着共读国学的互动，使亲子更加了解对方，增加生活上沟通的话题；

其二，促进家长的自我成长。亲子共读名著经典，反照自性，从经典的熏陶中增长智慧，改变气质，获得人生方向的启发；

其三，家长与老师互动良好。家长跟老师常沟通能够更进一步了解读经的意义和带班老师的理念，体会老师们的苦心；

其四，稳定孩子出勤率。出席率是影响全班孩子士气的关键，家长能对读经班的意义多一分了解，就能多一分配合，并鼓励孩子有始有终来上课；

其五，协助班级经营。老吾老以及人之老，幼吾幼以及人之幼，家长的热心参与，更是读经班永续经营的原动力。

孝道成长夏令营设计稿(2013年)

营主任：李老师

副营主任：何老师

总操持：大杨老师

第一天活动流程表　　　　2013/07/27（星期六）

时间	项目	内容	负责老师	操持老师	备注
14:00—14:30	报到、领资料	让我们拍手 欢迎你			文书组
14:30—15:00	相见欢	带动唱（忆爹娘） 小组认识 设计队呼	小杨老师	大杨老师	
15:00—15:40	好戏开锣	进智慧门 唱营歌 （每年的今天） 恭请营主任致辞 介绍工作人员 你我的约定 大合照	营主任 李老师 始业式	蔡老师 大杨老师	
15:40—16:00	Tea-time	准备茶点		康老师	总务长
16:00—17:00	讲座一	笑容满面承亲颜 （亲子互动）	大杨老师	李老师	
17:00—18:00	小组时间	小组表演彩排		小杨老师	各小队辅
18:00—19:00	晚餐	餐务指导， 餐后整理		张老师	炊事
19:00—20:30	晚会 星光夜语	温馨晚会	小杨老师 大杨老师		带动唱、营火. 各组表演、 丁兰的故事、 落雨声、 点心灯
20:30	晚安				

第二天活动流程表　　2013/07/28（星期日）

时间	项目	内容	负责老师	操持老师	备注
09:00—09:20	报到 相见欢	带动唱《心中的声音》	小杨老师 孙老师	张老师	
09:20—10:20	讲座二	影片欣赏（多基卟的天空） 影片观后分享（设定五个分享主题,每组择一分享）	小杨老师	张老师	
10:20—10:40	休息	充电再加油（点心时间）			总务组
10:40—11:40	讲座三	孝子齐家全家乐（孝道绘本）	蔡老师	小杨老师	
11:40—12:50	叽里咕噜	午餐及午休 整理环境	张老师		炊事组
12:50—13:00	动人的弦律	善歌教唱《感恩父母》《跪羊图》《幸福的脸》《心中的声音》《忆爹娘》	小杨老师 孙老师		活动组
13:00—14:30	拜会各关主	分站教育（六关）	总关主 小杨老师		亲子闯关活动
14:30—14:40	生活补给站	点心时间	康老师		总务组
14:40—15:30	创意DIY	吉祥如意灯笼	张老师	蔡老师	教学组
15:30—16:00	活动回顾 结业式	颁奖 营主任勉励 心声回响 大合唱营歌《手牵手》《心中的声音》	大杨老师		行政组 教学组 活动组 辅导组
16:00—	场地整理			何老师 康老师	全体工作人员

分站教育闯关活动介绍表

编号	关名	关主	活动方式与规则	器材
	总关主	小杨老师	掌握时间 总操持	哨子
第一关	五谷丰登皆因孝	康老师（寿司卷）	1. 自己动手包海苔饭团。 2. 评分标准：摆盘的创意与美观。 3. 注意安全、切记不浪费。	饭、食材、盘子、刀、粘板
第二关	孝经孝文把孝劝	张老师（拼图）	1. 亲子手牵手走到绳子前方下腰过尼龙绳。 2. 小朋友抽字卡组合。 3. 亲子一起念出来。 4. 亲子念完手牵手回到原点接下一组。	绳子、字卡
第三关	孝从难处见真孝	李老师（洗脚）	1. 请爸妈出列坐在椅子上帮爸妈脱鞋袜。 2. 小朋友将大人的双脚放在脸盆由上而下清洗。 3. 拿毛巾将爸妈双脚擦干穿上鞋袜。 4. 按摩爸妈说感恩话语。	脸盆、水桶、小毛巾、椅子、小板凳
第四关	孝子齐家全家乐	孙老师（小脚跟大脚）	亲子一起穿上大木屐，大人在前面，小孩在后面，抱着爸妈一齐前进，到达终点以后，再换小孩在前面大人在后面，回到起始点后交给下一棒再继续。	大木屐
第五关	孝敬父母如敬天	大杨老师（装扮）	1. 各组派出一位父亲或母亲。 2. 学员轮流掷杯，掷出圣杯者可将小组身上的小配件拿出一件装扮父亲或母亲。 3. 由关主评审哪一组装扮得最有创意，走秀后再评分和讲评。	博杯、各种装饰品

续表

编号	关名	关主	活动方式与规则	器材
第六关	孝在实行不在言	蔡老师（折衣服）	1. 由亲子（二人一组）一起将衣服、裤子、枕头、棉被……一起折好放整齐。 2. 一组完成后手牵手回到起始点后，下一组手牵手再出发。	衣服、裤子、枕头、棉被、垫子，等等

第一队:曾参队　　第二队:闵子骞队　　第三队:老莱子队

第四队:子路队　　第五队:丁兰队　　　第六队:王祥队

海沧文化馆崇礼学堂结业流程

一、报到（3309 室 09:15—10:40）

09:15—09:30 报道并签到（泽杭妈妈.宸宇妈妈），领志工服

09:30—09:40 手语带动（天地是个大讲堂）

09:40—09:50 闯关说明（发闯关单）

09:50—10:30 总验收（验收完，单子交给张老师统计，前 10 名可领"读经高手奖"）

第一关:论语:宸宇妈妈、佳怡妈妈、炜达妈妈

第二关:论语:天天妈妈、袁媛妈妈、宇同妈妈

第三关:论语:羽曈妈妈、泽杭爸爸、张老师

第四关:笠翁对韵:泽杭妈妈、子豪妈妈、雅妮妈妈

10:30—10:40 能量补给，整队准备闯关

二、闯关（3313 室 10:40—11:30）

第一关:星际迷航、填填看:杨玉麟、江惠美

第二关:七巧好友、叠叠乐:陈宝钗、李　江

第三关:记忆大考验、连连看:郭小芸、方巧玉

第四关:折纸+点心:周老师、天天妈妈

三、用餐联谊(二楼多功能厅 11:30—13:30)

1. 大合照
2. 用餐说明:小朋友先帮忙摆自己和家长的碗筷、请家长就座、第一轮由小朋友帮家长装饭菜,不可以浪费,吃多少多装多少,由艺竟家示范
3. 表演及颁奖

开场:礼运大同带动唱

(带动唱——幸福的脸、英文朗读:第二课第一段)

颁奖——参与奖

颁奖人:

(颁奖完后选气球回答问题,过关可摸彩)

颁奖——进步奖

颁奖人:

(带动唱——三德歌、英文朗读:第二课第二段)

颁奖——全勤奖

颁奖人:

颁奖——服务奖

颁奖人:

颁奖——验收高手(戴状元帽)、小朋友验收奖

颁奖人:

(带动唱——感谢、英文朗读:第三课第一段)

颁奖——妈妈验收奖

颁奖人：

受奖人：羽瞳妈妈、艺轩妈妈、艺竟妈妈、炜达妈妈、子豪妈妈、方可妈妈、天天妈妈、瑜璐妈妈、洪昊妈妈

颁奖——读经高手（戴状元帽及穿汉服）

颁奖人：

4. 影片回顾

5. 小朋友分享

陈政锴、袁媛、王佳鑫

6. 家长分享

羽瞳妈妈、歆媛爸爸、宇同妈妈

7. 结束

带动唱——手牵手

PS:英文朗读由宸宇妈妈帮忙带动（须准备各组讲义及讲义夹）

工作分配表

一、三楼签到

负责人：泽杭妈妈、宸宇妈妈

二、三楼验收、闯关

负责人：康老师

验收组员：宸宇妈妈、佳怡妈妈、天天妈妈、袁媛妈妈、羽瞳妈妈、炜达妈妈、泽杭妈妈、泽杭爸爸、子豪妈妈、宇同妈妈、炜达妈妈、雅妮妈妈、张老师

闯关组员：杨玉麟、江惠美、陈宝钗、李江、周老师、天天妈妈、

郭小芸、方巧玉

三、二楼多功能厅联谊

负责人：陈老师
组　员：全部家长

四、验收及生活小达人统计

负责人：张老师

五、餐点水果整合

负责人：艺竟妈妈、子青妈妈
协助人员：进强妈妈、炜铭妈妈、政锴妈妈

六、颁奖礼生

礼生：杨玉麟、江惠美、陈宝钗、郭小芸

七、奖状制作、多媒体

负责人：何老师

八、礼品采购

负责人：陈老师、艺竟妈妈、宸宇妈妈、洪昊妈妈、子青妈妈

九、摄　影

负责人：怡萱爸爸、炜达爸爸

十、摸彩、奖品分类

负责人：泽杭妈妈、天天妈妈
餐点存放处：二楼多功能厅

2014/08/02(六) 孝道成长营活动流程【第一天】 营歌(每年的今天)

时间	分	项目	内容	负责	音响组	各辅导员	辅导组	教学组	文书组	总务组	活动组	行政组
13:30 14:00	30	报到领资料	让我们拍手欢迎你	文书组 辅导组	背景音乐	每组一位辅导员在报到处招呼组员,带到礼堂就位。戴名牌,发手册	协助组辅导员招呼组员就位。	各流程准备	准备班员名牌,各组资料,小组举牌	配合舞台茶水	配合操持者和教学组协助带动	确定各组出席状况并呈报营主任
14:00 14:50	50	相见欢20' 小组时间30'	1. 团体活动(踩蟑螂) 2. 讲述队名孝子故事 3. 小组认识队呼练习	杨巧明		在各小组地点运作:互相认识,熟练队呼,晚会表演练习。			各小组活动地点示		带领团体游戏	
14:50 15:40	50	好戏开锣	1. 魅力登场展现队呼10' 2. 唱营歌每年的今天5' 3. 恭请营主任致词5' 4. 介绍工作人员5' 5. 你我的约定10' 6. 大合照15'	陈文贞			1. 生活公约 2. 介绍评分标准及注意事项 3. 环境介绍					邀请馆长或宾客准备主任介绍营组长就位介绍工作人员

续表

时间	分	项目	内容	负责	音响组	各辅导员	辅导组	教学组	文书组	总务组	活动组	行政组
15:40 16:00	20	Tea-time	准备茶点	总务组	背景音乐					准备茶点	课前歌曲带动	
16:00 17:00	60	讲座一	父母十恩	陈文贞	播放课前带动歌曲	1.提醒组员有尊重老师问必答 2.注意上课秩序及坐姿	协助授课老师发放优点数	协助投影				
17:00 18:00	60	小组时间	晚会表演练习及彩排	卢美姈								
18:00 19:00	60	叽哩咕噜	晚餐	辅导员								
19:00 20:30	90	温馨晚会呈现月光夜语	1.带动唱 2.各组表演 3.孝道剧场 4.点心灯	杨巧明 活动组	整合表演歌曲	辅导员带动小组戏剧表演	晚会演出评分				带动唱表演	
20:30		晚安明天见 爱的叮咛	1.提醒明天报到时间,请家长准时接送。 1.收回名牌	辅导组		收回名牌						

2014/08/03（日）孝道成长营活动流程【第二天】

时间		分	项目	内容	负责	音响组	各辅导员	辅导组	教学组	文书组	总务组	活动组	行政组
09:00	09:20	20	报到相见欢		活动组	播放音乐	辅导员招呼组员	协助各组辅导员	各流程准备	班员名牌		协助带动	出席状况并呈报营主任
09:20	10:20	60	讲座二	带动唱： 绘本：朱家故事 父母是孩子生命中的贵人	杨巧明 卢美娇	播放课前带动歌曲	1. 提醒组员尊重老师有问必答 2. 注意上课秩序及坐姿	协助发放授课老师点数	协助投影	各分站地点标示		课前歌曲带动	
10:20	10:40	20	休息	充电再加油	总务组								
10:40	11:40	60	讲座三 家长亲职讲座	忍让二字把孝全 	陈文贞 康英美	播放音乐	1. 提醒组员尊重老师有问必答 2. 注意上课秩序及坐姿	协助发放授课老师点数	协助投影	各分站地点标示		课前歌曲带动	

续表

时间	分	项目	内容	负责	音响组	各辅导员	辅导组	教学组	文书组	总务组	活动组	行政组
11:40 12:50	70	叽哩咕噜	午餐及午休、整理环境	故事组、辅导组	播放音乐	引导各组员整理各组环境区域	检查评核			准备清具用垃圾袋		
12:50 13:00	10	动人的旋律	孝道歌曲	活动组								
13:00 14:30	90	拜会各关主	分站教育	总关主：杨巧明		带领组员闯关、运作、呼与、鼓励参与。	观察各组投人气氛，子适时给予奖励		奖品标示单	奖品包装完成	担任分站教育关主	
14:30 14:50	20	生活补给站	点心时间	康美美								
14:50 15:50	60	手作DIY	相框制作	张宝珠	协助指导制作	◎辅员维持秩序 ◎点数停止黏贴计算点数；确认人奖名单		确认团体奖组别与生活达人奖名单				协助奖品包装
15:50 16:00	10	休息	喝喝水 上厕所									

续表

时间	分	项目	内容	负责	音响组	各辅导员	辅导组	教学组	文书组	总务组	活动组	行政组
16:00 17:00	60	活动回顾 结业式	1.活动影片回顾10' 2.颁奖10' 3.营主任勉励5' 4.心声回响20' 5.合唱营歌、手牵手10' 6.小组时间5'	陈文贞 活动组	播放音乐	各组选一位班员上台心得分享 收回名牌		协助颁奖			歌曲带动	

海沧区文化馆崇礼学堂孝道成长营

海沧区文化馆崇礼学堂亲子国学读经班

海沧区文化馆第二期免费培训亲子书法培训

第三章　团队特色

亲子分站教育闯关活动之齐心协力护送宝贝

台湾老师分享家长亲职讲座

亲子活动的感悟

从 2013 年开始，我全程参与孝道成长夏令营，活动结束后，我很是感动——感动于台湾义工和家长志愿者的爱心，感动于他们的奉献，感动于他们的执着。他们不计功利，不求回报，过着最简单的生活，用实际行动诠释着国学的精髓，影响着身边一批又一批的人。

感悟一：以往我们开展活动的时候，老师经常唱独角戏，家长更多的只是观众，而这种活动，每个家长既充当老师和工作人员的角色，也充当学生朋友的角色，孩子们和家长在活动中的关系就不言而喻，组织者真正起组织作用就行了。这些家长，慢慢地成为我们文化馆的文化志愿者、展厅的解说员、文化馆其他培训项目的老师。

感悟二：言传身教的号召力特别大。2014 年 8 月份的孝道成长夏令营圆满结束时我发现了一个很好的现象，许多家庭是父亲当志愿者，母亲负责陪同孩子参加活动，有的高中生志愿者是早期读经班的学生，他们长大了，懂得用实际行动回报社会。活动结束后，又有好几个家长表示要加入志愿者队伍，活动的第二天，区红十字副会长特意到我办公室和我深谈，她说，第一次参加，当时只是抱着陪孩子来玩玩的心态，没想到夏令营办得这么好。台湾义工老师的讲座特别生动和有益，亲子活动那么有趣，文化馆真是功德无量呀。她说，她接下来要抽时间来当志愿者，在陪孩子的同时给孩子做个榜样。

感悟三：亲子读经班，是我引入社会志愿者力量为文化馆提供公共服务的首个案例。文化馆在这过程当中只是提供场所保障和过程关注，外加安排一个具体对接工作的人，在具体活动中，只要能解决的，一定不去包办和代替，包括经费、人员；一旦有困难需要帮助时,要及时做出反应,积极配合,充分尊重参加活动的人员。就比如他们不喜欢被媒体采访,我一定先把这种干扰排除。这种合作模式,竟然让许多家长对文化馆心存感激。我们平时也提供大量免费培训,但群众、市民却未必会珍惜。分析原因,也许在潜意识里,在这个活动中,参与的个体认为这是他们自己的事,文化馆是在帮他们做事,所以他们要感谢我们。而文化馆举办的各项活动,是文化馆的事,他们可参加可不参加,不关他们的事,也就不会去珍惜了。

感悟四:家长志愿者的力量太强大了,这次活动,参与人数240人,许多后勤工作都由家长分成总务组、文书组、行政组来完成,200多人的用餐和点心,桌椅的摆放,道具的制作、卫生的清理,都由这些家长共同完成,而且做得井然有序,保质保量。

感悟五:举办大型活动,虽然许多事情都是由家长来完成,但私下的关注一定不能缺少,这次活动,由于规模大,参与人多,在不惊扰志愿者的情况下,我们逐级上报至局里、政府办、宣传部、区委办。再暗中加强安保力量,以免出现意外。这样,活动过程中就不会提心吊胆的。

海沧区文化馆采用"共同缔造"的理念,拓展"台胞义工行"活动①

2014年1月18日,海沧区文化馆崇礼学堂亲子国学读经班2013年第二期结业联谊活动在区文化中心举行,结业联谊活动中精心设计了国学学习成效验收、国学知识闯关、亲子表演以及颁奖等环节。家长们作为文化志愿者,全程参与本次活动。

---

① 作者陈淑华,原发表于海沧区文化馆网站。作者负责该项工作的对接,该文系其采写的报道。

2014年5月11日,"海沧区文化馆崇礼学堂亲子国学班母亲节孝亲活动"在文化中心一楼展厅举行,共有160多名孩子、家长和文化志愿者参加。孝亲活动在孩子们齐诵《百孝篇》中开始,接着安排分组手工制作母亲节贺卡、制作陶泥、为母亲献蛋糕等项目。此次活动旨在践行传统孝道,让孩子从生活点滴中体验和感悟敬亲、爱亲、孝亲的道德内涵,增强孩子与父母间的情感交融。一位妈妈在微信里分享了她参与孝亲活动的感受:"今天我过了一个非常有意义的母亲节,国学班所有的妈妈们都幸福甜蜜地吃到自己孩子献上的蛋糕。感谢海沧区文化馆提供的这一平台;感谢来自台湾的何老师、康老师夫妇,他们怀着博爱之心,谆谆教诲孩子能从小学习国学并接受真善美的品德教育。"

一、创新文化志愿服务,拓展台胞义工行

海沧区文化馆立足海沧对台交流先行先试优势,积极拓展"台胞义工行·海沧微志愿"行动,创新文化志愿服务方式。崇礼学堂亲子国学读经班自2012年8月份开办至今近三年,一直作为文化馆常态化的活动在开展。每周五晚上,共有来自海沧辖区的160多名学生、家长及文化志愿者参加亲子国学读经课。台胞何宋儒、康英美夫妇2003年居住海沧,在台湾花两年时间参加专业亲子国学读经义工培训,退休后一直在厦门公益倡导儿童读诵经典之理念,深受小朋友喜欢,也得到众多家长的肯定和支持。现如今发展出海沧文化馆颜回班、曾子班,东孚天竺社区等亲子国学读经点,带动越来越多的台湾同胞和热心市民投身公益文化活动,共建美丽海沧、文化海沧。

二、传递爱心、传播文明,共建共享和谐家园

大爱无痕,慈济见情。台胞康英美夫妇的志愿精神,在把传统国学传承给海沧的亲子国学读经班的同时,传递爱心、传播文明,

这种"爱心"和"文明"从一个人身上感动到另一个人身上,汇聚成一股强大的暖流,感染着崇礼学堂亲子国学读经班的每一位成员,营造出文明、快乐、幸福的大家庭。

这几年,亲子国学读经班发展到 30 多位读经志愿者。他们是读经孩子的家长,从事不同的职业,缘于亲子读经,相聚一起。志愿者家长开始带读的时候,怯场,带读语句经常不连贯,课堂应变能力较弱。他们通过多次读经教育理念培训,互相请教,互相观摩,克服心理障碍,锻炼自己,增强自信。如今,好多义工家长都能自如带读,灵活应对课堂的突发性状况。

有一位孩子爸爸,他说立志成为一名文化志愿者缘起于一瞬间的感动:那天,台湾文化志愿者康老师蹲下身来,双手捧着孩子的小手,不时轻轻地抚摸着,诚恳和蔼的目光、轻柔的语言,仅一个细微的动作,却浓缩着放下身段,平等尊重,诚心关怀,拉近了彼此间的距离,让孩子倍感真诚和亲切,多少陌生与恐惧就这样烟消云散。这一幕让他感悟到家长若是以平等姿态尊重孩子,站在孩子的角度,换位思考,诚心沟通,父母与孩子间将减少障碍,孩子的成长道路上也将多一份美好的记忆。从此他立志成为一名文化志愿者,像台湾文化义工老师一样尽自己最大能力将爱心传承,去帮助更多的孩子。

赠人玫瑰　手留余香
——记海沧区文化馆崇礼学堂亲子国学读经班文化志愿者

百善孝为先,孝道为美德。8 月 2—3 日,2014 年海沧区文化馆崇礼学堂亲子国学读经班孝道成长营活动在海沧区文化中心成功举办。来自厦门、漳州 4 个崇礼学堂亲子国学班的孩子、家长,及文化志愿者、台胞志工等共计 240 人参加。在为期两天的孝道成长营活动中,通过:相见欢孝道歌曲带动唱、亲子闯关、家长亲子讲座、影片欣赏、温馨晚会等形式,启发和引导孩子们感恩父母、孝顺父母,传递社会正能量,弘扬中华传统文化精粹。

一、台湾义工,引领亲子读经理念

此次的孝道成长营活动还邀请了来自台湾的6位弘扬孝道的志工老师全程参与,活动内容设有:亲子闯关之《甜甜蜜蜜》《齐心协力》等6关;孩子绘本之《朱家故事》《花婆婆》;家长亲子讲座之《忍让二字把孝全》《父母是孩子生命中的贵人》;影片欣赏之《叫我第一名》等。有位家长在心声回想环节中谈到:孝道成长营的每一个环节及细节都令我深受感动,特别是点亮心灯祈福的环节,同时,各位台湾义工老师无私奉献的精神也深深感染了我。

二、招募文化志愿者,承担辅导员工作

为保障孝道成长营活动顺利进行,海沧区文化馆在7月份面向社会公开招募暑期返乡的24名大学生和高中生作为文化志愿者承担孝道成长营辅导员工作,邀请台湾志工老师对其进行系统化的培训,培训内容涉及文化志愿服务的思想理念、工作规范,学习《孝和中国》《幸福的脸》《手牵手》《我们都是一家人》等手语带动唱。

三、亲子互动,家长志工言传身教

孝道成长营共有70位家长志愿者参与接待组、文书组、总务组、炊事组及保卫组的工作。他们大多是全家总动员,全程参与志愿服务活动。每一个环节,就有志愿者家长的身影,他们要么忙于水果点心的准备,要么忙于桌子椅子的调整,场面井然有序。"点亮一盏灯,照亮我心房",志愿者家长们通过自身的言传身教,感染着孝道成长营的每一个孩子,也感染着身边的每一个人。

在海沧区文化馆崇礼学堂亲子国学读经班孝道成长营中,我

们看到台湾志愿者的躬行善念,文化志愿者的无私奉献,家长志愿者的言传身教,这种涓涓细流般的"爱心"从一个人身上传递到另一个人身上,汇聚成一股强大的社会暖流,促进社会和谐发展。

海沧油画

海沧油画产业发轫于 90 年代初期,经过近 20 年的发展,海沧油画产业链逐步完善,洼地效应日益凸显。现已建成永信花园油画街、兴港花园油画村和中沧油画产业基地三大油画创作生产集聚区。区内共有油画企业 30 多家,画廊、画室 580 多家,从业人员 10 000 多人。据统计,2013 年上半年海沧区油画产业产值突破 6 亿元,预计全年总产值可突破 12 亿元。海沧已跻身我国三大商品油画出口基地之列,发展成为国内最大的手工油画生产基地。海沧油画村先后被授予"省级特色商业街"(2007 年)和"省级文化产业示范基地"(2008 年)等荣誉称号。

海沧油画的高速发展离不开各级领导的高度重视和热切关注,国家文化部、福建省文化厅、厦门市委市政府领导多次莅临海沧调研指导,为进一步发展我区油画产业提出宝贵的意见和建议。海沧区委区政府把油画产业作为海沧的特色文化产业来抓。2005 年 5 月,海沧区美术产业协会成立;2008 年 11 月,区政府专门成立"海沧区油画产业管理工作领导小组",出台《关于扶持海沧油画产业发展的若干意见》;2012 年 5 月,区政府再次出台《关于进一步扶持海沧油画产业发展的若干意见》等相关优惠政策;2013 年 7 月,海沧区根据"海纳百川"人才计划,出台《海沧区文化人才发展规划(2013—2016 年)》《海沧区高层次文化人才引进和培育暂行办法》,提出加快实施文化名家、文化产业领军人才培养和引进计划,建设文化人才工作室聚集区,推动油画产业转型升级,健康发展。

海沧兴港油画村坐落于兴港路兴港花园小区，毗邻海沧区行政中心、文化中心和体育中心，地理环境优越，交通方便快捷。油画村内一律是各具特色的画廊、画社和艺术工作室，还配套规划有超市、茶馆、咖啡吧等，是集文化博览、艺术创作、旅游休闲、商贸交流为一体的艺术村，也是我市乃至海峡西岸经济区重要的油画生产和贸易基地。

海沧兴港油画村于 2009 年 10 月第二届文博会期间揭牌运营。油画村第一、二期项目共 171 家店面吸引了包括国内美术学院知名教授在内的各地画家、雕塑家相继入驻，厦门大学艺术学院在此设立研究生 MFA 实训基地。2011 年 6 月，在海沧油画产业处于加速转型、结构优化升级的关键阶段，海沧油画村艺术品交易中心即油画村第三期项目于第三届海峡论坛期间正式启用。海沧油画村艺术品交易中心共有店面 53 家，营业面积近 8 000 平方米。入驻商家多为实力雄厚的油画艺术产品设计、生产和贸易型企业。海沧油画村艺术品交易中心的开业与先期投入运营的油画村第一、二期项目互相呼应，统一布局，成为我市乃至海峡西岸经济区重要的油画生产和贸易基地。海沧油画产业的洼地效应和集聚辐射能力得到了显著提升。

一、海沧油画的起步

2004 年年初，我从教育局调到文体局工作还没有多长时间，就接到一个任务——到海沧生活区和周边的农村进行调研，了解海沧油画行业的现状并写出调研报告。

那是我第一次接触这个群体，和其他行业相比，他们属于比较有个性的群体。有的体现在穿着打扮方面，比较张扬；有的体现在谈吐上，非常感性；有的体现在生活作息上，喜欢白天休息晚上工作。

分布在海沧从事这个行业的人群,原创画家比例不大,大部分属于行画从业者,他们工作的单位就是一个画室,采用订单式加工,画室多的几百人,少的也就一两个人,接到订单之后,由画室的负责人将作品按色彩和结构分成几个部分,然后就像工厂流水线一样,每个人完成一部分,最后变成一张成型的作品。效益好的画室,一年纯利润能突破几百万元。

未接触这个行业时,并不知道海沧有这样一个庞大的群体分布在我们身边,他们长期沉寂在民间,默默无闻赚一份辛苦钱,养家糊口。后来,海沧油画一直被关注,而且被过度关注,我一直在反思,我们的关注带给他们的到底是什么?对于订单固定的画室,也许,更多的是骚扰吧!

关于厦门海沧商品油画业的现状和发展设想(2004年)

海沧商品油画业发展的现状引起市委宣传部、市文化局领导的重视。近日,我们在调研中进一步了解了海沧商品油画业现状,发现海沧商品油画业已形成颇具规模的新兴产业,被业内誉为中国三大油画生产基地之一。现将其发展状况以及一些设想整理成报告,旨在能为今后海沧商品油画产业化发展提供参考。

一、海沧商品油画业发展现状

海沧是油画师们创作、生活的最佳选择,这里有风光旖旎的自然景观、丰厚的人文景观以及低廉的房价。早在1994年海沧投资区开发建设之初,许多油画师纷纷往海沧迁移,成立自己的画室,开辟了产供销渠道。1998年和2000年是画家、油画师、画工到海沧的两个小高峰,最多时达2 000多人。油画师们到海沧买房子建画室,不仅带来许多画工,而且还带动了很多学徒和同行,甚至出现1个油画师带领13名家族成员从事商业油画的事;在海沧,兄弟画师、夫妻画师比比皆是。目前，聚集在海沧从事商业油画的达1 000多人。他们相对集中居住在海沧的富佳苑、汇利花园、未来海岸等生活小区，其中近20％的画家、画师在海沧购买了房子。

除了西藏外，国内其他省份都有人在海沧从事这一行业。画师中分两个学派，学院派和学徒派各占一半。所产的商品油画原作均为世界名画，由画师们临摹、复制而成；多达数千种构图，题材十分广泛，有人物、山水、风景、花卉、印象、抽象、静物以及欧美等国家特色画。海沧商业油画群体有一个显著特点——直接与外国客户进行业务往来，以接订单、完成订单为日常工作内容。有实力的画家都成立了自己的油画工作室，一个工作室少则几人，多达数十人，有一个工作室一天创作油画达到600幅，创下业界的最高记录。油画的质量、规格不同，价格也不一样，最贵的可达上万元，每年从海沧出口到美国、韩国、马来西亚、日本和香港等地的油画有几十万幅。

长期以来，这些从事油画职业的人以各自的画室为手工作坊，自产自销，以此谋生。近一两年来，因缺少关注，缺少核心力量和展示平台，商品油画的价格又因行业内不良竞争每况愈下，加上深圳、上海、北京等城市文化产业的发展，品牌效应的增大，使海沧许多画家、画师纷纷向外转移。画家、画师的迁移，不仅带走大批画师和画工，而且影响了海沧文化产业的健康发展。

二、商品油画实施产业化发展的设想

文化是经济和社会持续发展的保证，是城市综合实力的重要标志和重要组成部分。为把厦门打造成艺术之城和文化之城，加快厦门三大文化设施之一的海沧艺术中心建设，我们提出实施海沧油画产业化几个方面设想：

(一)实施"四个一"计划

1. 一条油画街

海沧商品油画业长期以来处于零散的状态,要做强做大商品油画业,必须通过整合,形成规模优势,引导和扶持建立"油画一条街",容易形成一定规模。位于区政府旁的金龙商城已建成三年了,尚有100多间店面待租,租金十分低廉,目前经营开张的还不到10%。建议在这里规划成为"油画一条街",鼓励和支持画家、画师租赁店面,或作为画廊展示作品,或作为现场工作室,批零兼营油画产品,配套经营相关产品,如画框、画布、颜料,等等。商品油画进驻这里之后,闲置的店面被加以利用,将改变这个片区的生活状态,实现双赢的目的。另一方面,如果"油画一条街"构想能够成立,尚可进一步引进玛瑙饰品、雕贝等发展成海沧旅游商品一条街,这也是海沧油画业人士的愿望。

2. 一个展览馆

海沧部分职业画家重视深度的原创作品品位,对原创作作品要求起点高、影响力大。他们迫切希望通过类似展览馆这样的展示平台,展示油画产业人士最优秀作品,或设专厅为国外画商收购油画,或举行不定期的学术研讨会、专题演讲会,或展示其他相关产业的展览柜,如东孚的玛瑙、贝雕等工艺品。努力将这个展示平台建成书画商、游客、市民赏画、购画必到之地,也是学生接受艺术熏陶、教育鉴赏之地。

3. 一个生产基地

目前,岛内画家、画师相对集中的乌石浦将面临拆迁,岛内房价日益飙升,大规模的油画产业搬迁势在必行,画家、画师、画工搬出厦门岛已成为必然。如果海沧能率先开辟商品油画生产基地,为画家、画师提供良好的创作环境和生活环境,必将吸引岛内乃至周边城市的职业油画家往海沧转移。

因此，建议帮助寻找适当的房子作为生产基地，其中的原创工作室还可以供游人参观；海沧商品油画若能健康发展到一定规模，则可结合海沧的旅游开发选址修建艺术度假村或艺术山庄，吸引国内外知名大师来此度假，举行学术交流、展览、创作等活动，精心打造成厦门艺术城的海沧旅游品牌。

4. 一个油画博览会

厦门是个知名的城市，至今尚无文化博览会，和其他城市相比，已相对滞后。我们可凭借一年一度的九八投洽会有利时机，在厦门国际会展中心或附近举办油画博览会，将厦门油画作为厦门的名片，传播到全国乃至全世界。近期内，可以借海沧投资区设立十五周年庆典之际，举办海沧商品油画展，为海沧商品油画的产业化发展起个良好的开端。

(二) 实施"一体化"战略

与海沧旅游产业相融合，大力实施"生产、交易、培训、旅游"一体化营销战略。商品油画推向产品的终端市场后，要将"油画一条街""油画展览馆""油画生产基地"纳入旅游项目，不断提高海沧旅游的文化品位，促进油画行业的产业化、市场化发展。同时，利用现有资源，着眼于人才的培养，创办培训基地，完成产业自身造血功能。

(三) 加大宣传力度

通过报刊、广播电视媒体、商务电子网络等渠道，加大对海沧商品油画的宣传力度，扩大海沧商品油画的知名度。

(四) 政策扶持

在实施商品油画产业化之初，政府在工商、税务、教育等方面在政策上给予优惠，使海沧能引得进、留得住画家、画匠，给海沧创造一定的社会效益,提高城区文化品位。例如,简化工商登记程序,在一定时期内对商品油画给予减免税收,一定期限内给予适当的房租补贴,对他们子女就学给予方便等。

(五)成立行业协会

通过区文化部门牵头,成立商品油画协会,加强行业内部的自我教育、自我管理、自我服务、自我监督功能,做到行业自律。

总之,政府部门既要做好引导服务,又不能越位。商品油画的产业化发展,最终还是靠市场调节,政府制定总体规划,提供了产业发展的平台后,相信有着丰厚产业基础的海沧油画业将会得到健康发展。

这是当时我到文体局接触到的第一项具有难度和挑战性的工作,调研报告出来后,当时的区委书记作了批示:"请论证报告的建议可行性,重视油画行业的发展。"

书记的批示一出来后,政府的关注度非常高,调研、座谈、集体写生等活动不断地开展,沉寂了许久的油画师们也异常激动,许多画师自发的从小区搬出来,2005年,就形成湖景华庭油画一条街,多的时候有50家左右的画室入驻,随后又自发成立了海沧美术产业协会。

二、海沧油画的发展

海沧区政府始终把发展油画行业作为海沧的重要产业,为了吸引更多的油画师们到海沧创业,政府在2008年、2011年相继出台扶持油画产业的意见,中沧工业园厂房租金补贴等政策。海沧区文化馆作为最直接的执行单位,在海沧油画发展史上功不可没。

海沧区人民政府关于扶持海沧油画产业发展的若干意见(2008年)

油画是文化产业的重要组成部分。为推动海沧油画产业的发展,打造海沧文化品牌,完善第三产业结构,现提出如下意见:

一、加强领导,建立管理机制

成立海沧油画产业管理委员会(或领导小组),成员包括区文体局、区经贸局、区发改局、区教育局、区财政局、区人劳局、区行政执法局、区工商局、区国税局、区地税局、区文联等部门及海沧油画产业协会,在区政府领导下负责海沧油画产业的规划、建设、管理和指导工作,实现政府对油画产业的有效引导和扶持。管理委员会(或领导小组)下设办公室,挂靠文体局办公,安排两三名专职工作人员负责日常工作。管理委员会开展工作所需经费列入文体局年度预算,由财政安排专项经费。

二、明确规划,发展油画产业

(一)打造马青—沧翔路油画商圈和京口岩画家村:在马青路永信花园油画村和沧翔路油画街,以现有的348个店面为界,建设油画商圈。在京口岩安置小区店面中安排一定数量的店面,规划为画坊、画室。商圈和画家村内统一沿街画廊外观风格,完善配套设施。

(二)筹建油画产业基地:在时机成熟时,选择合适地点,规划建设集油画创作、生产、展览、销售、艺术交流及相关绘画用品生产、销售为一体的油画产业基地。

(三)积极引进油画经销企业或依托有进出口代理权的企业,利用进出口代理权经销海沧油画,大力拓展国内外油画市场。

(四)积极发展海沧油画旅游网点,把海沧油画纳入"海沧一日游""厦门一日游"的旅游线路,开拓海沧油画旅游市场,扩大海沧油画影响力。

三、加大政策扶持,壮大油画产业

(一)对入驻海沧取得工商营业执照并加入海沧油画产业协会的油画企业给予每年1 200元的创业补贴,补贴期限为三年(已入驻的自2009年1月1日起,新入驻的自入驻之日起),于每满一个年度的下一个月份支付。

(二)对入驻海沧取得工商营业执照并已成为海沧油画产业协会会员的油画企业,从纳税年度起,前三年每年按纳税额地方分成部分的100%计算作为奖励。于次年第一季度支付。

(三)区政府每年安排"开拓国内市场资金"对油画协会经批准举办的大型展览和外出参展(如深圳的广交会和文博会)给予适当的资金补贴。

(四)鼓励原创作品创作,对在各种展赛中获奖的画师可参照《中共海沧区委宣传部关于鼓励文艺创作参展参赛的奖励办法(试行)》给予奖励。

(五)对入驻海沧的画师,其子女义务教育阶段就学原则安排在公办学校。

(六)对入驻海沧的画师,其配偶在海沧就业的,享受技能培训优惠政策,并免费、优先推荐工作。

(七)工商部门为油画产业开设绿色服务通道,主动上门开展咨询和办证等服务。

四、加大宣传力度,提升海沧油画知名度

(一)建设宣传广告牌。通过设置大型户外广告牌、指示牌、灯箱广告等宣传海沧油画产业。

（二）制作画册。编印《海沧油画》画册，为海沧油画作品提供推介、展示的平台。

（三）新闻媒体宣传。充分利用报纸、电视、网络等媒体对海沧油画进行全方位的报道，扩大海沧油画在全市乃至全省、全国的影响。

五、指导海沧油画产业协会建设，发挥协会服务作用

（一）政府安排专项扶持经费20万元/年，共三年，经费由区油画产业管理委员会（或领导小组）负责审批，以帮助协会开展文化交流活动，维持网站正常运行，租用场所办公和聘请工作人员等。

（二）规范协会自身建设。指导、督促协会按照章程开展工作，建立相应的制度，加强会员的教育和管理，提高协会的凝聚力和管理水平。

（三）指导协会积极开展采风、创作、培训、展览等活动，提高协会活力和油画师的自身素质。

今后若省、市出台文化产业发展的相关政策与本意见不一致时，参照上级政策执行。

厦门市海沧区人民政府
2008年10月

关于进一步扶持海沧油画产业发展的若干意见
（2012年）

区直各办、局，各镇（街），各有关单位：

海沧油画作为我区文化产业的重要组成部分和国内油画界的知名品牌，其规模化效应和集聚辐射能力不断增强，对于推动区域经济发展、提高城区文化艺术品位，发挥着越来越重要的作用。为

进一步推动海沧油画产业健康持续发展,促进产业结构优化升级,打造海峡西岸经济区油画产业洼地,根据中央和省、市关于加快发展文化产业、推动文化产业成为国民经济支柱性产业的战略部署,结合本区实际,现提出如下意见:

一、加快基础设施建设投入,完善油画商圈配套服务

(一)努力完善永信花园油画城、兴港油画村和中沧油画产业基地三大油画生产创作集聚区建设,不断加大油画商圈道路指示牌、景观雕塑、绿化美化等基础设施建设投入,精心打造"中国油画艺术邨"项目。

(二)积极推进文化艺术产业园区项目规划,因时因地制宜,建设集油画生产创作、展览销售、艺术交流与培训多功能为一体的油画艺术品集中展示厅、拍卖中心、现代美术馆等。

(三)加快推进海沧油画旅游网点和配套公交线路的建设,把海沧油画纳入"厦门一日游"旅游推介线路,开拓海沧油画旅游市场,开发油画旅游相关产品,带动油画营销收入增长。

二、重视原创人才的引进和培养,提升油画艺术价值

(一)鼓励、支持区美术产业协会创办艺术家工作室,引进国内外知名画家和原创人才入驻海沧。定期举办油画艺术研修班等培训项目,加强我区油画原创人才的培养和储备。

(二)指导区美术产业协会组织会员开展采风、创作、培训、展览等活动,提高画师原创艺术水平。

三、加大政策扶持力度,推动产业又好又快发展

(一)设立油画产业专项扶持资金,加大对油画产业整体广告宣传、公益展览参展补贴、经销商批量采购补贴、企业扩大出口奖励、诚信优质商家奖励、原创获奖画师奖励等方面的投入。相关补

贴和奖励办法由区文体广电出版旅游局会同有关部门另行制定。

（二）对工商注册和税务登记均在海沧并加入区美术产业协会的油画产业单位（含企业和个体工商户），每年给予2 000元的创业奖励。奖励期限为三年（已入驻的自2012年1月1日起，新入驻的自入驻之日起），于每满一个年度的下一个月份支付。

（三）对工商注册和税务登记均在海沧并加入区美术产业协会的油画产业单位（含企业和个体工商户），从纳税年度起（已入驻的自2012年1月1日起，新入驻的自入驻之日起），前三年每年按应缴实缴税收地方分成部分的100％计算作为奖励，于次年第一季度由区财政部门统一核拨。

（四）对入驻海沧的画师，其配偶在海沧就业的，享受技能培训优惠政策，免费、优先推荐工作；其子女义务教育阶段就学，原则上安排在以公办学校为主。

（五）工商、税务、海关、出入境检验检疫等部门为油画产业单位开设绿色通道，简化办事程序，提高办事效率。

四、重视宣传推介工作，提升海沧油画知名度

（一）整合永信花园油画城、兴港油画村和中沧油画产业基地优势资源，加快规划、建设大型户外宣传广告牌、道路指示牌和灯箱广告等，统一包装宣传，提升"中国油画艺术郏"知名度。

（二）鼓励、支持海沧油画外出参展、参赛，以区政府名义为区美术产业协会统一申请中国进出口商品交易会、上海艺术博览会、厦门海峡两岸文博会等重大展会的展位。继续利用厦门海峡两岸文博会、海峡论坛等重大对台交流项目，举办海沧油画分会场活动，扩大海沧油画的影响力。

（三）筹建海沧油画门户网站，创办会刊，制作宣传折页和商旅指南，为海沧油画提供展示、推介的平台。

（四）引导区美术产业协会注册"海沧油画"集体商标，成立"海

沧油画"营销公司，实行统一经营管理，有计划地在全国推广"海沧油画"连锁加盟店。

（五）加强新闻媒体宣传，充分利用报刊、电视、网络等媒体对海沧油画进行全方位的报道，提高海沧油画在全省乃至全国的美誉度。

五、加强组织建设，确保产业健康发展

（一）调整、充实区油画产业管理工作领导小组及其办公室，由区文体广电出版旅游局安排专人负责办公室日常工作。加大对海沧油画产业的规划、建设、管理和指导力度，逐步完善政府对油画产业的有效引导和扶持。领导小组及其办公室开展工作所需经费列入年度预算。

（二）指导、规范区美术产业协会建设，监督协会按照章程开展工作，完善相应的会员管理制度，加强对会员的教育和管理，提高协会管理水平和服务功能。

六、附　则

（一）本意见由海沧区文体广电出版旅游局负责解释。今后若国家、省、市出台扶持文化产业发展相关政策与本意见不一致时，按照上级政策执行。

（二）本意见自发布之日起实施，有效期3年。《厦门市海沧区人民政府关于扶持海沧油画产业发展的若干意见》（厦海政〔2008〕63号）自本意见实施之日起同时废止。

厦门市海沧区人民政府
二〇一二年五月八日

关于入驻中沧工艺美术产业园的条件及优惠政策

一、入驻条件

（一）企业须在海沧工商局登记注册，取得法人资格，且产权清晰，自主经营，自负盈亏。

（二）企业须从事油画创作、生产、销售及绘画用品销售等相关产业。

（三）企业须有良好的经营业绩，生产型企业年创汇不低于200万元，其画师、画工人数不少于50人；贸易型企业年创汇不低于200万元。

（四）企业领导层须有较强的市场开拓能力和较高的经营管理水平，并有创新的意识。

（五）有健全的财务管理制度、财务管理机构和合格的财务人员。

（六）生产工艺先进，对环境无污染。

二、优惠政策

（一）符合条件的入驻企业，入驻前三年可享受厂房租金50%的补贴。但入驻企业所需厂房面积须不低于500㎡，且不超过2 000㎡。

（二）符合条件的入驻企业，可享受工商注册、税务登记协助办理服务；

（三）符合条件的入驻企业，可同时享受《海沧区人民政府关于扶持海沧油画产业发展的若干意见》所提供的扶持措施。

二〇〇九年九月

说实话，从政府出台的意见来看，个体画师并未得到太多真正的利益,他们直接受益的是每年1 200元(后三年提到2 000元)象征性的创业补助,但画师们看重的是政府对这个行业的关注和态度。从2008年开始,大量的画师纷纷到海沧寻求进驻,油画产业的集群效应也逐步形成,从2004年从业人员1 000人增加到现如

图3-6 海沧油画

今的10 000多人,年销售额人民币达12亿元以上,规模扩张和发展态势都非常喜人。尽管湖景华庭油画街因门面租金不断提高,画室纷纷搬离,已不复存在;当初发起成立海沧美术产业协会的一批画师中有许多人相继离开厦门到外地发展;画室为区财政税收贡献依然很少;政府的扶持力度永远也达不到油画师们的期望值,也无法代替市场的发展规律,但不管怎么说,海沧油画的品牌效应和集群效应已经形成,现阶段,还有许多新的画室、油画企业慕名而来想要落户海沧。风风雨雨走过这么多年,海沧的油画产业还是发展了。

海沧区油画产业主要活动大事记

2005—2007年

举办"四海宾朋聚海湾,百名画家绘未来"写生活动;
参加福建省第三届、第四届"5·18"商品交易会;
参加"纪念厦门经济特区成立25周年海沧油画原创作品展";
参加"海之魂"大型油画现场展览义卖活动;
参加"第四届世界合唱比赛"商品展览会;
参加"海沧区庆祝中华人民共和国成立57周年暨红军长征胜利70周年油画、书法、集邮作品展";
参加"2007年厦门商品油画及家具展览会";
参加"第二届海沧慈济文化节保生大帝神像巡金门书画展";
参加第三届深圳文博会。

2008年

出台《海沧区人民政府关于扶持海沧油画产业发展的若干意见》;
举办"海沧原创油画精品展";

举办首届海峡两岸（厦门）文化产业博览交易会海沧油画分会场活动；

义卖油画作品108幅，将所得10.8万元善款捐赠四川地震灾区；

参加第五届福建省"5.18"商品交易会；

参加海峡两岸顶级奢侈品展览会；

参加第三届海沧保生慈济文化节"青礁慈济宫与海沧风光原创油画作品展"；

参加第三届海沧保生慈济文化节"保生大帝神像巡游澎湖书画作品交流展"。

2009年

制订《关于入驻中沧工艺美术产业园的条件及优惠政策》；

举办第二届海峡两岸（厦门）文化产业博览交易会海沧油画分会场活动，兴港油画村、中沧油画产业基地正式揭牌运营；

举办庆祝"五一"国际劳动节123周年海沧油画作品展；

举办第三届"国际海洋周"百幅原创油画作品展；

参加第四届厦门市群众文化艺术节活动，海沧区选送的油画作品《荷》被组委会评定为金奖；

参加海沧区庆祝新中国成立60周年"温馨海沧"美术书法集邮联展；

参加第12届北京国际艺博会；

参加2009年中国（厦门）好生活博览会暨第七届厦门礼品展览会。

2010—2011年

举办第三届海峡两岸（厦门）文化产业博览交易会海沧油画分会场暨《祖国》大型油画长卷创作启动仪式活动；

举办厦门(海沧)《江山如此多娇》油画长卷首展活动,365米油画长卷获世界纪录协会颁发《世界最长油画》认证证书;

举办首届厦门海沧名优特品购物周暨海沧油画村艺术品交易中心揭牌仪式活动;

举办油画艺术涂鸦活动,提升海沧新城区文化艺术品位;

举办中小学生夏令营油画培训班活动;

参加第13届北京国际艺博会、台湾两岸家居建材装饰博览会和第三届厦门家装建材家居展等。

2012—2013年

与厦门市农联社建立战略合作关系;

出台《关于进一步扶持海沧油画产业发展的若干意见》;

深圳市龙岗区文化产业考察团来我区考察油画产业运营情况。

第四章　群文杂谈

海沧区文化馆工作繁杂、琐碎,再加上日常的行政事务性工作,总让其他馆的同仁们对我充满同情。刚开始,自身也常常能感到"为人作嫁衣"的烦恼,没有荣耀没有成就感可言。但随着时间的推移,发现工作中不仅有酸苦,更多的是甜,关键是自己是否用心,是否热爱这份工作。用心了、热爱了,也会收获满满的启发、满满的感动、满满的喜悦,当然也会收获一些经验教训。近两年,我开始将工作中印象深刻的事情记录下来,回过头看看,发现这些记录既可以作为工作的反思,也成为工作生涯成长中的一件印记。

第四章 群文杂谈

谈职称聘任有感

海沧区文化馆有件最值得骄傲的事,就是五个在岗在编的人员,两个获得副研究员资格,三个获得中级资格,且全部聘任。

在事业单位,职称的评聘就意味着专业技术干部的待遇和成长,是对单位领导极大的挑战,按照群文系统职称聘任的规定,在编人员中,高级职称聘用比例不大于20%,中级职称聘用比例不大于40%。海沧区文化馆是个年轻的新馆,对于现任的技术干部来说,论资排辈过于牵强,所以在岗位设置时,着实花了不少心思。

为了提高馆里的每个专业技术干部待遇,除了督促他们做好参加评选职称的各种准备之外,更重要的是在他们获取相应职称资格后能够及时聘任。为此,在事业单位岗位设置前,我就把岗位设置的相关文件读透,领会文件精神,寻找解决的办法。在意识到光靠一个单位的力量不行时,我分析了主管局同时分管的几个事业单位,发现只要捆绑设置,就能满足我们的要求,而且还不损害到其他单位的利益。我开始说服主管局领导,让他支持由我们文化馆牵头来进行海沧区文体广电出版局下属四个事业单位岗位捆绑设置。局里领导平时对文化馆工作就特别支持,很快就答应了,随后我再和其他几个事业单位法人一个个去交流、解释、说服,费了九牛二虎之力,经过半年的努力,我们文化馆由蔡菲负责成功牵头做成海沧区第一例也是唯一一例捆绑四个事业单位进行岗位设置的工作。最后的收获是,文化馆在编人员如愿以偿,全部聘任。

被"忽悠"当义工的总编

2010年年初,海沧文化馆准备启动拆迁村"风土海沧"一村一书的调查工作,但财政并未拨付调查经费,馆里又不想耽误工作的进程，于是我和几个工作人员说好，不管后期是否有经费印刷，前期的口述历史和资料一定要先着手收集，因为拆迁不等人，许多有故事的老人也耗费不起时间。可光靠文化馆几个人很难胜任这一工作，因为文化馆缺少能够润色整合文字的专业人员。

  时间到了2010年5月份，我作为民主党派的骨干代表，被委派去厦门市社会主义学院学习半个月。在班上，我遇到了同一党派在厦大执教的吴光辉老师，吴老师是厦大外文学院教授，年轻的博士生导师，学识渊博，出版过好几本专著，他为人谦卑，特别乐于助人。我暗暗窃喜，和他熟悉后，就向他说出我想做拆迁村一村一书的想法，然后再和他说自己没有经费，没有人员的困惑。吴老师大发慈悲，说被我感动了，要来帮助我，不用报酬。于是，他被我"忽悠"上了"贼船"，他工作特别忙，除了完成教学任务外，还带了好几个研究生和博士生，承担许多学校重要的课题。可他说到做到，在厦门没有时间帮我们看稿，就趁到外地开会时，带着稿件去修改。他除了当好主编外，还帮我们撰写"风土海沧"之系列丛书的前言后记，帮助我们提高了这套丛书的整体质量。对他，我无比感激，也无比愧疚。当然，对他的文字功底，我更是佩服之极。

"风土海沧"序言①

  闽南，锦绣中华的灿烂奇葩，扬名世界的创业热土！闽南，海上丝绸之路的起点，海外华夏游子的故乡！闽南，博采古越文化、中原文化、外来文化，形成了一体多元的文化融合；闽南，凝聚山岳部落、海岸文明、大洋文化，构建了自由开放的文化模式。晴天碧海、红砖古厝，组成了闽南的主流格调；南曲雅韵、绿芽春茗，谱写了闽南的无数传奇。

  如果说"闽南"是中华文化的奇葩、扬名世界的热土，那么我们

---

  ① 吴光辉：《风土海沧·水美钟山》，海沧区文化馆2011年编印，序言。

第四章 群文杂谈

如今所要讲述的"海沧",就是这一朵奇葩、一片热土的缩影。正如"海沧"这一名称所谕示的,它是一个资源丰富的天然港湾,它是一个物产繁多的无尽宝藏。同时,它也是我们毕生难以割舍的留恋之根,一世无法忘怀的风土之乡。

一

作为陆地之门户,海沧自古以来就具有极为突出的重要地位。按照《三都建义仓奏记》梁兆阳邑令之记载:"澄地为漳门户,治之北有隔衣带地,周环四十里许,年所征赋于澄籍居十之三,名三都者。""三都"之名,始于南宋时期的保甲制度,该地设置海沧一都、二都、三都。到了明代,一都、二都、三都合并为一二三都,简称"三都"。作为三都之地的海沧,一直以来就流传着"九头九尾十八坑"之传说。所谓"头",指曲折海岸线中突出的部分,"九头"指石塘村的水头、排头、地头,渐美村的马地头,贞庵村的澳头,后井村的石甲头、许蓝头、地岸头,海沧村的大路头。所谓"尾",本意是二十八星宿之一,寓吉祥之意,在此喻指沿海突出一部的末端,"九尾"指渐尾(渐美)、坂尾(锦里)、钟林尾(钟山)、后山尾、草仔尾、陈都尾(温厝村属)、路头尾(海沧村属)、下尾(吴冠村属)、山尾(吴冠村属)。所谓"坑",本指低洼的地方,"十八坑"则分别指青礁村的龙湫坑(东宫故地),古楼村的后陵坑,囷瑶村的西宁坑,锦里村的马坑、肖坑,温厝村的寮坑、宁坑、苏坑、蔡坑、徐坑,海沧农场的洪坑,后井村的内坑,渐美村的芦坑,石塘村的马内坑、花坑、斜坑、东坑,囷瑶村的坑内。正是这样一个丘陵地貌,最为突出地体现了海沧的自然风土,赋予了海沧独特的人文气息。

作为海上之枢纽,海沧的战略地位一直以来备受世人的关注。革命先驱孙中山在其撰写的《建国方略》之中留下这么一段记载:"(厦门)此亦一老条约港也,在于思明岛。厦门有深广且良好之港面,管有相当之腹地,跨福建、江西两省南部,富有煤铁矿产。此港经营对马来群岛及南亚细亚半岛之频繁贸易,所有南洋诸岛、安南、缅甸、暹罗、马来各邦之华侨大抵来自厦门附近,故厦门与南洋之间载客之业极盛。如使铁路已经发展,穿入腹地煤铁矿区,则厦门必开发而为现在更大之海港。吾意须于此港面之西方建新式商埠,以为江西、福建南部丰富矿区之一出口。此港应施以新式设备,使能联陆海两面之运输以为一气。"这一段文字之中,最为关键的即"此港面之西方建新式商埠""施以新式设备,使能联陆海两面之运输以为一气",也就是在厦门港的西侧,即"海沧",建设一个新式港口,形成海陆联运的东方大港。

  作为文化之荟萃,海沧这一片热土始终充满着丰富多样的人文气息。不言而喻,海沧的文化之根在于陆地,在于中原。但是,海沧的文化并未停留于陆地或者中原的文化传承,而是不断地向大海延伸,向海外扩展。如果说闽南是大海的故乡,那么海沧至少也是一大批海外人士的故乡。钟山蔡氏、石塘谢氏、锦里林氏、祥露庄氏、贞庵江氏,不仅是海沧一地的显赫民系,也在数百年里迁移到台湾、东南亚等一带,他们始终不忘祖先福荫之恩、水源木本之义,修建祠堂、重整家庙,构建起闽南地区极为独特的宗教信仰与文化传承。这样的人文气息,也深刻地反映在现代人的日常生活之中。保生大帝的民间信仰、闽台送王船的风俗礼仪、海沧蜈蚣阁的祭祀活动,既充满了无比浓郁的地方传统氛围,也带有不断创新的现代人文特征,形成具有独特风格的人文风土。

  作为文明之窗口,海沧的社会进程展现了中国乡村文明的深化与发展,并且始终保持着与时俱进的步伐。"三都"之名凸显了海沧的历史渊源,行政变迁提示了海沧自乡村向城市不断发展的区域演变,经济腾飞再现了海沧改革开放、积极进取的时代精神,传统回归彰显了海沧人不忘根本、探索文化融合的质朴性格。不过,海沧的发展必须还原到一点,即作为文明之窗口的真正价值。如果说之前提到的《建国方略》展示了海沧联络福建、江西的未来性,那么如今的海沧则将随着新开发区的建设,成为厦门联络台湾、香港、日本、韩国、东南亚、印度乃至美国等一系列地区或者国家,构建福建乃至中国的全球化战略的重要基地。所谓"文明之窗口",也就是海沧经历从传统乡村到现代都市的蜕变,成为中国社会文明进步的一道缩影;所谓"与时俱进",或许并不只是海沧一地所独有的根本性格,但可以说它是海沧得以蓬勃发展、不断进步的思想源泉与核心动力之所在。

或许我们可以说,海沧的本质就在于"陆地之门户""海上之枢纽""文化之荟萃""文明之窗口"等一系列的论断之中,由此凸显海沧作为"媒介"的重要作用。事实上,随着社会与历史的发展,尤其是城市化的不断扩张,海沧也不得不历经无数的变迁,体验着在一个新时代的自我定位的转型。不过,我想强调一点,海沧的变迁并不是遮蔽或者隔断源于"陆地之门户"的传统地区定位,而是将其进一步深化,或者说展开了一个全方位的科学定位。

二

时代的步伐不可阻挡,时代的变迁令人回想。如今,就在海沧这一片历经千年传承、经过东风西雨一遍遍洗礼的土地之上,拥有着数不尽的文化传统、历史遗迹、人文风格的乡村开始逐渐地退出历史舞台。这究竟是一个时代的进步,还是一个文化的遗失;究竟是一个现代文明的拓展,还是一个本土文化的断裂。或许我们要尝试去做的,也就是将它留下来,使它以新的形式流传下去。

"风土海沧"系列研究,就是围绕海沧乡村的城市化而展开的人文调查,这一研究的缘起,来自海沧文化馆黄达绥馆长的执著追求,也立足于过去的海沧非物质文化遗产的编撰之基础。这样一个收集整理资料的过程,无疑漫长而痛苦,同时也是面临城市新规划而必须解决的迫在眉睫的问题。不仅如此,作为编撰委员会的一员,我也禁不住地不断质问着自己,"海沧"是什么?如何来表述

"海沧"？如何来评价表述"海沧"的行为？

　　首先，"海沧"是什么？或许对于大多数的外来者而言，它不过是一个流动人生的驿站，一个短暂休憩的港湾。但是，对于一直生活在这一片土地之上的人而言，它就是一棵不发生任何转移的根；对于始终眷念着这一片土地的宁静与和谐的人而言，它是寄托希望、实现梦想的热土。海沧不再是与我相对立的存在，而是我们不得不依托且将我们包容在一起的"故乡"。而且，海沧的文化风土并不给与我们留下异国情调的印象，也正是它的极为丰富的多样性，使作为文化外来者的我们也可以找到既存于我们心底的"故乡"。"海沧"是一片海，展现出它的包容性；"海沧"是一首诗，述说着它的曲折历史，"海沧"就是这样的一片热土。

　　如何来表述"海沧"？它给与我们的感动，不仅在于它的风土地貌、建筑景致、人文祭祀，也在于它深切的、终极的人文关怀。海沧的风土地貌并不稀奇，但却充满崎岖坎坷；海沧的建筑景致亦不独特，但是却带着斑驳沧桑；海沧的人文祭祀也不新奇，但却依托于山海之间。就在这样的不起眼处、不经意间，海沧的人文风土得以凸显出来。我不知道为什么"海沧"会执着于自身的地理风貌，但是偶然想起的茅草屋上吹拂的茅草，小桥流水间逝去的落叶，远山烟雾笼罩下的杉树林，我也就感慨于海沧的这一片宁静而和谐的大海。这样的感动，并不给我带来惊诧的表情或者紧张的情绪，而是潜移默化地、不断潜入心底的流动。或许也就在这样的不起眼处、不经意间，我们融入其人文风土之中。

　　如何来评价我们的表述"海沧"的行为？或许我们所尝试的，不过是将历史的资料、现实的感受、口述的文本堆砌在一起，仿佛缺乏内在的思想。但是，即便是这样的一种堆砌，它也是一种"方法"的呈现，至少是最为直观的历史的呈现。回想起来，经历了欧风美雨的文化霸权之冲击，东方的我们只能这样抵抗性地树立起自己的自信。即便如此，西方人也仍然以"神秘主义"来看待我们的人文并排斥,使之沦落为主流之外的存在。东方的神秘只不过是西方的想象而已,东方人视野下的西方也充满无数的未知。为了消减这样的话语霸权,我认为最直接的就是告白式的描写、直观式的表述。这也就是本丛书始终坚持叙述方式的原因。

夕阳西下,古榕参天。这是我第一次踏入钟山村时的印象。在一片夕阳的光晕之中,榕树留下无数的斑驳身影,长街两畔的古宅越发凸显出历史的沧桑,黄达绥馆长与厦门大学人类学的博士们一道朝着夕阳下的道路前行。就在这一刻,我感受到生命的永恒——夕阳、古树、小道、旧宅联在一起,流淌出和谐静谧的氛围,这是伴随着我们的工作不断地延伸下去,激励着我们一路走下去的生命的永恒。

"风土海沧"后记[1]

山川之毓秀,古来共谈;时代之沧桑,贤愚皆惊。如今的我们,也正处在一个大变革的时代。这一时代,既是中国不断走向城市化、走向和平崛起的时期;也是我们的思想观念或者文化意识不断更新且探索新的存在价值的时期。历史发展不断向前,但是我们却不得不去回顾历史的曲折,不得不依托于我们的根源意识,尝试着由此而发掘激励我们更为合理地向前、更为顺畅地向前的历史文化资源。

横亘在我们眼前的中国之现实,正如世界评价中国的关键术语所昭示的一样,就是一个日新月异的世界"工场"。这样的"工场"究竟来自何处?不可否认,它就是来自于散落在城市周边的无数"乡村"。乡村曾经是中国的原生态的典范,乡土意识曾经是中国人的根源意识,乡土中国的变迁也正是20世纪后期以来中国所面临的最大的历史事件。我们之所以编辑《风土海沧·水美钟山

---

[1] 吴光辉:《风土海沧·水美钟山》,海沧区文化馆2011年编印,后记。

卷》，其根本契机之一就是基于这样一个宏大背景。

钟山村的调查活动，始于2010年8月。一进入钟山村，进入我们视野的，是一片片处在拆迁之中的农居；充实我们听觉的，是不绝于耳的挖土机的隆隆声响；刺激我们的嗅觉的，是不断升腾的灰土气息；经过我们身边的，则是拥挤忙碌的嘈杂人群。这一切看起来未必和谐的要素，恰恰构成了一幅极具中国现代气息的生活画卷。由此，我们感受到一个原生态的村庄的即将消逝，一个混凝土森林之中的自然的消逝。不过，经历了整村拆迁之后的钟山村，将与海沧新城区的整体空间形态保持和谐一致，从而建设为精致优美的现代新城区。

一个村庄的搬迁，一个村庄的消逝，消失的不仅仅是古老的村落，还会带走它所蕴含的深厚文化与沉重记忆。即使钟山村的大多数村民属于就地安置，依旧会回到这片土地之上，但过去的乡村之中的每一栋建筑、每一道标志、每一条道路，乃至一棵棵树木花草，皆潜藏村民们的历史回顾、孩童记忆、生活印记、时代沧桑。进入钟山村之后，尤其是经历了与村民的交流、与老人的详谈之后，作为文化工作者的我们深切地意识到自身的责任与义务——积极挖掘村落文化资源，认真整理村落文献资料，避免使它湮没在时间的长河之中。

钟山村的研究价值究竟何在？我们认为，一是以蔡氏一族为核心的，涉及闽南族系、风土建筑、文明观念等一系列要素的文化价值；一个是以送王船的祭祀活动为代表的，涉及宗教信仰、生活意识、海洋情结等一系列要素的宗教价值。我们编辑撰写《风土海沧·水美钟山卷》的契机之二，也就在于钟山村的历史之中蕴藏着极为丰富的文化资源，它具有闽南文化的典范意义。

任何一个事物的发展，皆不可能一蹴而就。任何一项重要任务的完成，也必然充满曲折与艰辛。我们只不过是一群执著于搜集、整理有限的资料，整理与保存口述史的人，即便是调查近在咫尺的钟山村,我们也不得不克服各种障碍。首先,我们面对的的问题是确立调查大纲。经历数次讨论,编撰出调查纲要,但却遭遇资料收集的问题,资料缺失导致的困境尤其难以摆脱。为了资料的整理和审核,我们多次相约在厦门大学、海沧文化中心集体讨论、坦诚交流,最终得以克服。其次,就是调查时限的问题。一方面,整体拆迁迫在眉睫,传统遗址日渐消失,旧有风貌不再存在;另一方面,熟悉村史的老人相继离世,健在的老人记忆略为模糊,年轻人则缺乏了切身的了解和感受。挽留这样一个不断消逝的现实与记忆,我们要不断地改进方法,将各个问题逐一落实到位。尽管如此,我们还是在紧张与迫切下最终完成编撰工作。

在此,我们要衷心感谢为本次调查提供支持与帮助的人士。钟山村书记蔡明群大力支持文化馆本次调查活动,为我们提供了急需的素材和人员帮助;宣委蔡金亮按照我们的调查提纲认真联络采访人,约好采访时间、地点,解决了不少困难;年过八旬的王四卿老人或到居委会办公室,或在自己家中为我们多次讲述婚丧习俗和钟山村史;毂诒堂理事会长蔡明德熟谙蔡氏宗祠的源流,多次接受我们采访;蔡明霞女士十分了解岁时节日,一边照顾未满周岁的孙子一边接受我们的采访;蔡通行先生一直研究送王船的祭祀活动,专门将多年收集的图片和素材送到文化馆;蔡永明、陈福圆、蔡武溅、蔡春成、郑和平等人士亦在口述了大量民俗资料;厦门市图书馆江林宣老师和海沧实验中学廖艺聪老师也为我们提供了姓氏、宗祠和族谱方面的文字材料。正是因为他们的大力支持与热心帮助,编撰才得以顺利进行,在此致以衷心的感谢。

费孝通教授曾经指出:人类学是为"文化自觉"而设立的学问。我们不知道本丛书的编撰对于保留乡村民俗资料能否可以发挥出一点微薄之力,但我们认为或许这也就是一场"文化的自觉""文化之根的觉悟",也是我们自身的存在的觉悟。对于我们全体编者而言,成书过程的酸甜苦辣始终难以忘怀,也必将成为我们人生之不可磨灭的记忆。

由于时间仓促，水平有限，出现遗漏和疏忽之处，敬请予以谅解，并恳请有识之士批评指正。

一个纯粹的人
——对台胞义工康英美的印象

康英美老师，一名中年妇女，永远穿着素色正统开襟的衣服，头发总是很随意地扎在脑后。走在大街上，你会认为她就是邻家大嫂，唯一不同的是，她的脸上永远挂着柔和、淡淡的微笑。

文化馆同事陈淑华的儿子在幼儿园读大班时，听闻有个台胞义工用家里的客厅，长期义务教授国学，但要求家长必须参与学习和志愿服务，取名"亲子国学班"，很多家长慕名而去，每逢上课，她的客厅总是挤满人。因场所有限，很多孩子想参与但没有机会。

第一次听到这消息，我眼睛一亮，心里想，多好的人，多好的项目呀！这不正和我们开展的亲子书法、亲子手工等亲子培训系列相呼应吗！我们何不将他们的这种形式引入文化馆的免费培训系列中，为他们提供宽敞的教室和后勤保障，让更多的家庭受益。

此后，亲子读经班正式落户海沧文化馆。每周五晚上开展活动，活动的参与者从原来的20对亲子，发展到现在，已有100多对亲子。因场所和人力受限，否则还会有更多的家庭参与。

康老师的先生于90年代就职于海沧的台资企业翔鹭集团，因而定居在海沧。夫妇俩膝下无子，因先生的收入能够支付家庭的开销，她就不上班，长期从事自己喜欢的义工服务。她家先生非常支持她，退休之后也和她一起从事义工服务。

我参与过她组织的夏令营活动。在课堂上，她充满激情，运筹

第四章 群文杂谈

帷幄,挥洒自如,能够把几十号人的注意力全集中在她身上。在平时的接触中,她永远都是那么谦卑,说话细声细气,脸上盈满笑容。原本她为我们文化馆做义工,我们应该感激,可她每一次遇到我,说得最多的都是"感恩,感激,感谢"之类的话。她对辛苦付出的亲子班的孩子也充满感激,她说是他们给她带来快乐。

她课堂上的投入让我印象深刻,但令我印象更深刻的是我们在一起吃过的一次午餐。那是夏令营结束后,她和她的台湾的义工朋友们在我的强烈要求下接受了邀请,那天,我才知道,他们对自己是多么的节俭,她们平时吃的基本都是素菜,对于餐桌上的任何食品,她们一点都不浪费,哪怕桌子上吃剩下的几根青菜,她们都要打包带走。

记得那天吃饭时,上了几个素菜后,她们要求上米饭,我平时吃饭的习惯是菜多饭少,但服务员给我的饭也和他们一样,满满装了一碗,我也按照平时的习惯,想能吃几口吃几口,吃不完就剩下来,结果,快要结束的时候,我发现台湾的老师们饭碗里一粒米都不剩,他们看到我碗里饭还那么多,认为我平时吃饭速度慢,于是说:"馆长,你慢慢吃,我们等您!"我不敢再剩饭,强撑着把那碗米饭吃下去,中午回到办公室,撑得已经坐不下去,躺不下来了。

接触了一段时间,和他们相比,我深感惭愧,也深受启发,我一直在反思,像他们这样,快乐的付出,对别人永远无所求,这么纯粹的人,我距离他们还有多远?当然,像我这么浮躁的人永远也不可能像他们一样,能够做得到的,只能慢慢向他们靠拢接近。

我的群文工作

小品《夜深人不静》的参赛花絮

由于海沧区文化馆的人员结构问题（大部分从教育岗位上转岗），精品创作一直是弱项。庆幸的是，政府也不以这项工作作为评聘职称和年终考核的依据，所以对这方面的工作并未投入过多，当然，关注的程度也如是。2013年，海沧区文化馆选送的《夜深人不静》参加第五届小戏小品比赛，获得"剧目奖"，纯属偶然。

助人是起因

第五届小戏小品大赛之前，市委宣传部创作中心的武扬老师找到我，说他所创作的一个作品《社区的故事》获得参加第五届小戏小品大赛初赛的资格，现急需找个单位作为依托，编排他的作品参加比赛，我浏览了一下作品，因创作的时间在2006年左右，题材比较陈旧，表现方法也很一般，觉得选送后获奖的机会不大，考虑到经费、演员以及工作安排，本想拒绝，但看到武扬老师参加比赛的心切，而且他也表示，会争取市委宣传部给予经费补助，协助解决演员等问题，我动了恻隐之心，决定接下这摊事，开始准备比赛等相关事宜。

造就了别人，成就了自己

准备参加比赛了，经过和中国剧协的协调和沟通，同意我们将原有的剧本从题目和内容上进行修改，于是《社区的故事》就变成了《夜深人不静》，武扬老师请了他东莞作协班的同学葛豪帮忙导演。他和夫人作为男女主角，在初赛前进行了艰苦的排练，文化馆作为选送单位，做好排练的后勤保障和道具制作等工作。经过初赛，我们选送的节目获得了参加终赛的资格，被评为"优秀推荐剧目"，了结了武扬老师一桩心愿，而海沧区文化馆在组织和参赛过程中,增长了知识,熟悉了比赛的规则和流程。为今后小戏小品类精品创作奠定了基础。

"严"的成果

《夜深人不静》要参加在张家港举办的终赛,尽管知道获得大奖的机会几乎没有,但我们还是准备用最大的努力去完成这件事。困难有许多,首先还是剧本的修改,一波三折,负责创作的武扬老师和导演葛豪以及我们文化馆之间一直都难以达成共识,最后还是尊重导演的意思进行了修改。其次是演员的选择,考虑到参加的是全国比赛,还是用有表演基础的演员,经过推荐和了解,最终确定让几个有表演基础的年轻演员参加排练和比赛。

演员小庄推荐了一个学表演的朋友小王,觉得他很适合剧本中老鼠的角色,通过提前征求意见后,他表示很乐意参与这个比赛。

比赛时间是 10 月底,我们在国庆后才开始排练,导演工作忙,能帮我们排练的时间也就一周,我心里很着急,觉得在演员方面不能出现任何失误了。但听说这一行业的人,平时时间观念就不是很强,我心里更没底。

第一次全员排练,讲好 8:30,我和导演 8:00 左右就在排练厅里等着,8:30,三个演员中的其中两个已经到位,而那位没有见过面的"老鼠"却不见人影,叫小庄联系时,发现手机关机,我心里咯噔了一下,心里想,难道历史又将重演——初赛时就因为演员的问题导致排练极不顺畅,我一边通过各种渠道想办法联系小王,同时发动全馆力量,再寻找合适的人选,准备启动备选方案。九点左右,我们通过朋友联系上小王的夫人后才打通电话,他表示马上过来,在那个时间段,我们也联系上一个可以表演,但舞台基础略逊点的人选小宋(未学表演,擅长语言节目);9:30,小王说在路上,我算了一下他家到排练厅的路程,不会超过 20 分钟。9:50,还是不见踪影,联系他,他说还在路上。我决定放弃他,马上叫小宋赶到排练厅,小宋不到 20 分钟就到了排练厅,在 10:30 前,终于开始排练了。

小王在 11:00 左右才赶到排练厅,得知失去机会时,他也表示很遗憾和后悔。

几个演员也许看到我临场换人,处理方式不留情面,从此以后,排练非常顺利,基本未出现迟到、早退的现象。直到比赛,他们始终听从指挥和安排,顺利完成比赛任务。

今后参赛的目的

通过参加这次比赛,我对这种精品产生的方式有了少许的了解,有些单位参加比赛纯粹为了获奖,花钱请人写剧本,花钱请演员,花钱请导演,就是为了拿一个大奖,使之成为单位的一项业绩。

对于我馆而言,参加这类型的比赛必须与自己的工作计划结合起来,最起码要满足以下两个条件:首先,作品里的导演或创作或演员,必须是我们馆里专业技术干部可以参与的,参赛的目的是可以让他们在这个过程中成长起来;其次,参赛的作品能够服务于群众舞台,比赛结束后还能经常在本区的群众性演出中展示,作为精品节目呈现给百姓。也许这样才有参赛的价值。

不卑不亢

这几年,文化馆除了自己年初计划中安排的各种演出任务外,还要经常协助其他部门完成专题性的一些演出和宣传工作,在这方面,我们文化馆始终秉持原则:可以帮忙,但不代替,演出等相关的费用支出,文化馆不负责走账。所以,在海沧,如果其他部门需要演出,请求文化馆帮忙,文化馆绝对起到的是专家性的指导作用。这种习惯和地位也许是我们平时工作的态度和教训换取来的。

记得在三年前,当时分管文体的副区长交代我,要求我们帮助他分管的另一个部门策划一场主题晚会,晚会中需有主题性的原创作品。因分管领导平时对我们颇为关照,我对他交办的任务也觉得应该不折不扣地完成好。随后,该部门和我通过多次对接后,我们根据他们的需求,量身订做了一场晚会,从舞台设计、灯光舞美,节目原创,编排,全包了。我们本着节约的原则,充分利用文化馆的资源,将产生不到两万元的费用清单列给了他们,他们把经费拨付到文化馆。

演出效果非常好,他们受到市里的表扬,演出结束后,该部门的领导找到我说:"小黄,这次做得非常好,下次有机会,我们还是把机会让给你们,费用也会如数拨给你们。"我一听就上火,原来,他们自始至终认为拨给的费用是我们文化馆的盈利,他们并不了解这些晚会所需的开支,他的部下也没有把所产生费用细目告诉他,我强压着怒火,说:"谢谢了,文化馆是财政全额拨款的事业单位,并不是盈利性的文化传媒机构,区里给我们的经费足够我们日常开支,这次是副区长的交代,我们才将这场晚会全包了,你们给我们的费用已用于晚会的开支,并没有结余款项在文化馆的账户里,今后,如果要举办类似的晚会,你们还是自己做,节目上需要我们帮忙指导的,我们会尽力,至于演出的费用,没有必要再拨付到文化馆账户了。"

第二年,他们又找到我,我就按照当初对他们领导说的,给予节目的信息或指导,其他的概不负责,演出结束后,他们领导终于知道自己当初认识上的错误。

从此,政府各部门有登门要求帮忙的,我们都尽量帮助,但所需费用我不再走文化馆账户,当然,财政也对我们的资金使用给予足够的保障,我们也得到应有的尊严和体面。

我常常和馆里的同事说,做事一定要认真,做人一定要诚恳,有作为才有地位，认真做事，不图小利的人绝不卑微，取得成绩得到认可也绝不能骄傲。

市级文物保护单位霞阳杨宅的处理风波

周日正在家里休息，接到领导的电话，说市级文物保护单位霞阳村"杨宅"保护范围被破坏，有人打市长热线，问我知不知道，我吓出一身冷汗，赶紧打电话落实情况。先打给馆里负责文物工作的小刘，她孩子小，放在漳州父母家，周末都回到漳州看孩子，她说也接到电话，已叫霞阳村文体协管员到现场看，现场有一台推土机，把杨宅的朝西的围墙推倒，但因有人干涉，已停工。

因文化馆无执法权，我赶紧将此事汇报市局领导，将情况告知街道和执法局，请市里马上派人到现场勘验。

随后，我们跟同市局分管文物的领导及相关部门领导一同到现场，原来，想推倒重建的是弟弟一家，打市长热线的是哥哥一家，他们两家都是产权人之一，围墙确实被推倒，而且离主体建筑不足10米，在保护范围之内，我倒吸了一口凉气，知道这件事会有麻烦，不得不启动执法程序了。

这座古民居在申报为市级文物保护单位时，并未通过区里，后听说是业主看到设计好的长庚医院第九号公路要通过他们老宅，在市里民俗专家的帮助下，在第九号公路还未动工前申报并获得批准公布，那条公路只好绕道。当然这座古宅自身的建筑确有特色，系闽南传统的民居建筑形式，其木雕、彩画及剪瓷贴保存较好，建筑质量上乘，具有较高的文物价值，虽然只有孤零零的一座，也值得保护。

回想当初在局里办公室工作时，局人手少，文物工作落在我身上，因为代表局里在做事，倒也顺顺利利。可还没多久，我就经常接访这家的男主人之一，他们说第九号公路施工时把他们的墙体震得有裂痕了,要求我们去协调赔偿,协调了几次,甚至把自家的律师资源无偿贡献出来,终于平息了这件事。

第二天,才刚到办公室就看到许多报纸、网站上都刊登了这则新闻,我知道这事情不会就这么平息,果然,没过多久,电话不断地响起来,要求采访我们的媒体非常多。和领导沟通后,领导觉得他不适合接受采访,如果我自己不愿意接受采访的话,可以让具体做事的人来接受采访。我知道我不得不去面对了,只能做好准备,接受采访,同时和市里沟通,希望他们能和各媒体打个招呼,在事情不明了的情况下,不要随便报道。

随后,市里协同区里启动了执法程序,因为我们积极作为,也因为是自家破坏,此后,媒体就没有负面的报道,这件事情也慢慢平息下来。

在城市化进程中,文物保护和开发建设成了不可调和的矛盾。在平时的工作中,文物的常规安全保护,修缮、施工过程中发现古墓等的挖掘,占用了大量的时间和精力,让我们苦不堪言。但出现问题只要积极反应,并与上级及相关部门做好协调工作,工作还是会做好的,所以海沧区文化馆的文物保护工作还经常受到市局的表扬。

厦门市级文物被自家人拆墙 30多米围墙成碎砖头[①]

"打从出生后我就住在这里,甚至连房间都没有换过。"昨日上午,一位白发苍苍的老人面对一段残墙,痛哭失声,"现在家被毁了"。

这位老人名叫杨亚允,在海沧霞阳老宅杨本营大厝生活了68年。每隔几年,他就会修缮这座老宅,房子长了白蚁就赶紧喷药杀虫,房子损坏了就赶紧找人来维修。直到7月14日上午,轰隆隆

---

① 《厦门商报》2012年7月16日。

我的群文工作

杨亚允老人站在被拆的残墙面前，心痛不已（陈天笑 摄）

的机械声打破了他宁静的生活。

老宅围墙突然被拆

据杨亚允回忆，当天上午 8 点多，三四个人来到了老宅，与他们一同前来的是一辆推土机和一辆铲车。杨亚允一看情形不妙，马上进行制止……然而几个小时过去后，现场留下的只是一段残墙和一个伤心的老人。

15 日下午，记者来到杨本营大宅，发现房子左侧的空地上剩下部分残垣，围墙原址上残留着破碎的砖头，几棵龙眼树也躺在房子后面的池塘里。

杨亚允告诉记者，房子 30 多米的围墙已经被拆除了。15 日上午，还有几名男女到现场丈量土地。

听说弟媳想要卖地

杨亚允拿出一份产权证，其上的产权人共 7 人。他告诉记者，只有自己和弟弟近年还留在海沧生活，其他亲戚都在海外。后来弟弟过世，弟媳也从老宅搬出去了，现在只剩下他和老婆住在老宅里。

两个月前,他曾听说弟媳要把这块种有龙眼树的土地卖给附近一名村民,准备建出租房。他就与儿子找到买方,明确告诉他们这块地属于文物保护单位范围内,拆围墙是违法的。

接待信访

东屿村是靠海的一个渔村,人口较多。在海沧还未开发建设前,东屿村许多村民依靠其天然的沿海地理优势,靠养殖、加工海鲜先富起来。东屿海鲜在厦门闻名遐迩,吸引许多游客慕名而来,成为海沧美食一块响亮的品牌。

伴随着海沧区开发建设的大潮,处于海沧湾最美地段的东屿村开始拆迁,用寸土寸金来形容东屿的土地也不为过。

因为工作性质,我们常参与他们的民俗活动和姓氏联谊会,后来又启动《风土海沧·风舞东屿》系列丛书的撰写,常和村民代表及老年人接触。在接触过程中,感受到他们的热情和信任。

有一天,正在上班,馆里突然来了一群人,老老少少都有,一问,才知道全是东屿村柯姓居民,我把他们领引到办公室,领队的老人递给我一个透明的文件袋,透过文件袋,看到里面一张纸上面写着"控告信"三个大字。我心里"咯噔"了一下,心想:是不是同事得罪了他们?赶紧招呼他们坐下,给他们泡上热茶,一询问,他们就七嘴八舌说开了,原来他们是要控告本族一位族亲,在无任何正规手续的情况下,占用柯氏宗祠的一块空地搭建房子,多次劝阻无效后到我这里上访,他们说如果我们没有办法解决问题,他们还要接着上访。

听清原委后,我马上肯定了他们的做法,表示任何人都无权随意侵占公共空间,我绝对支持他们。

为了让事态不再扩大,我决定利用自己和农民打交道和了解民俗的经验,努力做好沟通工作。于是就和他们说,你们有几位都是柯氏德高望重的老人,事情出在你们本族中,你们应该尝试用本族人的力量解决问题,免得东屿村其他姓氏的人笑话(东屿村还有张姓、李姓等)。如果劝说不听,可以告诉那个族亲,按照闽南的风俗,宗祠供奉的都是去世的祖先,房子盖在宗祠的旁边,是对祖先的不尊重,煞气太重,对家庭没有好处。诸如此类,我一二三告诉他们几点,然后再告诉他们,这些办法都无效的话,你们再来找我,我带你们去找相关部门制止这种行为。

他们心满意足地回去了,此后再也没来找过我。

感谢,感恩

这几年,单位的同事们白天八个小时写材料、培训、布置工作,一分钟也不能少。到了节假日,别人休息了,他们照样演出、培训,特别是文艺部的几位同事,节假日加班成了常态化。尽管我心疼她们,想让她们能在正常工作日中得以调休,但和局机关一起办公,为了规范管理,不得不在正常工作日中和机关工作人员执行相同的考勤制度,这严重影响了她们的正常休息。

记得2013年国庆长假和中秋连在一起,馆里照例召开假日前的例会,我忐忑不安。这八天的长假,对于家住在宁德、龙岩、漳州、莆田、南平等地的同事来说,是个好机会,况且好几个同事的小孩才一两周岁。可根据区里的要求,四场演出是硬任务,所以,一到这时候,我经常于心不忍,总觉得开不了口。

例会开始了,我说明了国庆长假的工作情况,正愁着怎么开口安排国庆值班的事,不等我说话,非遗部的丽萍就说了:"黄老师,国庆让她们休息吧,我4号提前从漳州回来,花车巡游的专场演出由我来负责。"办公室的淑华也说:"我来跟一场。"说到这,文艺部的几个同事也纷纷表态,要调整好假期休息时间,服从工作安排。

我感动呀,这时候还能说什么呢!只能在心里默默地说一句:谢谢,辛苦了!

2009年年初,全省非遗会议在海沧召开,当时的海沧,吃住条件有限,200多人的会务工作任务非常重,但馆里全体人员能根据分工做得有条不紊,接待当中临时出现的问题和任务大家争着去解决和完成。省文化厅的领导和负责会务工作的同志对我们的团队赞不绝口,感慨说没见过我们这么精干、这么有战斗力的文化馆队伍。除了做好会务工作外,会议中有一个议程是由我负责汇报海沧区非遗普查工作经验,看到会场里黑压压的人群和主席台上省、市、区的领导,馆里的姑娘们比我还紧张。在汇报前,我走出场外,几个姑娘们(同事)赶紧跟出来,有的让我喝水、有的整理我的头发,有的整理我的衣服,还叽叽喳喳的开玩笑说:不要紧张,没事的,把下面的人当木头人。本来不紧张的我突然紧张了,但一股暖流又随即传遍全身。

在办公室里忙乎时,他们经常会探头探脑走进来,手里端着从家里带来切好还插着牙签的水果,然后,说一句:"黄老师,休息一下,吃点水果。"这让到我单位办事的同仁羡慕不已。

感谢,感恩!

工作日记选录

按语:作为团队的领头人,为了让团队正常运转,除在做人做事上尽心尽力外,最重要的是工作习惯和作风能够引领团队的其他成员。这些习惯长期贯穿于工作中,作风也具体体现在日常的管理中。摘录一些工作日记,可以看出海沧区文化馆的状态——工作忙碌且繁杂,但工作中不缺乏快乐;困难和挑战时时存在,但只要用心,没有什么事做不了。

2012年11月13日　星期二　天气:晴

上午准8点到办公室,随后稽查队的队长也到办公室,组织部门指派他到拆迁办协助工作已经一个多月了,今天他回来向我借手提电脑。难得回来一趟,赶紧泡茶招待,顺便叫上稽查队的小王,小王调侃说,队长回来了才有机会喝我泡的茶,我说人家去当拆迁突击队员,回来一趟不容易。

还没喝上几杯茶,8:30,海旅集团分管青礁慈济宫旅游景区的工作人员事先没打招呼就自作主张把老年艺术团团长约到我办公室,商谈国家慢性病综合防控示范区考评组到青礁慈济宫检查时配套广场阵头表演的事宜。本来阵头表演的事已交办给海旅,活动经费也下拨,可他们照例以汇报交流的名义把我扯上,只好把手上的事情搁在一旁,陪他们坐下来谈。本想只是借用我的办公室聊事情,没想到海旅具体项目负责人说领导找他有事,提前走了,留下两个海旅的年轻人和我们谈这个项目。为了能让事情顺利进行,我只好作为主角,确认了广场阵头表演的队伍、音响、后勤、费用等事宜。

很快就到了10:00。随后,规划分局小石到办公室商谈他们市局年终联欢选送节目之事,他们想选送热闹喜庆的鼓舞,要我们帮助他们找老师辅导,帮他们借鼓,提供训练场地。都是兄弟单位,能帮的自然帮助,便满口答应待协调各有关部门,时间已经到了10:30。

坐到电脑前,办公室把第二天要上交局里的年终总结发到我QQ上,我一看,和我想要的差很远,正想着从哪里着手修改,思路还没有理清楚,后井村4个文艺队的老人们登门拜访,送来了他们前段时间在青礁慈济宫表演的录像。我夸了他们一通,在农村,这支文艺队能够活跃在民间近十年,自编自导自演了许多节目,确实不容易。虽然他们编排的节目登不了大雅之堂,但在农村的确有很大的市场,他们能够靠自己的力量把这支文艺队一直保留下来,这几个老人功不可没。他们登门造访,无非就两件事:第一,希望能有演出的机会,第二,希望得到硬件上的支持,因为他们的音响设备都老化了。听他们这么一说,我挺惭愧的,整天忙忙碌碌,都把他们忽视了,这样的基层队伍不认真支持是我工作失误。我当时马上表态,一定争取给他们配置一套稍好的音响。当时我想起影剧院和多功能厅淘汰下来的音响,配上DVD和话筒及航空箱,既是旧物利用,也力所能及地解决了老人们的难题,何乐而不为呢!11:20,他们满意地走了。

坐到办公桌前还不到五分钟,实验中学的一位老师带着文化传媒公司的负责人来找我,他们想借用我们的剧场推广他们的儿童话剧,了解了他们的运作程序后,个人认为,如能合作,剧场能得到很好的利用,也能让海沧的孩子享受快乐的高雅艺术。但具体可否需请示局长再回复。

接近12:00了,一个上午就这样在忙碌中度过。

2012年11月4日　天气:晴

已经很久没有好好过周末了,这个周末照样要加班。周五晚上阿罗海常规性演出要跟场,周六上午开局务会。局里近来事情多,局长一天到晚忙着参加会议,只好把他主持召开的局务会放在周六。这次研究的是局申报市级文明单位和市级个人表彰事宜,局长要大家发表意见,小高先提出未成年人思想道德教育先进个人给稽查队比较合适,我则认为这项工作四个事业单位都在做,应结合平时各个单位受表彰的机会综合考虑,建议表彰名额给图书馆,局长同意我的意见。

下午是第五届厦门市群众文化艺术节广场舞比赛,对于这次比赛,我对广场舞《红灯笼》这个节目寄予厚望,因为这个选送的广场舞节目是所有参赛节目中花费最多、指导老师最强的。比赛还没开始前,拿到节目单,发现很多区里选送的都标着"原创",我心里一"咯噔",想起我们报送的节目标示的是改编,加不到原创分,再精彩也拿不到金奖。

比赛按抽签顺序进行,结果发现,其他区报原创节目的基本都是串烧,最多也就是改编,报名表写上原创就加分,而我们因为太实诚,写改编,拿不到原创分,自然分数就低。比赛结束,我愤愤不平,向监审组反映问题,监审组竟然怪我比赛之前不说,我相当无语——没看节目谁能事先知道他们不是原创?后来监审组也觉得不对,把那些要离开的评委拉回来商量,评委们只是象征性地扣了两个节目的原创分,这两个节目明显是改编的且分数本来比我们低。我很郁闷,做了一件损人不利己的事了。

事后,有人向我透露,这次的评委都是舞台类的编导,他们并不了解广场舞,自然也就不懂哪些是原创。还好我们选送的另一个并不看好的节目《大鼓凉伞》拿到银奖。但结果已让我失望至极。

晚上,文化中心歌舞剧院演出,馆里每一场都派一个人跟场,作为馆里的负责人,我想还是走一趟,让自己心里踏实一点。

周日上午是运动会开幕式协调会,开幕式上安排拉丁舞表演,局里安排文化馆负责,我们只好接招了。

周末,什么时候可以不加班呢!

2013年1月11日　星期五

单位一同事今天上午发短信说生病请假了,我回短信要求他也同时向局领导请假,他没回短信给我,我也就认为他向局领导请假了。

下午全局会议,开会之前,接到原宣传部部长的电话,赶紧出去接听,领导查人数,发现这个同事不在,大发雷霆。我再打电话给这个同事时,发现他已经关机。

我得改掉自己工作粗心的毛病,上午这个同事没回短信,应该预料到他没和领导请假,就应该把这漏洞补上,免得出现这种断层的现象。

2013年1月10日　星期四

年关将近,上周三,我接到做区元宵花灯方案布置的任务,傻眼!

还是领导比较体谅,请出厦门最有实力之一的华亿传媒公司来制作这个方案,华亿传媒有两年承担制作市元宵花灯的经验,交给他们,绝对可靠。

商量了一个上午,我建议花灯主题要有别于市里在园博苑做的大型花灯,市里的花灯政治性较强,我们还是凸显趣味性,最好寓教于乐,比如用经典的童话故事,做成一个个场景,一定会吸引很多市民前来参观。

一周过去了,宣传部催制作方案,和华亿传媒联系,更傻眼!

华亿传媒利用原有的资源找了一周,因为时间关系,竟然没有制作单位愿意接这个单,他们甚至联系到四川自贡的,他也因时间紧,不愿接单。巧妇难为无米之炊。我彻底晕了,但是,考虑到领导的意见要贯彻,只好降低要求,叫他们做个能够执行的方案。

今天终于收到方案,发现他们能做的就是用市场上买的宫灯灯笼做一堵灯墙,在旁边的树上挂一些宫灯,重头戏还是搭建舞台,每周举办一场文艺演出。预算40多万。

方案只能往上送,我也不知道领导对这个方案是否感兴趣,但愿领导看不上这个方案,也让一年辛苦到头的馆里人员春节期间消停消停。

2013年2月18日　星期一

春节过后,正常上班进入第三天,我可以坐下来记录一下春节期间大致的工作经历了。

我的群文工作

　　今年春节是我到文化馆后最繁忙的一个春节，春节前的四场（2月3、4、5、6日）"和谐拆迁　幸福海沧"文化下乡活动，全部是原创的歌仔戏作品，为了让家在外地的同事过个安心的春节，我承担了全部的组织和协调任务。包括剧本的修改，演出场次的安排，向区委、区政府、区委宣传部的情况汇报，到演出现场的跟场。演出效果不错，受到好评。

　　春节期间，为了配合市、区花灯会，市里安排一场我区的专场演出，区里安排了四场配套演出，其中文化馆做一场专场，其他三场由各镇街承担，但各镇街的演出活动要由文化馆把关和负责对接。虽然有些场次安排了文化馆的文艺干部跟场，但每场我都脱不了干系，都得亲自到现场，担心节外生枝，出现状况。

　　最让我揪心的还是今年的团拜会，临近年关，演员大部分回家，团拜时间不确定使节目的选择一波三折，节目确定后，区委办对节目的审核更让我汗颜，他们不仅要求上报节目内容，还要了解各个演职人员的基本情况。临近大年夜了，还接到通知，要求调整不是海沧本土的节目，还好我提前想到这个问题，虽然这些节目的演职人员不就职于海沧，但她们的房子买在海沧，也算海沧居民。最后勉强通过审核。其次是时间，往年，团拜会安排在年底的其中一天上午10:30左右，今年的团拜会安排在上班的第一天上午8:30，所有的工作都必须在放假期间准备就绪。再次是场所，以往场所安排在酒店，现成的酒店服务让我们节约了不少精力，今年却安排在文化馆的一楼展厅，场所本来就有展览，为了腾出场所，临时叫人撤展和清理场所。过年期间呀，复杂的是音响，往年是租用音响，只要出钱就可以了，今年领导指示，要用刚采购的二楼多功能厅的音响。第一次拆卸，又是春节期间，还要保证万无一失，供货方的技术人员春节期间全部放假回家，我多次交涉，差点翻脸，终于让供货方借了一个技术人员在初五那天拆卸和安装，初七再调回一个住在长汀的技术人员赶回厦门保障。为了确保，我还动用了歌舞剧院的音响工作人员作为应急人选。只有四个节目的团拜会,所花费的精力不亚于四场演出,还好演出顺利,馆里凌琳的主持让团拜锦上添花,没有枉费了我一番心血。

终于上班了,我和局领导说了一句:我觉得我没有放假,什么时候才是我的假期呢?!

话虽这么说,但能够把事情完美的做完,应该是最幸福的事,总的体会如下:工作再多,早下手就能有条不紊;工作再难,除了考虑全盘,注重细节也是关键。

2013年3月6日 星期三

区里最近在开展"朝阳行动",各单位结合本单位实际情况,对相对应的帮扶对象开展帮扶工作。安排给文化馆的是一个男主人有二级精神残疾的家庭。该家庭中有个10岁的儿子,在金鸡亭小学四年级就读,妻子在金尚小学当保洁员,月薪1 200元。由于男主人无生活自理能力,家庭生活非常困难。

接到这个任务的时候,因不了解二级精神残疾的状况,说实话,很不以为然,早听说很多村居上报的困难户并不困难,住的房子比我们工薪阶层还宽敞,收的房租比我们收入还高,所以只是觉得作为一项任务认真按时完成就行了。况且听说这户人还可以住在岛内,更不认为是困难户了。

这周是无会周,局里要求我们必须走访帮扶家庭,我安排馆里的阮文婷和社区网格员吕小金联系,确定走访时间,很快阮文婷和网格员就确定下了行程。

3月6日下午,在网格员的带领下,我和文婷开始了第一次走访,因为走访对象不住在海沧,租住在岛内,网格员也没去过他们的家,所以颇费了一番周折,最终在男主人家70岁母亲的带领下才走进他们临时居住的家,地点在莲前西路卧龙晓城边上。

他们家,是一套小三居室的房子,据说是兴业银行的安置房,他们家的一个亲戚以象征性的价格租给他们。走进家中,窗明几净,收拾得非常整洁,几件简单的家具也摆放得清清楚楚,并没有我想象中的杂乱脏现象,也看不出有久病病人的痕迹。

女主人已经请假回来,她烧好水,坐在茶几前泡好茶等着我们。我们一行人坐在客厅,正想问问男主人的情况,抬头一看旁边的卧室,着实吓了一跳——一个男人斜躺在床上,盖着被子,手里抱着布娃娃,正在给布娃娃绑蝴蝶结,吮吸着奶嘴,还不时咕嘟咕嘟说着什么,床铺上摆放着许多玩具。女主人赶紧说,那就是她老公。仔细一看,男主人应该30多岁,长得眉清目秀,干干净净的,不看他的状态,真不会把他当病人。

我心里五味杂陈,想起此行的目的,就准备了解一些基本情况。刚开始,女主人话很少,倒是她婆婆(男主人的生母)很健谈,我们还没有发问,就絮絮叨叨说了很多,虽然她的普通话我听得不是很清楚,但也能大概了解他们的情况。

男主人是安溪人,从小就被抱养到海沧石塘村,这种病听说在婚前就犯了,当时是偶尔犯病。女主人也是安溪农村的,从小没读过书,当时并不了解情况,经人介绍就嫁过来了,不久就生了一个儿子。男主人的病近年来越来越严重,至今已无自理能力,居委会给他办了低保,养父养母也已过世,儿子还在读小学,家庭的重担全压在这个目不识丁的女人身上。问起男主人就医的情况,她婆婆说,目前这类药医院基本免费,只是没有条件让他住院,但是这种病住院的效果并不一定好。目前比较担心的是,男主人生气起来连儿子都打。

女主人的婆婆说了很多,女主人偶尔补充一两句,我感慨万千,说了一句:你太不容易了。女主人说,没办法,嫁鸡随鸡嫁狗随狗呗!自始至终,女主人的脸上始终带着微笑,看不出任何的怨恨和不满。

女主人很热情,到了他们家,除了泡茶招待我们,还拿出她从老家带来的油炸麻圆让我们当茶点。我本来不想吃油炸的东西，但盛情难却，也为了避免产生距离感，还是吃了两个。

　　了解得差不多了，我就问女主人有什么困难需要我们帮助的。在去之前，我原以为这种家庭提出更多应该是经济和就医问题，没想到她只是说，希望在读四年级的儿子今后升初中时可以派位到就近的五中。我再问她还有什么困难需要我们帮助的时候，她说，老公的病只会越来越重，担心以后儿子读高中时学费负担不起。聊起儿子，她更是满脸的笑容，说儿子在学校，老师都说她儿子懂事。

　　我感觉到，这女人以极强的韧性在承受着这种常人不能接受的生活，看得出，支撑着她和给予她未来所有的希望是她的儿子，我当即对她说，对她儿子就近入学的事，因为不在本区，我们不一定办得到，但文化馆一定会努力去争取，等到孩子上高中，我们再一起想办法，孩子就学是绝对不能受影响的。

　　不知不觉，一个多小时过去了。女主人在金鸡亭小学当保洁员，只是临时请假回来，还要赶回学校工作，顺便把宝贝儿子带回来，我们也就告辞了。在回海沧的路上，我心情很沉重，文婷说她和我一样难受，我难受不仅是看到现状，还担心男主人的病不知是否家族遗传的，但愿他们家儿子一辈子平平安安、顺顺当当。

　　走访回来了，我知道这已不是一项任务了，他们必将成为我今后牵挂的对象。我也在思考如何对接他们的需求，实实在在地做好帮扶工作。

2013年6月14日　天气：阴

　　下周，非遗展厅就要开馆了，对这个非遗展厅，我倾注了极大的情感，可谓用心之多、用情之深，虽然展厅只建设了两个月，可我们足足筹备了两年，到如今，有种瓜熟蒂落的喜悦。

　　当时，看到楼下那三间没有窗户的房间和相邻的一个中庭，我就动了建设非遗展厅的念头,光有念头还不行,第一步争取经费,2011年年底,报了30万的展厅建设费,结果财政只给了10万,10万就10万,我们开始着手收集海沧民间农耕渔猎的工具及家居生活用品。2012年,搭乘创建国家级公共文化服务体系示范区的顺风车,局里又为展厅的建设争取到20万,钱虽然不多,但我们已有足够的信心把这个展厅建设好。

没想到一开始筹建就困难重重,想邀请几家有经验的公司出方案,结果人家都嫌弃筹建资金太少而不愿接单,当然,没经验的公司倒有几家,但提供的方案一直达不到要求。好不容易找到一家想法还算对路的制作公司,反反复复沟通交流,一拖就是三个月,终于觉得有个公司可以兜底制作了,就启动招标采购方案,整个程序走完,又是一个月过去了。2013年4月12日,终于开标,符合条件的公司总共就四家,其中包含和我们事先交流过的那家,说实话,我已倾向于那家和我们几番沟通的制作公司,只想通过招标采购程序将其合法化,毕竟这家公司在前期已经倾注了不少精力。当然,为了以防万一,事先已和那家公司申明,一切通过招标采购,但条件根据他们公司现有的状况给予倾斜。

参加本次评标的是电脑随机抽取的三个评委,加上业主单位代表,总共有四人。评标过程中,发现厦门卓远科技有限公司思路清晰,准备充分,对非遗文化了解比较深刻。而原先对接的那家,方案简单,准备仓促。看来半路杀出一个程咬金。归结原因,个人认为,原先对接的那家公司方案不够好,其一,缺乏经验,其二,可能认为事先沟通,设置的条件对他们有利,属于稳打稳扎,放松了警惕。结果,所有的评委都倾向于厦门卓远科技有限公司,当然,结局是卓远科技有限公司中标,那家公司落选。

事后,我细细研究了两家公司的方案,发现原先沟通的那家公司提供的工程量不及中标公司的三分之一,厦门卓远科技有限公司除了将制作面积扩大一倍(中庭利用起来)外,还提供声光电的设计理念和设备,补充了我们缺少的展品。原先的那家公司标书里提供的服务仅限于展厅空间的装修和极少的展具制作,无任何声光电设备,至于展品,全部预算为零,需由业主单位提供,制作时间还要两个月。

我吓得出一身冷汗,还好厦门卓远科技有限公司来投标,真让原先沟通的那家公司中标的话,后果不堪设想,原有的预算经费用完,展厅只是完成装修,效果可想而知。

展厅制作非常顺利,卓远科技有限公司很有实力,进度很快,本来规划一个月就可以完成,后来因为我们资金出了一些小插曲,延迟支付,也就不敢对他们的工期太过要求。最后,两个月之内完成展厅的全部制作和布展任务。遇到这个公司中标,真是万幸。

展厅进展顺利,很大的功劳应该归于我们馆的丽萍,她敬业,思路清晰,执行能力强。展厅建设的成功,她是个大功臣。

6月17日 天气:晴

展厅正式开馆了,得到区委区政府的高度重视,四套班子分管领导全部参加。我们还邀请了兄弟区的文化馆馆长,结果只来了三位。开馆之前,我想到自己是区拔尖人才,享受区拔尖人才的各种待遇,就给组织部吕部长和人才科发了邀请函,我原本只是想让他们了解我的工作成果,没想到开幕式仪式一结束,吕部长特地赶过来参观,给我一个意外的惊喜。

开馆结束后,凌琳生动的讲解为展馆增添了不少色彩,所有参加仪式的人对展馆的设计和制作都赞不绝口。吕部长问起展厅的制作费用是否要花一两百万,我告诉他只用了30万时,他感到无比惊讶,很多人都好奇询问展厅的建设费用,他们的估价都在100万以上,我心满意足,终于实现当初的想法,花最少的钱,做出最好的效果。

第五章 群文研究

厦门市群众文化研究学会每年都会举办一次群文研讨会，鼓励群文系统的人积极投稿，他们根据稿件的质量和研究的方向确定交流的论文，将参与交流的论文收入汇编。这对群文系统的专业技术干部来说，是个很好的平台，只要愿意参与，将论文写好，参与交流并在不同级别的刊物汇编发表，就能为他们的职称评聘提供保障。近十年，我有个好习惯，就是不管工作有多忙，每年都坚持就群文某个领域进行思考，不管是否成熟，都动笔写写并参加本系统举办的研讨会，在参与中丰富自己的专业知识。同时，从一个侧面记录海沧公共文化服务体系的发展与完善的历程。本人觉得，尽管有些见解还很稚嫩、粗浅，但有思考，就有收获。

立足农村实际　加强农村文化建设[①]
——海沧区农村文化建设初探

文化建设是精神文明建设的重要内涵和表现形态，是区域综合实力的重要标志和重要组成部分。在市场经济条件下，随着经济建设的发展，农村文化建设在2002年全国基层文化工作会议后得到了较大的发展，出现了许多可喜的变化。但是，我们也清醒地看到，一些农村文化生活仍十分贫乏，处于无阵地、无设备、无文化专干、无投入的"四无"状态。随着生活水平的提高，新兴媒体的出现，许多农民不再安分于日出而作、日落而息的生活，他们渴望着劳作之后的另一种生活，但因缺少正确的文化生活引导，地下"六合彩"、封建迷信等活动乘虚而入，特别是六合彩，所到之处，把农民的积蓄席卷一空，发生了一场又一场的现代人间悲剧。因此，加强农村文化建设，传播先进文化，抵制歪风邪气，以"文"化人，创造良好的人文环境，有着极为重要的现实性和紧迫性。

海沧地处厦门西部，和厦门岛内相比，农村文化建设严重滞后，三级主体网络硬件跟不上，海沧镇文化站规模偏小，东孚镇尚无站址，人员编制未落实，有的还身兼数职，虽然有的行政村设有文化室，但由于未给予足够的重视，经费无保证，没有正常的报酬，无人管理，形同虚设，有的活动经费偏少，无法开展较大规模的活动。这种状态与新时期城市建设规划和发展速度不相适应，所以，立足实际，寻求发展成了海沧文化建设的重中之重。

[①] 该文2005年参加厦门市文化广电新闻出版局主办的群文研讨会，收入《厦门市2005年群文研讨会论文汇编》。

一、充分利用已有资源,就地取材,加强阵地建设

要想用先进的文化武装人的思想,就必须有正规的工作机构和活动阵地,阵地是文化建设在农村的有效载体,是有效加强文化建设的基础。海沧区村与村之间经济发展极不平衡,按统一的要求和标准建设文化阵地是不现实的,根据实际情况,就地取材成为海沧村文化阵地建设的捷径。

前几年,进入学龄儿童人口高峰期,许多村庄纷纷盖校舍,这几年,人口出生率逐年下降,教育部门为了优化教育资源,根据村居座落特点,小规模的小学根据村居座落兼并,兼并后,原有的校舍空置下来,这空置的校舍经过整修建后可以成为周围村落的文化活动中心,完成了低投入、高效使用的效果,东孚镇后柯村目前的文化活动中心就是在原来的小学上改建的,那里的村民骄傲地说,虽然我们的小学被兼并了,我们的小孩要往外跑,但是我们却有文化活动中心,周围村庄的大人都得往我们这里跑。

二、提供待遇保障,加强农村文化队伍建设

加强农村文化队伍建设是农村文化建设的保证,它直接关系农村文化的兴衰,为了充实和稳定文化队伍,加强村级文化活动场所管理,让文化阵地使用率实现最大化,充分发挥现有农村宣传文化阵地的作用,海沧区委宣传部、区文体局、区文明办联合发文,实行村级文化活动场所管理人员补贴的决定。

决定里明确补贴对象为目前已建有文化活动场所,具备独立的图书阅览、文艺活动、体育活动等功能,总面积在 100 平方米以上的行政村;每村一名;每人每月 300 员;经费由区、镇、村三级共同承担的办法,区级 200 元(宣传部 100 元、文体局、文明办各 50

元),镇、村各承担50元。只要热心社会工作、关心热爱集体、责任心强具有初中以上文化程度的本村村民,均可按要求填写申请表,送镇审核签署意见,再由镇送区审核。提出补贴申请的村要加强对文化活动场所及其管理人员的管理,要做到文化活动场所管理办法、管理人员姓名、照片、职责等上墙,文化活动场所每天开放时间不少于6小时,具体由各村自定。区、镇要加强对村级文化活动场所的指导、监督和检查,如发现没有实际配备管理人员而虚报补贴或将补贴挪作他用的,区、镇将立即停发补贴,处理相关责任人员,每个管理员任期一年,在这期间,只要符合条件的村民均可申请,村里可视具体情况继续聘用或重新调整。

三、因地制宜,找准切入点,激活农村文化

任何载体和活动只有从人民群众的根本利益出发,才能为他们所接受并吸引他们共同参与,要增强农村文化阵地的吸引力,激活农村文化,关键是要在活动载体和内容上对接广大农民的需求。新时期的农村仍是高度松散的结合体,村民因文化教育和兴趣等各种原因层次差别极大,市场经济的深化造就了农村多元化的文化需求,因此,所有的活动应该贴近需求、贴近农村实际、贴近时代脉搏才能吸引村民积极参与。

我区根据农村文化生活贫乏和法律意识淡薄及对科技的需求出发,联合政府、司法、妇联、科技等部门开展"文化下乡"和"法律、科技、卫生、美德"等主题活动,让文化活动,法律、科技、卫生等知识走进农村千家万户,丰富农民的精神文化生活,提高农民法律意识,增强农民致富本领,提高农村文明素质。其次,在开展文化下乡的同时深入挖掘民俗文化中的积极因素,大力弘扬传统文化活动,实现村民和专业表演人员的互动活动。海沧区有着深厚的文化积淀,南音、高甲、舞龙、耍狮、龙船、蜈蚣阁、答嘴鼓、腰鼓舞等活

动既能彰显传统文化,又能为村民提供娱乐的机会,还能实现传统文化和现代文明的有机结合。

实践证明,把服务农民放在首位,扎实工作,让更多的农民受益,必能走出一条让农村文化事业健康发展的新路子,也必能有效推进农村文化建设,不断丰富和充实农民的文化生活。

浅谈保护海沧民间文化的几点对策[①]

优秀的民间文化是民族精神情感、道德传统、个性特征及凝聚力、亲和力的载体,是普通百姓世代相传的文化财富,也是我们发展先进文化的精神资源和民族根据。海沧历史悠久,陶瓷窑坊的烟火、慈惠济世的香火、抗倭御侮的烽火、百姓安居的炊火,构成一幅幅古代海沧人民的生活画卷。

海沧民间文化异彩纷呈,有"贞庵人生儿子——加江(贞庵人多姓江,加江为多余之意)"的民间谚语,有《安童买菜》《天乌乌》等传说歌谣,有歌仔阵、八音阵、踩高跷等民间歌舞,有《火烧楼》《安安寻母》等歌仔戏,有答嘴鼓,有少林五祖鹤阳拳,还有蜈蚣阁……这些民间文艺如同一颗颗未加磨制的珍珠,散落在群众生活的深广海洋中。

海沧将建设成为厦门的新工业区、新港区、新市区;海沧的"三农"将实现"三个转变"——农民向市民转变、农村向城市转变、农业向第二、三产业转变。社会加速转型,变革激烈,海沧区绝大部分农村村民将随着开发建设的进程而搬迁,住地将就地改造,农耕文明将迅速瓦解,农耕文明创造的各种民间文化自然也要面临不同程度的破坏和消亡。海沧民间文化体现的火热生活,讴歌了美

---

① 2005年参加厦门市文化广电新闻出版局主办的群文研讨会,收入《厦门市2006年群文研讨会论文汇编》。

好事物,表达了劳动人民的喜怒哀乐,一旦流失殆尽,便不可再生。保护民间文化具有重要意义,需要深入基层,扎实工作,进行民间文化的挖掘搜集和及时抢救。

一、搜集普查,摸清家底

一是成立专门机构和队伍,加强队伍的培训,根据《福建省民族民间文化保护条例》的规定,制定海沧民间文化保护工作的整体方案和分布实施细则,既要有针对性地做好阶段性和突击性的挖掘抢救工作,更要采取长期有效的措施,常抓不懈。

二是尽快在全区范围内举行大规模的文化普查,摸清民间文化资源的现状,为做好管理保护工作打下良好的基础。

三是充分发挥镇文化站、村组文化活动中心和老人协会及村学校的作用,在广大农村建立民间文化搜集点,组织文化宣传工作者进行拉网式搜集。

二、整理保护,去粗取精

一是对正处在自然损耗、消磨毁坏的过程中的民间文化资源、资源加予爱护,能保留的尽量保留,难以保留的应以照相、录像、录音以及文字描写记录等各种手段加以保存,对于地方独有的濒临消亡的民间文化门类(像"答嘴鼓"等),更应该原汁原味地保存起来,作为日后甄别、选择、提炼和创作的丰富源泉。在拆迁中,对有较大影响的寺庙、祠堂进行易地搬迁,给海沧留下些历史的回忆。

二是建立文艺资料馆,尽快向民间广泛征集即将被毁坏丢弃的或可能流失的民俗文物,必要时从居民身边手头收购一批濒临失传的珍贵民俗文物,作为文艺资源馆的主要藏品来源,对民间积极捐献民俗文物的义举要给予相当的鼓励或优厚的奖励。

四是与有关部门或民间文化研究团体合作,对海沧的民间文化资源进行科学分析,修改整理,提炼升华。针对有些作品荤多素少、俗多雅少的情况,对情节低俗、用词粗糙的进行修改剔除、净化过滤,使之积极上进、格调健康、雅俗共赏,提高民间文化的艺术价值。例如对民间祭祀音乐、舞蹈等艺种进行整理改编,消除其封建迷信色彩,使其腔韵、造型更具有美的特点,能登大雅之堂。对民间传统庙会要堵疏结合,正确引导,使原本用于祭神拜佛的传统庙会成为民间的文化节,产生积极的社会影响,丰富群众的文化生活。

三、资源开发,传承繁荣

一是在中小学校以不同的方式设置相关课程,以适当方式将民间文化研究成果编入校本课程教学,以便在青少年一代中推广和普及这方面的知识。

二是经常举办各种文化节,利用节假日开展各种群众文化活动,最大限度的利用文化载体,改造民间传统节日,化腐朽为神奇,达到为我所用的目的;在推进新一轮跨越式发展中,要善于敢于打"民俗牌",做到"文化搭台,经贸唱戏",使民间传统庙会注入崭新的内容。

三是与台湾的保生文化研究会等联合举办海峡两岸保生(慈济)文化节,促进两岸宗教、医学、文化等方面的交流,这既可密切两岸同胞的血缘、神缘、文缘的关系,又可加速经济建设和旅游事业的发展。还可以与商家、企业联合举办旅游节、美食节等活动,走市场化道路,将弘扬优秀民间文化和宣传企业形象相结合,加大开发力度,形成民间文化产业的雏形,推动先进文化的繁荣发展。

四、明确职责,形成合力

民间文化保护工作应以保护为主、抢救第一、合理利用、继承发展为指导方针,实行政府主导,社会参与、统筹规划、分步实施的原则,将民间文化保护工作纳入国民经济和社会发展规划中。宣传、经发、财政、文化、体育、民族宗教、建设、规划、旅游等职能部门明确分工,各司其职,共同做好我区民间文化保护工作。

浅谈"五祖拳"有效保护和传承的途径[①]

武术是我国的一块瑰宝,是中华民族宝贵的文化遗产。近年来,民族民间文化的保护问题越来越引起国际社会的广泛关注,做好这民族民间文化的保护和传承工作,加强武德教育,已成为人们关注的焦点。

位于海沧新阳工业区中部的新垵村是厦门第二大村,村民7 000多人,是远近闻名的武术之乡,南拳的一个分支"五祖拳"就源于此地。

新垵村的人们热爱武术运动的热情丝毫未减,他们参加各种民间组织的武术训练,村里的孩子早的两岁多就开始练武,十来岁的少年个个舞枪弄棒。在这种环境长大的人特别争强好胜,许多组织只注重武术套路训练,忽视对学武之人进行武德教育,很多人在习武之后变得好斗成性,习惯于用拳头说话,在和别人发生小纠纷后往往以武力解决,霸道习气逐显无遗。新垵村属海沧新阳开发区,大量的外来人口进驻新垵村,今年1至8月份,村民斗殴事

---

① 该文2006年参加厦门市文化广电新闻出版局主办的群文研讨会,收入《厦门市2007年群文研讨会论文汇编》。

件占全所治安案件的 37%，其中本地人打外地人的占到 80%。即使在校园里，外地学生也受尽本地学生的欺凌，曾出现 18 个外村学生集体转学现象，在外人眼里看来，新垵村的武术成了犯罪的根源。再者，在民间中教授孩子们习武的武师并非都是正宗五祖拳的传人，往往自身对五祖拳的套路理解不精确，甚至曲解了五祖拳的技术特点，可想而知，这样教授出来的弟子除了拳打脚踢比较有劲和灵活外，已难寻正宗的五祖拳套路，五祖拳面临着真艺失传的危险。

一、把五祖拳纳入校本课程中，德艺相济，培养真正的"少年英雄"

为了让民间武术走上正道，增强武德教育，新垵村新江小学利用校园有利条件，把五祖拳的教授纳入学校的课程体系中，从小抓起，培养真正的"少年英雄"，实属明智之举。体现在五个方面。其一，学校本身是个教书育人的场所，在这种场所练武，能净化人们的心灵，排除社会干扰，取得事半功倍的效果。其二，小学生年龄小，社会阅历浅，可塑性强，正确的引导能更好地促进良好品质的形成，也是武德的培养。其三，符合学生年龄特点，因小学生生性好奇、好学、好动，把武术课程纳入学校的教学活动中，能调动学生学习的积极性。其四，迎合了家长的心理，拓展了家校联系的平台，促进了家长和学校和谐关系的形成。其五，从学校的发展来看，办学逐步走向开放，争创特色学校成了许多学校的办学思路。因为学校是社会的学校，社会是学校的社会，只有学校和社会融为一体，才能培养出合格的人才。课程改革要求每所学校要根据地方特色，充分利用可开发资源作为校本课程，而新江小学属武术之乡，这就是可贵的课程资源。学校通过比较正规的系统训练，把武术训练与武德教育结合起来，即可强健学生体魄，又可开辟德育的新天地。

将五祖拳纳入校本课程,需要有个积累和实验的过程,可采取以下循序渐进的方式逐步把五祖拳纳入学校的课程体系之中:

第一学年,从兴趣小组入手,主要面向中高年级,以学生的兴趣和自愿为原则,每周学习两次。教授内容包含:五祖拳的历史和技术特点;祖先在习武过程中发生的各种小故事;五祖拳的基本套路。兴趣小组活动一年后,在校园内造就一定的习武氛围,同时积累一定的教学经验。把这些点滴经验随时以书面材料形式记录下来。

第二学年,将经验总结整理汇编,补充完善形成教材,特别要注重教材的实用性和趣味性,审核通过后纳入课程体系,在三、四年级的地方课程课试上,在使用的过程中,特别注重课堂上的生成资源。

第三学年,纳入课程表,利用晨练时间在全校推广,形成真正的特色,培养真正的少年英雄。

二、聘请德高望重的武师任教,让正宗的五祖拳发扬光大

"民族是文化的载体、文化是民族的灵魂"。从这个意义上说"民族文化是一个民族立于世界民族之林的标志"。保护民族文化资源是每个人应尽的责任和义务。

民间闲散的训练,让很多爱好武术的人无缘于正宗的五祖拳,而真正的五祖拳却面临失传的尴尬境地,五祖拳真传弟子如今已为数不多,且年事已高,这些堪称五祖拳这一民族文化宝贵的活资源,故必须采取得力措施,开发这民族民间文化资源,使其发挥最大的作用。

学校开办武术兴趣小组之初,就聘请了德高望重的五祖拳真传弟子邱清江(厦门武术协会教练委员会副主任)和邱武尧(厦门

市武术协会教练委员会顾问)等同志担任教练。这两位武师老当益壮,严谨治教,坚于操练,一招一式,绝不含糊,学武的学生折服于武师的风范之中,个个学得认真,练得勤恳。热爱武术的新埗村的学生家长们听说自己的孩子能到五祖拳真传弟子的传授,大力支持,不时督促,家校配合,不出几个月,就初见成效。正宗的五祖拳将发扬光大。

三、让校园武术走出校园,学武少年成为传播民族文化的使者

中国黄梅戏艺术家韩再芬说过:"在全球化的背景下,对民间艺术的保护不能只是博物馆式珍藏,要与时俱进地采用创新手法,走入市场,走近群众才是传承和保护民间艺术的有效途径。"武术来源于社会,也要回归至社会,自从新江小学成立了五祖拳武术队后,为了让更多人认识五祖拳,扩大五祖拳的影响力,学校坚持抓住各种机会组织习武队员走出校门,参加各类表演、比赛等活动,利用这一民族民间文化,打造代表新埗村新形象的文化精品,以扩大五祖拳的文化影响,让这中华民族宝贵的文化遗产重振雄风,学武少年成了传播民族文化的使者。队员们在和别人交流中增长了见识,提高了技艺,也在别人的认可中获得成功的快乐,更积极地投入练习中。

组队一年来,新埗村的新江小学武术队参加了全国多次比赛并取得不俗的成绩,参加武术学习的队伍越来越庞大。

实践证明,学校里的学武小英雄们不仅学了武艺,更重要的是他们没有一个参与斗殴事件,平时学习成绩也都很好,武术队里好人好事层出不穷,这些人变成真正的"少年英雄"。

可见,学校是使武术运动健康发展,使民族文化发扬光大的理想渠道,这些武术新苗在学校的摇篮里将茁壮成长。

俯下身子　与农民平视[①]
——浅谈如何提高"文化下乡"的有效性

据悉,从1996年以来,全国开展的文化科技卫生"三下乡"活动,为农民群众办了大量的好事实事。据统计,10年来向农村送了大量文体设施,还送图书7亿多册,送戏690多万场,送电影2 500多万场;科技人员下乡1 700多万人次,举办科技培训班410多万场,培训农民6.9亿人次;下乡医疗队36万多支,开展医疗培训1 600多万人次,义诊农民2.48亿人。"三下乡"活动已成为有关方面落实党中央关于解决"三农"问题重大决策的有效措施,受到广大农民群众的普遍欢迎。

从以上数据可以看出,政府对农村文化建设的重视,投入了大量的人力、物力、财力来加强农村文化建设,但笔者最近在农村调研中也发现了一些不可忽视的问题。

其一,送到农村的是农民不看的图书。中国地域广阔,农村差异大,北方大部分农村以种植为业,沿海地区许多农民以养殖为业,有些政府部门在送书进农村时,不管是哪里的农村,采取一刀切的方式,送上同样的图书,就好比,给没有土地的农民送上有关种植的书籍,给缺水的区域送上有关养殖的书籍,这些都是好书,可却没有哪个农民有兴趣去翻动这些书籍,长此以往,这些书籍只有束之高阁。

其二,送到农村的是农民不用的体育设施。农村文体设施简陋、破旧,这已成为不可否认的事实,可是有些单位在送文体设施

---

① 该文2007年参加厦门市文化广电新闻出版局主办的群文研讨会,收入《厦门市2007年群文研讨会论文汇编》。

下乡时，不惜重金，给农村送上跑步机之类的高档器材，对经常劳作的农民来说，这无异于画蛇添足，结果这些器械或无人使用积满灰尘，或使用不当损坏无人维修而闲置在仓库的现象。

其三，送到农村的是农民不喜欢的节目。如今，留在农村的老人小孩居多，许多老人听普通话都困难，在送戏下乡中，有的为了完成任务，随便用时尚的舞蹈和流行的歌曲及劲歌劲舞随便凑一台节目就往下送，不管农民是否喜欢，演完就算完成任务。

政府重视农村，关心农民没有错，为什么会出现这种现象，主要是政府在文化三下乡时往往是高高居上地施舍，高高居上地给予，未俯下身子，设身处地地站在农民的角度，从农民的需要出发，把农民最需要的东西送到农村去。

一、深入基层，加强调研

随着经济的发展，全社会对文化建设的要求越来越高，到底该怎么做，不能只凭政府机关坐在办公室里根据想象安排，应该结合实际情况，根据百姓需求来探讨。现在我们的政治民主已走上越来越务实的道路，公共财政要做到把每一分纳税人的钱用好，为全社会服务，政府机关人员就是要深入基层，通过调研，了解到基层到底需要什么，老百姓到底需要什么，然后才把老百姓最需要的送到农村去。

首先，到基层调研要注意调研对象的广泛性。现政府和农村存在"单线"联系现象，不管是了解情况还是上报数据，县里分管领导找镇（街）分管领导，镇（街）分管领导找村（居）分管文体村委，最后村委凭感觉上报的情况比比皆是。这往往代表不了民意，体现了广大农民的需求。所以，政府机关人员要深入基层，深入到民间去，多方了解，才能知道群众真正需要什么。

其次，要增加调研的深度性，调研活动要避免走过场，只注重群众需要什么,而不了解群众为什么有这种需要,只有沉下心来,站在群众的角度,决策才有针对性和科学性。

二、对接农民需求,加强文化下乡的针对性

随着历史的进步,虽然大部分农村还是以农业为主,但伴随着工业化、城市化、信息化的进程加快,广大农村也已步入崭新的时代。建设这个时代的农村文化,既要顺应历史发展的潮流,依靠新科学和高科技建设农村文化,又要不脱离农村实际和历史传统,有针对性地建设中国特色社会主义的农村文化。体现在物质文化建设上,一是要加大投入,以最快的速度、尽可能多地投入加强农村文化基础设施建设。二是要从全社会的角度加强和加大农村文化开发,针对农村和农民需求生产和提供优质和优秀的文化产品。三是创新农村文化活动形式,使农民喜闻乐见。既要大力弘扬优秀传统文化形式,又要善于吸纳优秀的外来文化形式,创造新时代背景下的先进的文化形式,最大限度地满足农村和农民的文化消费需求。文化下乡应该作为农村文化发展的导向标、催化剂。

(一)立足实际,充分发挥农村图书和文体设施的作用

送到农村的图书只有被借阅才会产生效益,为提高农村图书的使用效益,可提倡农民书屋建设工程,按照政府资助建设、鼓励社会捐助、农民自我管理的要求,与农村基层组织活动场所建设等相结合,稳步推进农家书屋工程建设。据了解,农民最喜欢阅读是期刊和报纸和对自己所从事专业的具有指导作用的书籍。在送图书下乡时,要根据当地实际,送适合当地农民阅读的经济、法律、卫生、文化类图书、期刊和音像制品,做到内容丰富、服务规范、农民满意,定期进行更新。

同样,送体育器材也要立足于实用,其一,送上农村传统体育

项目设施,促进传统体育项目发展和传承,海沧区在送体育器材下乡时,给渐美村送上维修和制作龙舟的资金,因为渐美村村民最喜欢的传统体育项目就是划龙舟,直至今年,该村已连续举办龙舟赛22届。其二,根据当地农民的运动喜好来加强体育设施建设。篮球是海沧农村普遍最喜爱的运动项目之一,政府把送体育阵地作为文化下乡的主要任务,把村村有篮球场作为首要的体育设施建设目标,至2006年年底,已完成村村有篮球场的目标。这种做法得到农民朋友的一致好评。

(二)变"送"文化为"种"文化

蜻蜓点水式的"送文化下乡"已远远不能满足当代农民对文化的需求,对当地农村文化建设也不过是杯水车薪;再者,送演出、送戏、送书、送电影、送科技,在很多时候,对农民来说,都是一种"喂食"式的帮助,你送什么,农民就接收什么,从文化的表现形式到产品种类,选择余地都不大,针对性不强,时间长了,农民参与文化建设的热情也就不高。尤其是对那些走出过家门、见过世面的年轻农民来说,送到乡下的文化太不解渴了。

农村的公共文化事业发展滞后是不争的事实,但农村不是文化的荒漠,它蕴藏着极为丰富的乡土文化;农民并非没有文化,他们中间卧虎藏龙。散布于广大农村的"乡土艺术家"们生在农村,长在农村,他们的艺术养分直接来自于农村,和农民有着天然的相通性,是农村文化事业中最活跃的因子。培养和激励"乡土艺术家",激发农村自身的文化活力,为农民提供展示才艺的平台,使农民成为文艺活动的主角,成为农村先进文化的践行者,在新农村文化建设中显得尤为重要。这样可以将先进文化"常驻"于农村,变"送"文化为"种"文化。

三、合理定位农村文体设施投入,提高效率

把农村文体设施投入纳入县(区)级政府的统筹规划,变送文化为建文化。县(区)、镇两级的文体设施必须由政府投入,这已为大部分人所认同,但村级文化设施也必须由政府投入或至少要有政府的政策扶持,这一点尚未被认识。村落是老百姓集聚之地,是基层文化根基之所系,没有村级文体设施,仅靠区、镇(街)两级的文体设施,80%以上的老百姓还是享受不到文化。随着经济发展,老百姓对文化需求越来越迫切,享受文化生活的呼声越来越高,但80%以上的村子都没有固定的村财收入,光靠村财来建设文体设施,难度很大。

这方面,海沧区政府做出了很好的典范,送文化改成替农村建文化,今年4—5月份,海沧投资区党工委副书记、管委会副主任率相关部门对海沧区每个农村文体设施建设情况进行走访调研,调研结束后,召开了专题会议,决定全区统一规划建设村级文体中心。第一年拟投资1 200万元,完成11个村(居)农村文体综合楼的建设,在三年内完成全区农村文体中心建设,到2010年,做到村村有一定规模的综合文化室,农民可以就近参加各种文体活动;形成与海沧所处区位相符合,与经济发展相适应,与社会总体发展相协调的农村文化新格局。此项项目建设经费由区财政统筹,内部配套设施经费由所在镇(街)负责。目前,11个村部都已明确选址,完成立项工作。

构建农村和谐社会,经济发展是根本,文化建设是关键,加强农村文化建设,既是当前农村、农业、农民实现持续健康科学发展的必然要求,也是构建农村和谐社会的有机组成部分,只有俯下身子,急农民所急,想农民所想,才能顺利突破文化发展的瓶颈——农村文化建设。

加强外资企业员工精神文化建设的调研与思考[①]

现代企业的维系和发展都需要两个纽带,一个是物质、利益、产权的纽带,另一个是文化、精神、理念的纽带,就好比"硬件"和"软件",两者互相支撑,缺一不可。企业员工的精神文化建设是企业"软件"建设的重要组成部分。

近年来,我市高度重视精神文化建设,加大文体设施建设投入,广泛开展丰富多彩的文化活动,吸引包括外资企业员工在内的广大市民参与,为外资企业员工精神文化建设提供了良好的条件。经过多年的发展,外资企业精神文化建设有了一定的基础,企业凝聚力进一步增强,尤其是成立比较早、规模比较大、发展比较好的企业,较注重企业形象和文化品位,企业的精神文化建设为许多企业长足发展提供了一定的保证。但同时我们也看到,在一些中小型企业,尤其是劳动密集型中小企业,文化建设滞后,文化服务供给不足,企业员工精神文化生活匮乏,成为文化建设的盲区。随着社会的发展,人民生活水平的提高,推进中小型外资企业员工精神文化建设势在必行。

一、外企员工精神文化生活现状

海沧区现有外资(含港澳台资)企业 342 家,从业人员 61 431 人;外资企业员工年龄以 35 岁以下居多,学历多为初中、高中,高学历员工较少。从调研看,外资企业员工精神文化生活有以下几个特点:

---

① 原发表于《群文天地》2011 年第 2 期。

(一)工会是外资企业员工精神文化活动的重要领导者和主要组织者

区工会成立企业工委,加强对外资企业工会的领导,通过区工会参与调解各类劳资纠纷案件、办理企业工伤事故、慰问伤病残和补助困难职工及助学对象、举办各类主题活动、专题晚会、运动会、放映职工教育影片,做好维权维稳、扶贫济困、素质培训、文化建设等工作。企业内部举办的各种培训、文体活动由工会组织,结合元旦、春节、劳动节、国庆节、中秋节等节日开展庆祝活动,举办歌咏比赛、演讲比赛、棋类竞赛、员工运动会、文艺联欢会等,通过活动丰富员工业余文化生活。例如:正新实业有限公司每年定期举行乒乓球赛、篮球赛、拔河比赛等各项赛事活动;定期举行游园活动、联谊活动、文艺演出等;定向举办助学活动,帮助员工子女接受更好的教育,这些活动均由工会发布通知,由各部门推举年轻活动跃的员工组织实施和参加。

(二)外资企业员工精神文化生活的内容以技能培训和文体活动为主

在调研中,我们发现个别规模较大的企业形成一定的企业文化特色,如日月谷以"诚信教育、行业文明"为企业文化特色,建立三级服务品质保障制度,荣获全国"诚信维权单位""厦门市旅游品牌企业"等荣誉;明达实业有限公司以员工素质教育为特色,设有多间培训教室、员工电视厅、图书馆等设施,每月组织观念教育、英文课程、专业知识等培训,鼓励员工参加自学考试,取得大专学历者,公司给予一半学费补助。同时,我们也发现大多数企业的精神文化建设主要内容比较固定,形式比较单一,多数以技能培训和文体活动为主。如王氏明发打火机公司在建厂时就建有篮球场、羽毛球场、乒乓球室等体育设施和培训教室,每年举办一两次娱乐性运动会,利用业余时间举办猜谜、象棋、围棋跳棋、扑克牌比赛等活动;加贺金属等中小型的企业,或由于缺少场地或因为场地被占用,员工只能自发开展娱乐性的活动或不开展活动。

(三)共建活动拓展外资企业员工精神文化生活内涵

调研发现,大多数外资企业精神文化建设仅限于内部,与外界交流较少;有些规模较大的公司、集团,除组织好员工技能培训、文化活动外,还注重员工的素质教育、思想教育,注重与所在地社区、学校开展合作共建、交流活动。正新实业与集美职业技术学校校企联合,成立正新橡胶学院,常年设大中专各两个班,每年择优录取大、中专班各100名,资费由公司支付2/3,员工资付1/3,结业后公司承认学历并调升薪资;钢宇公司投入重资建设多功能活动中心,组建合唱队,与东孚镇、寨后村共建,组织合唱队、文体骨干参加东孚镇组织的农村文化活动,进村汇演、开展联谊活动,组织员工到龙佳山庄、天福观光茶园开展户外拓展活动;翔鹭集团组建篮球队、游泳队、龙舟队,参加海沧街道组织的各项比赛,与渐美村共建,年年举办端午龙舟赛。这些共建活动促进了企业员工参加素质教育、文体活动的热情,促进了企业与社会的交流融合,提高了企业精神文化品质。中小型劳动密集型企业未开展与其他单位共建活动。

(四)上网成为大部分企业员工业余文化生活的主要内容

大部分劳动密集型的中小型企业分布在新阳、东孚等工业区,企业员工劳动强度大,交通不便,文化设施匮乏,业余生活单调,网吧成了他们的主要去处,上网成为他们业余生活的主要内容。

(五)员工集中或分散居住对企业文化活动开展产生不同影响

自建公寓的外资企业员工居住相对集中,企业组织活动方便、频繁、效果好。许多外资企业的员工基本分散居住在周边的农村和社区,有的企业不组织活动,有的企业说由于居住分散,工人业余时间急着回家,即使组织活动员工参与的积极性也不高,久而久之,就弱化了员工的精神文化建设。

二、外企员工精神文化生活存在的问题

(一)外企决策层对员工精神文化生活重视意识不够

外资企业人员结构具有其特殊性,其决策者和高层管理者与员工的文化背景差异很大,决策者存在忽视和无法对接员工精神文化需求的现象。

(二)外企管理的后勤服务社会化趋势弱化了对员工精神文化生活的责任

与以前企业办社会的旧管理理念和模式相比,现代企业管理注重推进员工后勤服务的社会化,企业员工的吃、住、娱等后勤事务主要由社会承担,这一方面可以把企业从繁杂的后勤事务中解放出来,集中精力发展生产和经营,但另一方面也弱化了企业对员工精神文化生活的责任,客观上导致许多企业在员工文化生活经费投入、设施建设、活动开展等方面未能发挥应有的作用。

(三)文化服务不配套

外企员工大多为外来员工,他们大多就近租住在工业区旁边的村(社区),但这些村(社区)普遍存在空间小、租住人员多的特点,受空间限制、投入不足、人口密度大等因素的影响,这些村(社区)的文化体育设施配套和活动开展总量小、水平低,不能较好地满足员工业余精神文化生活需求。

(四)城市功能配套相对滞后于工业区开发步伐

特别是城市公共交通系统尚不能快速便捷地满足新开发工业区员工出行需要,影响员工业余文化生活质量的提高。

(五)外资企业与外界文化交流活动匮乏

企企、政企、企业与村(居)等之间的各种文化交流活动较少,企业员工在上班时与机器打交道,下班又缺乏丰富的文化生活,许多员工的工作生活处于单调贫乏的"两点一线"状态。

三、加强外企员工精神文化建设的意义

企业文化在经营管理中具有导向、凝聚、激励、融合的作用。良好的人文环境,是企业经营管理目标顺利实现的重要依托。在企业文化氛围中,职工通过耳闻目睹,会自觉不自觉地接受企业的共同理想和价值观念,对职工的思想、性格、情趣、思维方式等产生潜移默化的影响,使职工将自己融合进企业之中,形成和谐的整体。企业没有员工共同信奉的价值观,没有强大的精神动力,没有良好的文化氛围,这个企业就不会有生命力,更难以想象会有更大的创新和发展。

中小型企业由于规模小、发展时间短,企业管理水平普遍较低,相当一部分甚至是不规范经营。很多中小企业主认为,中小型企业关键是生存,谈不上企业文化建设问题,这使得中小型企业的文化建设滞后、落后。

企业文化的核心是精神,是观念,而观念和精神的载体是人,企业文化建设首先应该加强的企业员工的精神文化生活建设,才能营造充满激情的工作氛围,提高企业的管理水平和经济效益。

四、加强外企员工精神文化建设的对策思路

(一)理念先行,充分发挥企业在
员工精神文化建设中的积极作用

通过组织举办企业决策人员关于员工精神文化生活方面的专题讲座、情况通报、座谈交流等活动,让更多的企业决策人员树立"精神文化建设也是生产力"理念,从而在经费投入、设施建设、活动开展以及工会机构建设等方面更加主动关心并积极推动企业员工精神文化建设。

(二)履行职责,充分发挥政府在
外企员工精神文化建设中的主导作用

在推进工业区特别是离城区较远的工业区开发建设过程中,应同时考虑就近规划建设配套生活区,尽量便捷高效地满足工业区员工吃、住、娱等生活需求。对工业区旁边已经形成的外企员工聚居的村(社区),政府应加大这些区域的文体设施建设和文体活动开展的经费投入,保障员工享受到基本公共文化服务。

(三)强化队伍,充分发挥各类队伍在
外企员工精神文化建设中的主体作用

一是发挥工青妇等群团组织作用。加强外企工青妇等群团组织建设,各级群团组织要加强联动,积极广泛组织开展形式多样的外企员工文化娱乐活动,丰富外企员工精神文化生活。二是发挥市区文艺骨干队伍作用。组织文艺轻骑队深入企业和外企员工聚居的村(社区)开展慰问表演活动,鼓励文艺骨干积极参与开展外企文化活动的辅导组织工作。三是组建外企文体队伍。利用外企员工结构多元化的特点,指导外企组建文艺、体育队伍,培养一批

文体活动骨干,加强对外企文体骨干的关心、引导和管理,充分发挥他们在传承和发展企业文化方面的作用。

(四)建立机制,充分发挥共建机制在
外企员工精神文化建设中的重要作用

要加强企业之间、政企之间以及企业与村(居)之间的互动交流,促进相互之间的文化交流与共建。一是政府部门应为企业架起活动的桥梁,多组织企业间的体育比赛、文艺汇演、书画巡展等活动,确保政企之间、企业之间能够加强联络、拓宽路子、拓新形式。二是建立大企业与中小企业以及企业与村(居)结对共建制度。用一对一的方式,以大带小,通过结对互动,带动和培育中小型外资企业和村(居)文化建设。

海沧区外资企业员工精神文化生活状况调查问卷统计结果

本问卷调查采用分层抽样的方法,以无记名的方式,抽取海沧辖区具有代表性的十家大中小型外资企业(正新轮胎、明达塑胶、威迪亚、日月谷、翔鹭石化、南亚塑胶、众达钢铁、钢宇、加贺金属、王氏明发)的管理人员和普通员工代表以及居住在渐美村、石塘村、新垵村、霞阳社区的外资企业员工代表进行问卷调查,共发放问卷100份,收回100份。以下每个选项后面的括号内为统计的投票比例或票数。

1. 您的年龄:
    A. 20～35 岁(62%)
    B. 36～45 岁(27%)
    C. 45 岁以上(11%)

2. 您的学历：
   A. 初中及以下(18%)　　B. 高中或中专(45%)
   C. 大专(31%)　　　　　D. 本科及以上(6%)
3. 您所在的公司对员工的文化生活：
   A. 重视(39%)　　　　　B. 一般(53%)
   C. 不重视(3%)　　　　D. 不好说(5%)
4. 您所在的公司为员工建设的文化设施：
   A. 较多(38%)　　　　　B. 较少(55%)
   C. 没有　　　　　　　 D. 不知道(7%)
5. 您认为公司有必要为员工建设文化设施吗？
   A. 很有必要(69%)　　　B. 一般,有比没有好(29%)
   C. 不必要(1%)　　　　D. 跟我没关系(1%)
6. 您所在的公司组织举办的员工文化娱乐活动：
   A. 较多(35%)　　　　　B. 较少(62%)
   C. 没有(2%)　　　　　D. 不知道(1%)
7. 您对公司组织举办的员工文化娱乐活动：
   A. 满意(25%)　　　　　B. 较满意(54%)
   C. 不满意(4%)　　　　D. 不好说(17%)
8. 您认为公司有必要组织举办员工文化娱乐活动吗？
   A. 很有必要(66%)　　　B. 一般,有比没有好(29%)
   C. 不必要(2%)　　　　D. 跟我没关系(3%)
9. 您居住的村(社区)有否外来员工可以使用的文化设施？
   A. 较多(31%)　　　　　B. 较少(50%)
   C. 没有(9%)　　　　　D. 不知道(10%)
10. 您居住的村(社区)举办的外来员工可以参与的文化娱乐活动：
    A. 较多(37%)　　　　　B. 较少(42%)
    C. 没有(8%)　　　　　D. 不知道(13%)

11. 您每天可自由安排的业余休闲时间平均为：
    A. 1～2小时(30%)　　　B. 3～4小时(44%)
    C. 5～6小时及以上(22%)　D. 几乎没有(4%)

12. 您的业余文化生活方式主要有(本题可选择多项)：
    A. 看电视(61票)　　　B. 看电影(18票)
    C. 上网(60票)　　　　D. 阅读书、报、杂志(38票)
    E. 玩棋牌(9票)　　　 F. 唱歌跳舞(10票)
    G. 体育锻炼(31票)　　H. 其他(12票)

13. 您平均每天看电视：
    A. 1小时左右(47%)　　B. 2～3小时(42%)
    C. 4～5小时及以上(4%)　D. 几乎不看或没电视看(7%)

14. 您平均每天上网：
    A. 1小时左右(35%)　　B. 2～3小时(29%)
    C. 4～5小时及以上(12%)　D. 很少上网或从不上网(24%)

15. 您平均每周阅读：
    A. 1～2小时(44%)　　 B. 3～4小时(22%)
    C. 5～6小时及以上(15%)　D. 很少阅读或从不阅读(19%)

16. 您阅读的书籍主要是：
    A. 专业类(21%)　　　 B. 文学艺术类(15%)
    C. 休闲类报刊(44%)　 D. 其他(20%)

17. 您对业余时间看黄色书刊、光碟或赌博现象怎么看？
    A. 不赞成，不参与(68%)
    B. 不赞成，不参与，但可以理解(28%)
    C. 赞成，也参与
    D. 偶尔参与，消磨时光(4%)

18. 您业余时间参加培训、进修学习：
    A. 经常参加(7%)　　　B. 偶尔参加(67%)
    C. 从未参加(26%)

19. 您认为公司、政府、社会组织的企业员工各类培训活动：
　　A. 较多,能满足需求(39%)
　　B. 较少,不能满足需求(61%)

20. 您对所在公司、政府部门、居住的村(社区)在加强企业员工精神文化生活建设方面还有什么需求和建议？

　　主要需求和建议汇总如下：

1. 建议靠近工业区的村(社区)多建一些公共休闲、娱乐场所,多举办一些文体活动；

2. 多开辟外来员工活动场所,建好图书室,增加文化书籍,类型要更广泛、多样；

3. 希望政府多建设一些体育锻炼场所和设施,满足员工体育锻炼需求；

4. 公司间的活动较少,政府部门应为企业架起活动的纽带,多组织企业间的体育比赛、文艺汇演、书画巡展等活动,确保政企之间、企业之间能够加强联络、拓宽路子、拓新形式；

5. 建议多组织艺术团等进企业开展表演活动,丰富员工业余生活；

6. 建议多举办一些提高综合素质或相对专业的培训；

7. 建议组织各类形式的兴趣爱好协会,更多吸纳企业员工参与,扩大员工交流交往范围,丰富员工生活,提高员工素质；

8. 区内重大活动等信息等在新阳、东孚片区也要加强宣传通报；

9. 建议优化新阳、东孚片区公共交通,方便企业员工上下班出行,为企业员工丰富业余生活创造更好条件。

我的群文工作

加强安置社区文化建设，推进城乡文化建设一体化[①]

关键词：安置社区　文化建设　一体化

摘　要：近年来，市委市政府高度重视文化建设，采取一系列政策措施，推进重点文化工程建设。组织开展形式多样的活动；积极培育文化市场；广泛开展文化科技卫生"三下乡"，群众精神文化生活得到大力改善，文化建设呈现较好的发展局面。同时也要看到，我市文化建设与全面建设小康社会的目标要求，与经济社会的协调发展，与群众的精神文化需求的增长还存在着不相适应的地方——作为土地被征用后安置在政府统建的安置小区的新社区居民，无法享受和其他农村、社区一样的文化生活，成为文化建设遗忘的角落，主要体现在安置社区文化基础设施建设相对滞后，现有信息资源尚未得到更有效的利用，文化服务供给不足，文化活动相对贫乏，城乡文化发展水平尚有一定差距。这些安置社区成为文化建设的盲区。随着厦门城市化进程的发展，推进城乡一体化文化建设势在必行。

一、关于部分安置小区的调查

（一）兴港小区调查情况

兴港小区位于海沧兴港路边，环境优美，交通方便，距离海沧行政中心直线距离不到200米，是海沧最大的拆迁户安置区，从

---

① 原发表于《大众文艺》2012年第2期。

2002年开始分四期建设,整个小区可安置4 081户,总建筑面积441 450.54平方米。第一期建设19栋608户房早已通过验收交付使用,并从2004年开始,小区陆陆续续地安置了233多户来自温厝村长园社、肖坑、洪坑的拆迁户。

在小区内,冷冷清清,极少看见来往的人员,因为极低的入住率,导致楼下一排排店面基本空置着,尽管楼与楼之间的绿化有人管理,但在道路旁的空地上却种着豆子、丝瓜等蔬菜。

小区物业管理人员21个,据了解,入住小区的住户四年来未交过物业费,物业管理成本一年达到120万元左右,所有产生的费用由政府负责支付。

(二)京口岩安置小区的调查

京口岩安置小区位于兴港路与嵩屿中路交界处的西侧,毗邻未来海岸。总占地面积86 979平方米,总建筑面积193 970.06平方米,有37幢建筑,共2 087户,一期2006年12月投入使用。目前交房41户,入住9户,均为后井村石甲头村民。小区内路灯、信报箱、宣传栏、垃圾桶等均已设置到位,小区物业管理由公用事业公司负责,为了吸引搬迁户入住,政府给予五年内免交物业管理费、水电公摊费的优惠条件,每年政府也将为此小区支付近120万元的管理费。

从两个安置小区的调研了解到:居住在小区的居民除了无聊还是无聊,有70%的住户对目前的生活环境不满意,他们认为住小区约束多、人情淡,最重要的是,年轻人可以外出打工,老年人没有一个去处,小孩假期也没有一个可以活动的场所。平时除了打打牌、赌赌六合彩外已无事可做,小区的部分绿地成了住户的菜地。他们最期待的是原来村里延续下来的一年一度民俗活动,尽管如今因为环境的差异办起来无法尽兴,但这成为他们一年一度唯一的集体活动。在和安置居民接触中,发现居民普遍存在精神颓废,缺少生机,聊天时语气透出许多无奈和怨恨。

两个拆迁小区都位于环境优美的兴港路旁,入住率如此低下,是个值得探讨商榷的问题。

二、存在问题原因分析

文化是一个民族的根、一个民族的魂。就农村而言,文化具有其他社会要素无法取代的作用,如海沧许多村落每年举行的蜈蚣阁进香、送王船、龙舟赛、祭祖等民俗活动,成了凝聚、整合村民的力量。但如今村民被分散安置到政府建设的安置房中,和其他村落的村民组成新的群体,形成新的社区,这些原有的农民一转身变成居民,这些居民虽然都能相应地得到一些征地拆迁补偿款,但是离开滋养他们长大的土壤,没有他们原来所寄托的民俗文化,失去文化的根;再者,由于这些居民原有的知识程度较低、阅历有限,他们无法马上自觉接受城市文化并融入城市生活中。于是他们变得茫然、无所适从,这使社区成为城市的边缘地带,村不村,城不城。造成这种状况有以下四个方面的原因。

(一)安置社区的文化建设尚未引起重视

社会对安置社区的文化建设重要性认识普遍不足,安置社区文化建设未引起各级领导的充分重视,长期以来,存在重经济建设轻文化建设,重补救轻预防等现象,安置社区文化建设缺少最基本的保障机制。

(二)硬件规划建设,缺乏人性化的关怀

政府在规划建设安置小区时,侧重于为安置而安置,忽略了安置人员对小区建设的文体设施需求,缺乏对安置人员的人性关怀。结果出现小区内无一处文化设施和文化活动室,也没有规划和预

留文体活动场所用地的现象。

(三)缺乏对民俗文化的尊重

作为中国传统民俗文化重要部分的家庙、宗祠,是村民精神依托的根,是他们精神生活不可或缺的部分。村民们一旦离开宗祠,离开家庙,便意味着失去精神家园。许多待搬迁的村落都有共同的宗祠,安置小区则基本以村落为单位集中安置,安置时,较少考虑宗祠、家庙,并未一起考虑和规划,导致拆迁居民产生背井离乡之感,不想离宗离祖的村民拒绝搬迁和被安置。

(四)软件建设薄弱,文体骨干资源极度匮乏

安置社区的住户中,中青年人都外出打工,留守在社区的大部分属于妇孺老幼,这一群体文化程度低,许多人听不懂普通话,无法和外界进行有效沟通,无法及时融入城市生活中,缺乏能组织、召集的热心人才和文体骨干力量来自发地开发建设社区文化。

三、采取适当措施,实施城乡一体化文化建设

(一)提高认识,建立机制

政府各部门既要认识到建设好安置小区的重要性,也应认识到加强安置社区文化建设的重要意义。要从建设和谐社会的高度来认识安置社区的文化建设问题,高度重视社区与安置社区文化协调发展,把加强安置社区文化工作作为维护居民利益,保障居民文化权利来抓,着力改善和丰富安置社区居民的精神文化生活,不再让失地的农民感到流离失所,不再让失地的农民失去他们的精神家园。

(二)设立安置社区文化建设专项资金

随着城市化步伐的加快,文化设施建设的重点也应适当向安置社区倾斜,要充分考虑城乡文化设施的差别,重点发展安置社区的文化设施和文化活动场所,构建完善的公共文化服务网络。

政府财政要统筹规划,加大对安置社区公共文化事业建设的投入,扩大公共财政覆盖边缘社区的范围,不断提高用于安置社区的比例,保证安置社区公共文化服务体系建设和开展文化服务活动的经费投入。

(三)把安置社区文体设施建设纳入总体建设规划中

在规划建设安置社区时,要把社区文体设施纳入总体规划中,充分考虑相配套的公益性文化、体育设施,留足用地,合理布局。开发商在建设时,政府有关部门要把好规划和建设关,把提高社区硬件条件作为吸引拆迁户入住的主要手段,让居民自动缴纳物业管理费,最终达到双赢的目的。

(四)建立健全社区行政管理机制

在社区居民未入住前,明确社区行政隶属管理,让管理人员先行入住小区,做好入住居民的有关服务的工作,避免村不管城不管的现象。在条件将要成熟时,降低安置社区成立居委会的标准,尽早成立居委会,让入住的居民及时得到政府的关怀,感受到安置社区的温暖。

(五)尊重民情及地方民俗文化

在建设之前,政府部门要深入基层,加强调研,征求安置居民对安置小区的建设要求,充分考虑和尊重村民们的生活习惯、乡土民情及传统的民俗活动,科学规划和合理安置村民祭祖的宗祠、家庙,为村民开展民俗文化活动的场所提供必要的场所。

(六)组建社区文化队伍

发展安置社区文化事业,提高文化工作水平,关键是健全社区文化队伍网络,提高文化工作者的素质。

一是依照海沧区委区政府关于村级"文化协管员"作为农村"六大员"而享受本年度政府津贴的做法,为安置社区配齐文体协管员。

二是完善文化辅导员制度。由社区选送热心文化事业的人到市、区文化馆培训,通过举办培训班、讲座报告会等形式,提高文化工作者办文化、管文化的能力和整体素质。鼓励他们利用业余时间从事社区文化活动的辅导、组织。

三是加强安置社区业余文体队伍的建设。区文化馆帮助安置社区组建一两支文艺队伍,培养一批文化活动的骨干。挖掘安置社区民间艺人,加强对民间艺人的关心、引导和管理,充分发挥他们在传承和发展民间传统文化方面的作用。

(七)积极开展社区文化活动,创新社区文化活动的内容和形式

创新安置社区文化活动内容和形式,大力弘扬优秀传统文化形式,鼓励居民挖掘和传承原有的乡村民俗文化,扶持民俗文化的开展,做好原村与村之间的文化交流,把保护非物质文化遗产和构建公共文化事业、文化服务体系结合起来,创新文化活动内容,改进和提高文化活动形式。促进安置居民从农村到社区文化活动的过渡,逐步培养安置社区自身文化的造血功能。

(八)建立文化援助机制

建立文化援助机制,加强新旧社区和农村之间互动,促进新旧社区及农村文化的共建。

建立城市社区、行政事业单位和安置社区文化建设对口支援制度。把安置社区文化建设纳入对口扶贫计划，建立和完善城市对安置社区的文化援助机制。用一对一的方式，以城带乡，通过社区、行政事业单位和安置社区的结对互动，来带动和培育边缘文体队伍的逐步壮大，支援安置社区文化建设。还可加强安置社区和农村文化的互动，继续传承和发展优秀的传统文化，让安置社区居民在互动中找到精神的归属。

总之，经济、环境等要素是新社区建设的"硬实力"，文化则是社区建设的"软实力"。文化活动具有娱乐身心、移风易俗、沟通人际关系、提高人的文明素养的特殊功能，这些功能是经济类项目所不可代替的，尤其在各种思想意识、价值取向、发展观念互相冲击、碰撞之际，文化的特质更显示出"硬实力"不可替代的特殊作用，实施文化战略是新社区建设的强本固基之举。建设安置社区，实施城乡文化一体化建设，重要的是需要基层政权组织和广大居民在加快经济发展、改善自然和社会环境的同时，建立起适合于安置社区建设的文化观念。一旦这种文化观念形成并深入人心，就能够在思维方式和行为习惯的层面上发挥其广泛、稳定而持久的影响。

构建完善公共文化服务体系，为打造健康生态新区服务[①]

摘　要："生态城市"强调人与自然和谐，为人的健康和发展提供良好的环境；"健康城市"要求健康社会、健康环境、健康人群协调、持续地向前发展，"健康生态新城"涵盖健康产业、健康人群、健康环境和健康社会等四大领域。海沧具有打造健康生态新城的基

---

① 原发表于《艺术科技》2014年第4期，写于2011年。

础条件,生物与新医药产业初具规模、休闲度假旅游产业初现成效;健康水平位居前列、构建了区、镇(街)、村三级健康服务网络;人均绿化水平全市领先、垃圾处理情况良好、公共交通四通八达;公共文化服务体系较为完善、开展健康社会构建系列活动;社会保障水平较高等等。

构建公共文化服务体系是打造健康生态新区的重要元素之一,完善公共文化服务体系,为打造健康生态新区创设更好的基础条件,海沧区文化馆就此问题开展调查研究,全面了解海沧区在打造生态健康城市中公共文化服务体系的基本情况并就此提出意见。

总的来说,海沧区委区政府高度重视海沧区公共文化服务体系建设,近几年来,在软硬件上双手抓,丰富了群众的文化生活,满足了群众日益增长的精神文化需求。但同时,我们也看到,在公共文化服务体系建设中,也存在文化服务网络、文化队伍建设不健全、文化服务资金投入不均匀等现象。随着海沧健康生态新区的建设发展,构建完善的公共文化服务体系势在必行。

一、构建完善公共文化服务体系的标准

(一)设施网络建设

(1)公益性文化设施实现市、区、镇(街)、村(居)四级全覆盖。区文化馆、图书馆均达到部颁二级以上标准。

(2)公共图书馆人均占有藏书1册以上;区图书馆平均每册藏书年流通率1次以上。

(3)公共文化设施设置率和覆盖率达到100%,公共文化服务的受益率达到70%以上。

(4) 100%镇(街)、社区建有标准配置的公共阅览室和全国文化信息资源共享工程基层服务点。

(二)服务供给

(1)公共文化设施内的电子阅览室等服务时间不少于56小时,文化馆等每周开放时间不少于42小时。

(2)组织电影放映、文艺演出,群文文艺活动,群众人均参加活动的时间每周不少于7个小时。

(3)组织流动演出、流动展览、图书流动等服务。

(三)人员编制

(1)镇街文化站人员编制3名以上,每个村居至少配备一名财政补贴的文体协管员。

(2)区级文化事业单位业务人员占职工总数不低于80%。

二、我区公共文化服务体现建设的现状

(一)设施网络建设逐步推进

海沧区委区政府高度重视公共文化体系建设,近年,文体设施投入3个多亿,建设了区级文化中心和一部分村级村民服务中心,目前,建设文化场所40 000多平方米,其中海沧区文化中心近30 000平方米,镇街及各村居村民综合服务中心文化活动场所近10 000平方米。

(二)文化供给日趋丰富

其一,精心以组织策划文艺演出和活动为主线,推进文艺精品创作和生产。近年来,开展各类文化活动200多场次、播放电影

200多场,协助镇(街)做好文艺下乡、流动图书进校园下基层和征文比赛等活动,协助企业、学校做好各种文化建设活动。

以重大演出和活动为契机,加大艺术精品和群众性文艺作品创作,推动文艺创新,打造特色品牌,涌现出一批如舞蹈《龙的传人》等文化精品。

其二,着力打造品牌文化活动。近几年,为了让广大群众都充分享受文化生活,海沧区对接农民的文化需求,因地制宜,创设了由农民作为舞台主角的农民歌手唱好歌"温馨海沧"文化系列活动,这项活动走遍海沧的村落,被海沧人民喻为海沧的"同一首歌",成为海沧品牌文化活动。

其三,加大对有线电视"村村通"工程的建设。农村入户率达到90.46%,率先实现90%的入户指标,成为岛外第一个实现入户率超过90%的行政区。

其四,引进厦门歌舞剧院精品文化,在海沧区文化中心广场演出,让群众免费享受到高雅的精品文化。

(三)文化队伍逐步完善

区里设立了文化馆、图书馆、少体校等文化服务机构,村居聘任了37位文体协管员从事文体工作,充实基层文体队伍。海沧街道和东孚镇设有独立的公共文化服务机构和人员编制。

组建各类业余文化队伍150多队,其中,村村都有腰鼓队和排舞队;成立文化社团6个;少年儿童艺术培训基地5个;各类文艺队伍每年共计演出120多场次;选送的各类优秀文艺作品在全国、省、市级的评选中获得40多个奖项。

三、我区公共文化服务体现建设存在的问题

一是文化阵地建设网络不健全。街、镇阵地建设速度相对滞

后;海沧区建区已8年多,海沧街道文化站面积300多平方米,人口剧增的新阳街道和东孚镇的文化中心尚在建设中。尽管近年来政府大力推动村居文化活动中心的建设,但仍有近一半的村居尚未完善文化活动场所建设。二是文化投入资金分配不均匀,重硬件建设,轻软件扶持。近几年,投入硬件建设近三个亿,但在软件建设,资金投入方面重视不够,区级财政对文化培训、文化活动、队伍建设等软件投入仅有少量的经费预算,而镇街财政在文化软件投入基本为零预算。三是文化场所建设和管理不相适应。重投入建设,轻使用管理,文化资源保护力度与城市建设的速度不相适应。四是文化干部无法做到专职专用。

构建完善的公共文化服务体系的建议和措施:

(一)建立组织保障体系

将公共文化服务体系建设纳入海沧区政府重要议事日程,纳入海沧区国民经济和社会发展总体规划,纳入政府目标管理责任制,纳入财政预算,纳入城乡建设整体规划,纳入打造海沧健康生态城市的战略构想。健全完善政府统一领导、相关部门分工负责的公共文化服务体系建设机制。

(二)完善公共文化服务投入机制

根据中华人民共和国国务院颁布的《公共文化体育设施条例》、中共中央办公厅和国务院办公厅《关于加强公共文化服务体系建设的若干意见》和福建省有关文件规定,围绕海沧发展大局,结合我区文体事业今后五年发展的实际情况,建议区、镇(街)两级财政设立文化体育建设专项资金,增加文化体育事业经费投入,确保重点文化建设的资金需求。继续推动在各村(居)、居民小区配备公共文化体育设施,进一步改善我区公共文化体育设施的现状。力争到2015年,我区要基本建成和完善区、镇(街)、村(居)三级文化网络,镇镇(街)有达标的文化站(文化中心)、村村有一定规模的文化体育室(俱乐部),社区建有居民读书和休闲娱乐文化广场,使群众能就近就地参加各种文化体育活动,形成与我区经济发展相适应、与社会总体发展相协调的新格局。

(三)提高公共文化服务供给能力

其一,统筹城乡公共文化发展,公共文化服务要实现均等化为目标,实现重心下移,资源下移。其二,加强基层公共文化服务管理。对各级各类场馆、制定和完善服务项目、服务时间、服务流程、便民措施及服务规范,向社会公示。让群众免费参与各项培训、免费观看各类展览、免费观看精品文化演出。

(四)充分发挥区文化中心的阵地作用,免费向社会开放

充分发挥这些设施所具有的宣传、教育、娱乐等多功能作用,免费向群众开放,开展各项文化活动,举办各种类型的文化、科技培训班、时事政策讲座等。不断提高管理水平和服务水平,努力把文化中心建设成为海沧的"艺术展示中心、文献资源中心、信息服务中心、社会教育中心、学术研讨中心"。

(五)加强精品文化建设,把高雅文化服务从城区辐射到基层

一是政府采用购买服务的方式,将城区的专业剧团的精品节目,采取"文化下乡"的方式,将精品剧目送到街镇和村居;二是采用政府补助票面的形式,吸引他们走进大剧场;三是挖掘文化能人,引导他们自创精品文化,为基层民众服务。

(六)健全农村文化队伍网络,加强农村文化队伍自身建设

一是健全区、镇(街道)、村(居)三级文体工作者队伍网络,镇级文化机构每镇至少设3名文化专干,专职专用,配齐配强。镇文

化服务中心一定要做到编制到人，人员到岗，有岗有责，加强考核管理。

二是加强"文化协管员"的管理，使之成为文化基层队伍的中坚力量。文化主管部门制定农村文化队伍的培训计划，采取函授、选送到文化艺术院校深造、从艺术院团派教员到农村兴趣办培训班等多种形式，为农村文化工作者提供学习机会，提高他们的思想水平和业务能力，以适应新形势下农村文化工作的需要。

三是加强农村业余文体队伍的建设。区文化馆组建并掌握12支演出队伍，充分发挥带头示范作用。各镇、街道重点扶持两三支文体队伍，培养一批农村文化活动的骨干。加强对民间艺人的关心、引导和管理，充分发挥他们在传承和发展民间传统文化方面的作用。

(七)夯实公共文化服务基础，扶持特色文化，激发参与热情

继续做好公共文化服务工作，扶持农村特色文化建设，结合非物质文化遗产保护，开展"特色文化之乡，特色文化团队，特色文化家庭，特色文化个人"的调查、命名和进行必要的扶持。使之逐步建成农村文化活动示范村并形成区独特的文化品牌。加强对农村文化活动的引导，定期举办农村文化赛事，激发农民参与文化活动的热情，把服务农民放在首位，深入基层，加强沟通，因地制宜，找准切入点，扎实工作，让更多的农民受益，不断丰富和充实农民的文化生活。

(八)落实各项工程，推进农村文化建设具体项目实施

为扶持农村文化建设，中央各有关部委都相继推出面向农民的重点文化工程，如广播电视"村村通"工程建设、农村电影"2131"工程、文化信息资源共享工程。作为推动农村文化工作的重要抓手，结合我区实际情况，扎实推进这些工程建设，不断带动农村文化资源的整合,增加为农村服务的文化资源总量。

总之,健康、生态,是人类共同的愿望。构建完善的公共文化服务体系,能使人群更加强健、生态环境更加友好、社会更加和谐,也能更快实现海沧健康生态示范区的创建。

城镇化进程中加强基层公共文化体系建设之浅见[①]

摘　要：推进城乡建设,加快城镇化进程,走出一条统筹城乡、经济高效、资源节约,中国社会结构的一个历史性变化。城镇化是农村经济社会发展到一定阶段的产物,它不仅是农村经济结构、生产方式和生活方式的变化,而且是文化的变迁。在这过程中,农民的思想道德和价值观念必然产生重大变化。但是谈及城镇化建设,不论就实践工作还是理论探讨来说,都存在着忽视农民思想观念转变与价值归属问题。构建完善的公共文化服务体系,用健康的精神文化去充实生活,实施正确价值体系的引导,是构建和谐社会,加强城镇化建设不可缺少的基础。

城镇化的程度是衡量国家和地区经济、社会、文化、科技水平的重要标志,也是衡量国家和地区组织程度和管理水平的重要标志。城市化即是人类进步的必要过程,也是人类社会结构变革中的重要节点,只有经历城镇化才能真正实现现代化的目标。

改革开放以来,我国各地都在加快城市化进程,沿海发达地方的城市现代化水平确实已经接近国外先进水平。但同时,由于我国的社会主义价值体系还未完整建构,受自由主义思潮的冲击,许

---

① 原发表于《群文天地》2014年第4期。

多人的价值观出现混乱。对金钱、地位、权力的追逐远远超过对"真、善、美"的追求,这种迷失现象在得到大量土地拆迁款的群体上表现得尤为突出。没有精神层面上的追求,物质再丰富也不能给人带来满足,对整个社会而言,也是非常危险的,也对社会的稳定构成威胁,对和谐社会的构建非常不利。再者,没有核心的价值体系,缺乏凝聚力和核心竞争力,又拿什么去加强城镇化建设呢。

加强公共文化服务体系建设,是繁荣发展社会主义先进文化、构建社会主义和谐社会的必然要求,是实现好、维护好、发展好人民群众基本文化权益的主要途径,对于社会主义核心价值体系的建设,正确意识形态的引导,促进人的全面发展、提高全民族的思想道德和科学文化素质、建设富强民主文明和谐的社会主义现代化国家具有重大意义。笔者以福建厦门海沧区在城市化进程中公共文化服务体系建设为例,提出粗浅的建议和看法。

一、实施"三个一"行动

文化是一个民族的根、一个民族的魂。就农村而言,文化具有其他社会要素无法取代的作用,如厦门海沧许多村落每年都举行的蜈蚣阁、送王船龙舟、祭祖等民俗活动,成了凝聚、整合村民的力量。

城市化进程必然伴随着这些村落的搬迁和消失,许多村民离开了滋养他们成长的土壤,离开了原来的生活群体和生活环境,变成社区居民,他们居住在统一规划、环境优美的社区,和城里人一样,享受着优质的卫生和教育等公共服务资源,手里还揣着政府发放的拆迁补偿款,从表现看,生活水平确实提高了。

但事实并非如此,由于这些居民原有的知识程度和阅历,使他们无法马上接受城市文化,融入城市生活。一个村庄搬迁和消逝带走的不仅是古老的村落,还会带走它所蕴含的文化与沉重的记忆。伴随着大量村落的消失,他们所寄托"根"文化也随之消失殆尽,他们变得茫然,无所适从,这种社区所居住的群体成为徘徊城市社区边缘地带,造成村不村,城不城的"伪城区"现象,"六合彩""赌博"等不良的黑色文化趁机而入。对传统根文化的保护和传承是加强公共文化服务体系建设的基础。实施"三个一"行动有助于"根"文化的保护和传承。

一本"书"。开展拆迁村落民俗文化调查、搜集,为每个拆迁村落编辑一本书。

目前我国大部分地区的民俗志资料都不够详尽,有些地区还缺乏一般性民俗调查,对拆迁村落进行民俗文化普查是保护工程不可缺少的基础。只有开展普查,我们才能对村落的民族民间文化遗产给予全局和整体的把握,才能比较、鉴别来认清保护的重点,制定出因地制宜、切实可行的保护措施。

普查的重点要放在有代表性的民俗文化事象上,主要指在基层民众生产生活中现时传承、演变、遗留或尚为老人们清楚记忆的各种传统文化、风俗习惯。具体可以参照非遗普查的线索,如民族语言、民间文学、民间舞蹈、戏曲、曲艺、民间杂技、民间美术、民间手工技艺、生产商贸习俗、消费习俗、人生礼仪、岁时节令、民间信仰、民间知识、游艺、传统体育与竞技、传统医药几类,但在调查中应避免对民俗作机械的分类,要从实际出发重点选择代表地方特点的事象。要注意发现民俗事象之间的实际关联,同时注意了解当地历史和典型传人的生活经历,构成内容比较完整的调查个案。

调查结束后,编撰拆迁村落民俗志丛书,这不仅为即将消失的村落留下可供追忆的材料,也将为今后民俗文化的研究提供雄厚的资料宝库,其巨大的科学研究价值难以估价。厦门海沧区选派文化馆非遗工作者为拆迁村落编辑"风土海沧"系列丛书,拆一个村,出一本书,得到村民的大力支持和高度的赞赏。

一座"民俗博物馆"。因地制宜,建立村落博物馆,每个自然形成的村落都会有自己的故事和文化,有不少值得保留下来的文化遗产。在拆迁重建过程中,可以通过制定针对性鼓励方案,动员村民把自己家里具有历史意义的东西捐献出来,把非物质文化遗产利用现代储存记录手段等方法保留下来,实现"一村一馆",至少是文化遗产丰富的村庄建立一个博物馆或纪念馆,让子孙后代可以通过这些浓缩的精品穿越时光,了解祖先的发展足迹。厦门海沧就设立"海沧区非遗展厅""海沧区生态展览馆"等,其中海沧非遗展厅就按照海沧原居民居住的红砖古厝形状来设计,展示海沧人家农耕渔猎的生活状态,展物大多是居民自愿捐出的珍藏多年的传统的生产工具以及生活用具,村民到了非遗展厅,就能找寻祖先的足迹。

一座宗祠。宗祠和家庙是村民缅怀祖先的场所,也是他们举办民俗活动不可缺少的平台,政府部门要尊重民情及地方民俗文化。在拆迁旧的村落和建设新社区之前,要深入基层,加强调研,征求被安置居民对新小区的建设要求,充分考虑和尊重村民们的生活习惯、乡土乡情及传统的民俗活动,对于传统姓氏比较集中的村落,要科学规划和合理安置村民祭祖的宗祠、家庙,为村民寻根谒祖和开展民俗文化活动提供必要的场所。

这种做法一举多得,是对传统文化的传承和保护,也体现政府对村民的一种人性的关怀,让村民有强烈的文化归属感。

二、加强完善的公共文化服务体系建设

(一)制度建设健全完善

政府各部门要从建设和谐社会的高度来认识公共文化服务体系建设问题,高度重视经济建设与文化建设协调发展,把加强公共文化服务体系建设作为维护居民利益,保障居民文化权利来抓。

要明确体系建设责任,分解工作任务,形成各级政府共同参与、共同推进工作格局。制订《公共文化服务体系示范区工作方案》《公共文化服务公众评价办法》《重大文化项目工作目标考核办法》等工作制度,保障公共文化服务体系建设工作扎实、有效地开展。

(二)经费投入长效保障

建立公共文化投入长效保障机制,将公共文化建设经费列入年度财政预算和基本建设投资计划,设立公共文化建设专项经费,逐步加大公共财政对文化建设的投入力度,确保每年对文化建设投入不低于财政的增长幅度,有力地保障了公共文化服务体系建设工作的扎实推进。

(三)设施建设便民利民

坚持以人为本、文化惠民政策,统筹城乡发展,着力构建功能完善、层次分明,公共文化设施服务网络。要布局合理,在居民居住的集中区建设服务网络,让居民在10分钟的生活圈里能有合适的场所可以活动。如厦门海沧,在区行政中心建有全省最大的文化中心,区文化馆、区图书馆均为国家一级馆,镇(街)综合文化站均达到建设面积500平方米以上,正在建设的东孚镇和新阳街道文化中心面积均在6 000平方米以上。全区村(居、场)文化室均达到200平方米以上,其中海发社区、洪塘村等文化活动室面积近2 000平方米。

(四)服务供给不断改善

围绕实现公共文化服务均等化目标实现重心向下、资源下移、服务下移,让城镇新居民能共享文化发展成果。如厦门海沧,"美在海沧"系列群众文化品牌活动在新社区持续深入开展,全年下乡文艺演出近百场、送各种流动展览几十场。区图书馆在基层建立图书分馆和流动服务点,每到周末,海沧区居民都可以在离家门口不远的文化中心欣赏到丰富多彩的文化精品,为他们演出的都是来自厦门歌舞剧院、专业歌仔戏剧团等的"大腕"。区、镇(街)、村(居)三级公共文化服务场所全面落实免费开放,常年面向社会组织开展各类文艺辅导培训。实行"五部曲"形式,送服务到基层,为市民提供更优质、便捷的服务,组建更多的特色文化队伍。五部曲:第一步,深入了解基层文化站的工作现状及计划,了解基层文化站对师资的培训需求;第二步,针对需求开展文艺骨干培训;第三步,文艺骨干推广;第四步,文化馆专业教师下乡指导;第五步,举办赛事,以奖代补。

(五)人才队伍持续加强

加大公共文化专业人才的引进和培养力度,提高公共文化专业人才队伍的整体素质。组建文化志愿服务队,设立"文化志愿者之家",举办文化志愿者专题培训。每个社区文化活动室配备一名以上专职文化协管员,结合社区管理和服务创新,在全省首推并实施专职文化协管员网格化管理。同时培植民间文艺队伍,挖掘新社区民间艺人,加强对民间艺人的关心、引导和管理,充分发挥他们在传承和发展民间传统文化方面的作用。创新社区文化活动内容和形式,大力弘扬优秀传统文化形式,鼓励居民挖掘和传承原有的乡村民俗文化,扶持民俗文化的开展,做好旧社区与新社区之间的文化交流,把保护非物质文化遗产和构建公共文化事业、文化服务体系结合起来,创新文化活动内容,改进和提高文化活动形式。促进新居民从农村到社区文化活动的过渡,逐步培养新社区自身文化的造血功能。

三、创新公共文化服务方式

在公共文化服务体系建设中,坚持创新发展理念,积极研究探索社会力量参与公共文化建设的政策法规和方式方法,引导社会文化资源向公共文化服务领域合理流动,拓宽公共文化服务的内容和形式,形成可持续、有实效的社会参与机制。如厦门海沧,一是与厦门歌舞剧院合作打造"美在海沧"系列群众文化活动,与厦门海投集团合作打造广场文化演出活动,与海沧旅游投资集团合作打造青礁慈济宫民俗阵头表演;二是联手厦门书香阳光文化传播有限公司合作推行图书统一配送流动服务模式,推进公共文化服务供给常态化,有效提升公共文化服务的层次和水平。

总之,经济、环境等要素是新社区建设的"硬实力",文化则是社区建设的"软实力"。文化活动具有娱乐身心、移风易俗、沟通人际关系、提高人的文明素养的特殊功能,这些功能是经济类项目所不能代替的,尤其在各种思想意识、价值取向、发展观念互相冲击、碰撞之际,文化的特质更显示出"硬实力"不可替代的特殊作用,实施文化战略是新社区建设的强本固基之举。在城镇化进程中,实施公共文化服务体系建设,重要的是需要基层政权组织和广大居民在加快经济发展、改善自然和社会环境的同时,建立起适合于新社区建设的文化观念。一旦这种文化观念能够形成并深入人心,就能够在思维方式和行为习惯的层面上发挥其广泛、稳定而持久的影响。

关于扶持海沧油画产业的建议[①]

海沧油画发展至今日,存在群体稳定性差、行业自律性差、协会作用有限、发展空间受限等诸多问题。

扶持、发展海沧油画产业有利于提高海沧乃至厦门的文化品位和知名度,随着海沧油画产业规模的扩大,油画产业链的进一步

---

① 原发表于《文化月刊》2014年第4期,写于2008年。

延伸,它还将促进海沧商贸和旅游业的发展,改善海沧第三产业结构,推动第三产业的发展。为更好发展海沧油画产业,提出以下几点建议。

一、加强领导,建立管理机制

成立海沧油画产业管理委员会,成立由区委宣传部、区文体局、区经贸局、区规划分局、区财政局、区发改局、区工商分局、区税务分局(包括国税和地税)、区行政执法局、区文联等部门及海沧油画协会人员组成的管委会,负责海沧油画产业的规划、建设、管理和指导工作,实现政府对油画产业的有效引导和扶持。管委会下设办公室,安排两三名专职工作人员负责日常工作。管委会开展日常工作所需经费由财政安排专项经费,根据每年工作安排给予拨付。

二、明确规划,引导油画产业发展

1. 建立油画产业基地

方案一:打造马青—沧翔路油画商圈。马青路永信花园油画村和沧翔路油画街相毗邻,两地共有店面 348 家,其中画廊 157 家,占总数的 45%(永信花园 120 家,沧翔路 37 家),其他店面 131 家(发廊 28 家,麻将店 18 家,废品收购店 5 家,仓库 16 家,诊所 2 家,饮食店 21 家,食杂店 22 家,茶叶店 6 家,工程质检单位 1 家,占 11 个店面,售楼中介 2 家),未出租店面 60 家。建设海沧马青—沧翔路油画圈,有利于形成有一定规模和品牌影响力的海沧油画经济,为打造海沧油画产业基地奠定良好基础。

(1)统一沿街画廊外观风格。建议对沿街画廊门面统一设计风格,统一规划制作,在整体视觉感官上形成独特风格。

(2)建设油画艺术广场和油画展厅。选择适当的场所(如迁移现有菜市场)建设油画艺术广场和油画展厅。

(3)加强周边环境景观改造。建议对沧翔路麻将店、美容店、废品收购站等店面进行集中整治,取缔无证商家,引导油画商铺进驻。清理和整治沧翔路周边环境卫生,修整破损路面,拆除违章建筑。在沿街两边设置雕塑、休闲椅,设立艺术化路灯和垃圾桶,制作广告宣传栏,建设 LED 夜景工程。

方案二:选择适当地点建设油画产业基地。由政府提供土地、资金,建设前店后坊,集油画创作、展览、生产、销售及相关绘画用品生产、销售为一体的油画产业基地。在油画产业的成长期,政府在租金上给予补贴,以稳定、优惠的租金扶持产业发展,以利于形成产业集群效应和品牌效应。此外,可考虑在蔡尖尾山或天竺山下修建艺术度假村或艺术山庄,定期开展活动,吸引国内外的画师、画商来此创作、展览、采购、度假、交流,条件成熟时,甚至可举办"油画交易博览会",把海沧油画产业打造成厦门以至全国的文化品牌。

2. 支持成立油画经销企业

成立海沧油画营销企业,或依托有进出口代理权的企业(如海投经贸公司),利用进出口代理权经销海沧油画,大力拓展国内外油画市场。

3. 建立、完善《海沧油画网》网站

发挥其宣传、推介、展示、交易的作用,使之成为海沧油画的长期的展示和交易平台。

4. 积极发展海沧油画旅游网点

随着海沧油画产业的发展,可考虑与市旅游局对接,争取将海沧油画产业基地纳入"海沧一日游""厦门一日游"以至针对外地、境外观光游客的旅游景点范围,开拓海沧油画旅游市场,扩大海沧油画影响力。

三、加大政策扶持,壮大油画产业

1. 税收扶持

对在海沧注册的油画生产、销售企业给予税收优惠政策,对油画个体户采取低额定税纳税办法。

2. 提供店面租金补贴

为入驻海沧油画商圈的油画师或海沧油画产业协会会员给予油画商铺每月每平米两至三元的租金补助。

3. 鼓励协会自身办展和外出参展

参照市"开拓国内市场资金"的做法,区政府每年安排相对固定额度的资金对油画协会自身举办的大型展览和外出参展(如深圳的广交会和文博会)给予适当的资金补贴,以利于扩大海沧油画知名度,争创海沧油画品牌。

4. 出台鼓励和扶持政策,留住画师

(1)鼓励原创作品创作,对在各种展赛中获奖的画师可参照《中共海沧区委宣传部关于鼓励文艺创作参展参赛的奖励办法(试行)》给予奖励。

(2)每年对创作作品多、影响大、年产量高的画师给予奖励(办法另定)。

(3)入驻海沧的画师子女入学可参照教育主管部门相关文件规定办理。

(4)帮助画师家属就业,尽力解决在海沧创业画师的后顾之忧。

(5)为获奖作品多、影响大的画家提供政府廉租房,使海沧能吸引画师、留住画师。

四、加大宣传力度,提升海沧油画知名度

1. 建设宣传广告牌

由政府出资,在油画街附近设置大型户外广告牌、指示牌等,制作有视觉冲击力的形象广告,还可在岛内轮渡、火车站等人流量较大的地方做宣传,扩大海沧油画在海沧之外的知名度,以吸引更多的市民和游客来海沧亲身体验油画的魅力。目前可先在马青路、钟林路制作大型户外广告牌,在永信花园、马青路路口、大金门花园入口、沧虹路与沧翔路交界处制作指示牌,在马青路、沧翔路沿街制作灯箱广告,在永信花园西面墙体上布置海沧油画标志性壁画。

2. 制作画册

编印《海沧油画》画册,为海沧油画作品提供推介、展示的平台。

3. 新闻媒体宣传

充分利用报纸、电视、网络等媒体对海沧油画进行全方位的报道,扩大海沧油画在全市乃至全省、全国的影响。

五、指导海沧美术产业协会建设,发挥协会服务作用

(1)协会目前没有固定的经费来源,只靠收取少量会费维持日常事务。经费的缺乏导致协会很难经常性地组织画师开展展览、交流等文化活动。建议政府安排专项扶持经费20万元/年,共三年,经费由区文体局负责审批,以帮助协会开展文化交流活动,维持网站正常运行,租用场所办公和聘请工作人员。

(2)指导协会积极开展采风、创作、培训、展览等活动,提高协会的活力和油画师的自身素质。

(3) 规范协会自身建设。指导、督促协会按照章程开展工作，建立相应的制度，加强会员的教育和管理，提高协会的凝聚力和管理水平。

重返校园，重圆梦想[①]
——我与艺术扶贫

曾经，为自己当教师而烦恼，事情烦琐、细微，这和自身大大咧咧的性格格格不入，于是，就想再谋生路，才有自考时选择法律专业的念头和实践。

新的路程刚迈出一步，却又频频回首，才发现难以割舍，又义无反顾地回头迎着原来的路再走下去，没有办法，只因为发现自己爱孩子们，再也不想自己是否是块当老师的料。

有过几年的"不务正业"，发觉路走起来更艰难，但我始终努力着，用全部的身心去呵护孩子，当孩子簇拥我时，当看到孩子为能听到我的课而欢呼雀跃时，当家长说把孩子交给我一百个放心时……我又怎能不满足，我又怎能不幸福？

回首悄然逝去的十二年，曾经高兴，只为学生良好的成绩，曾经烦恼，只为一堂没有找到最佳教法的课，曾经忧心，只为学生的某些不良行为，曾经兴奋，只为他们在课堂上有所创见……

今后，只求无愧于学生，无愧于家长，无愧于社会。——写于 1998 年 9 月

这是我 1998 年写在日记上的一段话，足以见得，教育是我最热爱的事业，学生是我最疼爱的孩子，这种爱，已嵌入心扉，无法改

[①] 该文在省艺术扶贫征文活动中获奖，收入福建省艺术馆编：《我和艺术扶贫》，海峡出版发行集团 2010 年版，第 124～126 页。

变。

在一念之间,我选择离开教育,失去才知道可贵。前几年,我一旦迈进学校,看到在操场上的孩子,我就会痴痴地站在那里挪不开脚步,我梦想着重返校园的那一天。

是艺术扶贫,让我重回校园,重返讲台,看着那一张张阳光的脸庞,听到那稚嫩的久违的声音,我激情满怀。

农村的孩子,阅读量有限,建立在阅读基础上的写作能力也欠佳,四五年级的孩子,往往出现一段话写不完整,一句话写不通顺的现象,大部分学生一听到写作文就产生畏难情绪,根本提不起兴趣。

根据以往的教学经验和学生实际,我决定把提高学生写作兴趣和写作能力结合起来培养,首先克服的是他们的畏难情绪,从提高学生写作兴趣入手。第一堂课,我不直接上作文课,而是和他们闲聊,聊了一阵后,给他们讲个精彩的故事,拉近了师生之间的距离。

第二堂课,我一进课堂,在黑板上写了一个词——"青蛙",要求同学用青蛙说一句话,结果学生们觉得太容易了,纷纷举手,每个人都能说一句话,说完后,我又加了一个词——"我",要求学生用两个词说一句话,这照样难不住学生,接着,逐步添加词语,如"两元钱""阳光",让学生从一句话到两句话到一段话,学生越说越兴奋,从一段话说成两段话甚至三段话,而且越说越精彩。

一个学生说道:

今天是个好天气,我手揣着妈妈给我的两元钱,走出家门,明媚的阳光照在我身上,暖洋洋的,一想到可以用两元钱买个我爱吃的零食,我高兴得在路上蹦蹦跳跳。

走呀走,看见一个男的,手里抓着一只青蛙,一看到青蛙,我就想起老师说的话:青蛙是益虫,一年可以消灭很多害虫。我赶紧跑过去对他说:"叔叔,青蛙是益虫,你不能抓它!放了它吧。"那位叔叔说："我是好不容易才抓到的，我怎么能放呢？"我想了想，毫不犹豫地掏出两元钱，交给那个叔叔，说："叔叔，青蛙就算卖给我吧！"叔叔同意了，把青蛙交给我。

我把青蛙放回稻田边，虽然我吃不到零食，但是我心里很高兴。

学生说到高兴时，我表扬了他们，然后，我对他们说："今天，你们说得太棒了！你们能不能把自己说的记下来呢？能记多少记多少，回去后可以把自己记下来的故事说给爸爸、妈妈听，他们一定也会夸你们很棒的。"学生听了，跃跃欲试，很多学生在没有意识到是写作文时，一篇精彩的作文就出现在我面前了，当然，学生写完后，少不了错别字和语句不通顺的地方，这时的面批面改就显得尤为重要。

经过一段时间的训练，所带的学生作文整体水平提高，得到家长和扶贫学校老师的赞扬，我也尝试到前所未有的满足感。

是艺术扶贫，让我重圆梦想！

第六章 文稿例选

经常自嘲说，我是很小气的馆长，财政拨付给文化馆的经费并不少，可在做项目时，我会充分发挥女人精打细算的特点，只要对方报的价格超出预算，我会毫不犹豫地揽过来自己做，结果可想而知，钱是省了，自己辛苦得不行，就如两次展厅的建设，由于对方报价太高，只好把大量的工作揽过来自己馆里完成，包括文字稿的撰写、实物的征集；再比如政府要求围绕区委区政府中心工作创作乡土文艺作品，本想请专家创作，可成本太高，也是自己试着寻找素材，打出框架，再让闽南民间创作人员修改润色。不过事实证明，做傻事并不一定是坏事，尝试着给自己一个挑战，再用心去努力，最后收获应该是双份的，并且也会因此积累了自己非专业的经验，就比如展厅文字稿的撰写、文艺作品的创作，就是对自己原来专业的超越。当然，我也知道量力而行。今年，海沧区新城指挥部要对新阳大道做个文化设计，指名由我牵头去完成，我毫不犹豫婉拒了，因为新阳大道今后属于海沧的最美大道，所要达到的效果属于自己能力所不能及的。当然，我给他们提供了怎么完成这个设计的建议方案：帮助他们邀请对本土文化特别了解和熟悉的民俗类资深文化专家，召开论证会，由这些人谈思路、说理念，然后指挥部从这些专家中挑选出合适的人选，组建团队来完成文化设计方案，现在这个任务由闽南文化研究所来完成，我全程参与协调，目前事情进展得很顺利。

保生慈济文化生态展览馆布展详稿

一、前　言

（一）文字

厦门海沧人杰地灵，昔为海滨邹鲁之地，今乃闻名海内外的台商投资热土。千百年来，由民间自发对北宋名医吴真人的崇拜发展而成的保生慈济文化传衍至今，已经成为闽台文化的绚丽的奇葩。吴真人由人而神，形成超地域性的信俗文化，源远流长。而今，这种独特的文化生态正在以其"健康·慈济·和谐"的精神特质，为海峡两岸的炎黄子孙所共同弘扬。

（二）吴真人形象

（考虑全身圆雕或浮雕）
体现："大道公押尾舵"的海洋文化特质。

（三）大地图

（以海沧为中心，台湾海峡两岸以及海内外的慈济宫庙）
要求体现：海洋文化及慈济文化的普及范围。

二、历史的海沧

海沧所处九龙江流域，是古漳泉驿路的交汇点，为闽南地区的核心区域，自古是中原文化与海洋文化的重要交汇点。先民在发展社会生产的进程中，也积累了大量非物质文化遗产。

(一)先民开发与发展

文物标本:青礁发现的细石器遗存(先民的开发)。

文字:1998年,海沧青礁一带发现细石器遗存,说明一万多年前已有人类在此生存。

文献书影:何乔远《闽书》、陈衍《福建通志》,乾隆《海澄县志》等有关章节。

文字:秦汉之时,中州人民已往南迁入闽。晋太康三年(282年)同安建县,继"衣冠入闽"之后,海沧原所属的海澄县,明代隆庆元年(1567年)设县。唐宋以后,海沧一带的开发日臻成熟。

照片:海沧囷瑶宋代古窑址。

地图:以明清方志的旧地图为底本,绘出:(泉)、深青驿(交汇点)、江东驿(漳)和各驿站之间的铺递,如鱼孚铺、灌口铺;深青驿→海沧或嵩屿→厦门。

文字:从宋朝始,海沧周边已形成驿路网络,如同安的大轮驿、深青驿,龙溪的江东驿。

图片:方志中关于驿站记载的书影。

图片:"月港""晏海楼"西洋古帆船和古航海罗盘、大海等标志。

文字:地处九龙江入海处的月港,15世纪末期至17世纪中期一度成为"海舶鳞集,商贾咸聚"的外贸商港,因其港道(海澄月溪至海门岛)"外通海潮,内接山涧,其形似月,故名"。月港与汉、唐时期的福州甘棠港,宋、元时期的泉州后渚港和清代的厦门港,并称为福建的"四大商港"。

(二)闽南古医药文化与多神崇拜

文字:闽台地处亚热带,气候炎热潮湿,自古以来都被视为"瘴疠春冬作"的是非之地。恶劣的环境,促生了对中医药的需求,产生了富有特色的多神崇拜。

复制图文:董奉、葛洪与福建古代医药文化(从闽台中医药展览的版面复制)。

书影:苏颂《图经本草》(从闽台中医药展览的版面复制)。

文献书影:何乔远《闽书》、闽台文化丛书《闽台民间信仰》等有关多神崇拜的研究成果。

图片:闽南地区多神崇拜。

(三)吴真人的生平及医德医术

文字:吴真人,姓吴名夲,北宋太平兴国四年(979年)三月十五生于文圃山下的白礁村。他自幼颖悟,立志学医,访师学道。寻方求药,以普济众生为己任。十七岁时,真人学医有成,对求医者"无问贵贱,悉为视疗",由于医术高超、医德高尚,人们视他为神医,称其为真人。

文圃山图:文圃山—岐山一带中草药资源丰富。据目前不完全统计,共有200余种。

创作图面:以风俗画形式,分段创作吴夲采药、炼丹、治病等一系列场景。

遗迹说明:东鸣岭中留下许多真人遗迹:丹井、丹灶、药臼、心字石、仙鼓石,石刻"龙湫"二字等。据说昔日吴真人即在此处结庐,悬壶济世。"丹灶石",题款为"宝庆元年七月朔,邑宰九江王楷书",是目前仅见年代最早的有关吴真人的题刻文物。

三、保生慈济文化生态

以青、白礁慈济祖宫为代表的保生大帝宫庙群至今还保存着许多相关的文物,成为慈济文化不可多得的瑰宝。保生大帝祭典及民众进香等活动至今在闽南大地上传承不息。

1. 源远流长的保生慈济文化

照片与文献：海沧青礁村全貌。《海澄县志》或其他方志所载的颜师鲁传略的文献书影。

文字：南宋绍兴年间，海沧青礁人、吏部尚书颜师鲁奏请为吴真人建庙，后朝廷赐匾额"慈济"，从此，"慈济"一词广为世人所知。

(1) 四宫一院。

文字：继青礁、白礁建立慈济东、西宫之后，海沧周边建成慈济南、北两宫以及奉祀吴真人弟子张圣者的玉真法院，形成四宫一院的格局。

照片：建于宋代的东西南北宫与玉真法院。

图片说明：慈济东宫（海沧青礁）、慈济西宫（龙海白礁）、慈济南宫（海沧囷瑶后山尾社）、慈济北宫（海沧温厝）和玉真法院（海沧院前）。

(2) 吴真人的历代褒封。

皇帝年号	封号	出处
宋乾道丙戌	忠显侯杨志	《慈济宫碑》
宋乾道年间	慈济真人	《漳州府志》
宋乾道年间	显佑真人	《漳州府志》
宋庆元已卯	忠显侯	《宋会要辑稿·礼二十一》
宋开禧三年	英惠侯	《慈济宫碑》
宋嘉定戊辰	加英惠之号	《宋会要辑稿·礼二十一》
宋嘉定年间	忠显英惠侯、增封康佑侯	《海澄县志》
宋端平乙未	灵护侯	《海澄县志》
宋嘉熙己亥	正佑公	《海澄县志》
宋嘉熙庚子	冲应真人	《海澄县志》

续表

皇帝年号	封号	出处
宋嘉熙五年	妙道真君	《吴真人谱系纪略》
宋宝佑五年	守道真人 加封广惠真人	《漳州府志》
宋景定五年	福善真人	《漳州府志》
宋咸淳二年	孚惠真人	《漳州府志》
宋德佑元年	普佑真君	《漳州府志》
明洪武五年	昊天御史医灵真君	《吴真君记》
明永乐七年	万寿无极大帝	《漳州府志》
明永乐十七年	恩主昊天医灵妙惠真君万寿无保生大帝	《闽书》
明永乐二十二年	保生大帝、再封恩主昊天医灵妙惠真君	《漳州府志》
明洪熙元年	昊天金阙御史慈济医灵应护国孚惠普佑妙道真君万寿无极保生大帝	《吴真人谱系纪略》

(3)闽台各地保生大帝宫庙群。

地图:闽台各地保生大帝宫庙群的分布图(从海沧扩展出去)。

文字:由青、白礁慈济祖宫分灵至闽台各地众多保生大帝庙宇,形成了富有特色的保生慈济文化圈。

图文:泉州、漳州保生大帝宫庙。

图文:台湾、香港保生大帝宫庙。

文物:闽、台各地明、清或民国时期有关歌颂保生大帝的庙联、庙匾。

(4)保生大帝崇拜的海外传播。

版面：安边馆—月港私商—海外拓展（古地图中的安边馆、《安边馆记》、海澄人张燮的《东西洋考》有关海沧一带的记载；海沧"八角楼"；台湾海峡与南洋群岛地图［从海沧出发］）。

文字：明代中晚期，随着海商经济的发展，保生大帝信仰开始在东南亚各地传衍。

示意地图：海外保生大帝庙宇（马来西亚、新加坡等）。

照片：（选择有代表性的宫庙照片）。

文物："吧国缘主碑"。

文　字：清康熙三十六年（1697年），旅居印度尼西亚雅加达（旧称巴达维亚，简称"吧城"）的华侨回乡重修青礁慈济祖宫。其后，源源不断有华侨回来捐资修庙。

咸丰、光绪、民国年款的"慈济宫碑"碑文（拓片或照片）。

2. 祖宫文物

千年慈济宫，不仅是外观的金壁辉煌，其内部千百年来留珍聚宝，古宫凝聚许多珍品，与保生文化、闽南文化、海峡两岸渊源息息相关。青礁慈济宫现存的文物：

照片：石柱：宋代盘龙石柱、清代盘龙石柱、花瓶形柱等。

（1）精美的木雕。东宫前殿和中殿为重檐歇山顶，殿堂的梁檩枋和斗拱数以百计，斗拱多作圆雕，剔地雕凿缠枝花卉，或雕刻神兽仙禽，有的顶部再加刘海、八仙等造像。前殿楼上钟鼓楼藻井，自下而上雕缠枝花卉、六角花篮、仰莲及八仙、飞天等雕作，多数随梁枋雕作蛟纹、如意福庆图案，或作剔地浮雕人物和山水楼阁，或镂空雕作历史故事。

（2）彩画。彩画分布在前殿上下层和中殿的额枋、随梁枋。明间、次间的每道枋则两面彩画，合计百余幅。格调属苏式彩画。枋心全部绘上小说戏剧片段情节。前殿和左廊间的天花有三幅彩画，狮子、麒麟、玄武图（扫灰青地，以墨勾线，红、青、绿抹色，绘出龟形凤首，四足分别为龙爪、狮脚、虎脚、马脚，尾巴则近似麒麟，龟背上驮黄袱印信）。

(3) 丰富多彩的石雕工艺。东宫殿宇的石构件许多雕刻。东宫的鸱吻（房屋正脊两端的饰物）是琉璃质，龙头龙身，鱼鳍鱼尾，取"鱼跃龙门"之意。龙兴云布雨，调动江海之水的神威，鱼龙吻"镇火"之意明显。石柱有圆、方、六角、八角等形式，精刻云龙石柱12 支，前殿檐廊的花瓶形石柱尤奇特罕见。前殿门面石雕最多，梁枋浮雕花鸟人物以及吉祥图案，两侧墙面左有青龙，右有白虎深浮雕。所有墙壁饰面都作浮雕，有渔樵耕读、二十四孝、陈三五娘、铁弓缘等故事画面。中门两边的花窗是透雕的"哪吒闹海"、"水漫金山"，布局有致，雕刻细腻。

(4) 珍贵的宋代石雕。始建和扩建于南宋的东宫，保存一些宋代石构部件。前殿广场安放的两座宋代石狮，优质花岗岩精工细刻，凿有槽卯的"门臼狮"，造型写实与夸张并用，兽头兽体比例合理，鬃毛秀美，四肢矫健，近似真狮而富美术特色，有条长尾巴并作羽状图案，是宋代石雕风格。

三方浮雕龙形饰面石板，每板一龙，龙的胴部较短，四足着地，背鳍竖展，须角伸张，形状古拙而神气活现，看来介于恐龙和螭纹形象之间，具有龙形艺术嬗变特征。

镶嵌宫中壁面的石雕，内容涵盖历史故事、生活礼仪、民风教化以及飞禽花鸟。前殿十幅青斗石精品，镌刻渔樵耕读、二十四孝等故事，石质如玉、颜色偏青，极为罕见。

"真人所居"是明代大书法家张瑞图手迹。

3. 保生大帝信俗

吴真人羽化升天之后，民众自发以传统的祭典等民间信俗活动来表示对他的爱戴与缅怀。这种民间信仰习俗，成为闽台信众的重要文化生活内容。

(1) 祭祀活动。

米龙祭拜

文字：米龙祭拜，是古代为纪念保生大帝升天举行的仪式，它在大帝得道日（农历五月初二）举行。祭拜过程时达两小时，场面非常神秘壮观，整个活动时间多达三天。其祭拜仪式过程如下：忌日之前，用3 000斤大米在庙前广场制作成长12米，高约20至30厘米的盘旋状米龙，米龙一端安上用事先做好的彩扎龙头，再在米龙周围铺红绸布；祭拜那天，米龙前置香案，香案上放信众的敬物；仪式开始，理事们用笔蘸鸡血分别在米龙的龙头、龙身、龙尾处点一下，象征米龙逐渐神化；请祖庙主神的神灵到米龙处，改用白鸭血在龙的身上点化，到另一间保生大帝神像前，道士念祷文咒符的同时，理事们跪拜（三跪九叩首）后再在神明头上画龙点睛；信众一起烧金银纸（冥纸），鸣鞭炮，象征保生大帝游云升天去了；三天拜祭完毕后，附近村庄的广大信众赴米龙现场分龙米（称平安米）；分平安米象征着风调雨顺，五谷丰登。信众将此米带回家后煮成饭（或粥）全家尽行吃掉，绝不能出现剩饭倒掉的现象发生，否则即意味着浪费天物和不虔敬。

图片：米龙祭拜风俗画（仪式场景介绍）。

请　神

文字：为满足保生大帝信众的需求，各地首次建造保生大帝庙宇时，都要到祖宫迎请保生大帝神明（一般是求取香火，即香灰），这叫请神，或称分灵。

图片：风俗画。

场景介绍：请神有较严格的祭祀程序。到祖庙的请神方事先要备好保生大帝神像、辇轿、旗幡、锣鼓、香炉、香火、大米和敬物（三牲五果）。在选定的日子（一般在农历的一至三月），道士带上数量不等的信众到祖庙祭拜。慈济东宫这座祖庙沿袭至今的请神祭祀仪式先后顺序如下：

①将带来的新神像置于祖庙神像旁;
②信众在神案上献摆大米、三牲、五果等敬物,然后进香;
③信众跪拜,三跪九叩首;
④道士主祭,念祷文,祈求平安;
⑤请火,将祖庙香炉中的部分香灰置入带来的香炉中;
⑥烧香纸,鸣鞭炮;
⑦向祖庙交添油款和捐款;
⑧祖庙送有关神明资料和灵符给请神方;
⑨分炉的神明乘着辇轿在旗幡的掩拥下和锣鼓声中回境巡游并祭拜,所经敬奉该神明的村庄沿途巡游,祭拜仪式与祖庙大致相同。

谒祖进香

文字:各地的保生大帝分灵庙宇定期或不定期组织信众到祖宫举行谒祖进香活动,其意是到祖庙求得神火回乡供奉,以示不忘神缘关系。进香活动各式各样,异彩纷呈。附近乡镇每年举办,路途遥远的三至五年举办一次。举办时间在保生大帝的诞辰日前,即农历一至三月。规模最大的要数海沧青礁、东屿等村,村民自发组织,抬着自己制作的蜈蚣阁前往慈济宫进香,蜈蚣阁在前,保生大帝随后,前往慈济宫进香。

图片:本地及台湾进香图片。

视频:本地进香视频、台湾进香视频。

实物展示:蜈蚣阁,神轿等。

巡 境

文字:保生大帝在许多村庄被奉为境主、保护神,每年都要请出庙外巡境,以示驱邪逐疫,以求地方上的安乐。巡境可以作为进香活动的一部分,在进香之前进行。此外,在本地许多村庄,每年正月十五左右都要点火把抬着保生大帝巡境。

图片：巡境照片。

跳火盆

文字：厦门地区许多供奉虎爷的宫庙每年正月十五元宵节都要举行跳火盆的祭祀活动。虎爷是保生大帝行医途中救治的猛虎，后追随保生大帝护法，成了正果。每年元宵前一两日，宫中执事和一帮青年用小辇抬着虎爷向宫的周围店铺、民居乞讨柴火，积累到数百斤。到元宵节那晚，将柴火堆放在宫庙前，少则一堆，多则二、三堆，此时，由道士念咒祝福，祈求平安，并点燃成篝火。然后，一批青年，竞相飞速轮番从篝火跳过，群众围观喝采，场面热闹，此种活动俗称"跳火盆"。

图片：风俗画。

（场景介绍：前一、二日）。

台湾地区宫庙活动

文字：台湾地区保生大帝宫庙，除了到大陆祖宫进香之外，每年都举办盛大祭典等活动。其活动既传承了闽南文化传统，又具有当地特色。

图片及视频：学甲慈济宫上白礁活动、元保宫巡境活动、保安宫保生文化祭相关图片及视频。

图片及视频：巡安活动图片及视频。

（2）占筮活动。

文物版面：吴真人药签（木刻书版）。

文字：药签的产生是医学发展到一定阶段的产物，是医学与宗教互相妥协的结果。青礁慈济祖宫现存药签有内科240方、外科52方、小儿科72方，民间相传系吴真人所创，疗效颇佳。

实物展品或书影:有关吴真人的药签、药方的科学研究著作或论文。

实物展品:慈济东宫的66张灵签的签诗。

文字:以劝善诗歌为载体的各种灵签,均含有丰富的生活哲理,并且大多借助典故劝人从善,颇能迎合香客的心理。

(3)信俗的社会价值。

文字:保生大帝信俗文化,自宋以来,对整合信仰区乡族力量,维系社会秩序,排难解纷,彰善惩恶起着重要作用,对倡导的构建和谐社会大有裨益。

图片:进香时的热闹场面(即热闹又有序,不用保安维持秩序),村民自愿捐送艺阵等场面。

文字:信众通过进香、巡境、祭典等仪式朝拜了保生大帝,也就经历了身份的认同、文化的认同。

图片:台湾等同胞们谒祖进香、研究保生慈济文化的图片。

文字:集请火、巡境于一体的进香活动,是最盛大的属于当地百姓自己的文化活动。它既丰富了群众的文化生活,又传承了诸多民俗事象。

图片:进香活动中的阵队及歌仔戏表演等文艺活动。

文字:药签中的药方基本上是中草药,为偏方,对治疗常见病或疑难杂症有一定的疗效,具有很强的医学性。

图片:研究中草药图片,百草园、中医药博物馆。

四、保生慈济文化生态的保护和传承

1. 文物和非遗保护

文字:保生慈济文化随着社会的进步而不断得到发展。作为保生慈济文化生态的"物种"——保生大帝信俗,和"物种"赖以生存的载体——青、白礁慈济祖宫为代表的保生大帝宫庙群,受到社会各界的重视和保护。

图片:1988年,厦门市文物保护单位;1991年福建省文物保护单位;1996年全国文物保护单位;2001年厦门市第一批涉台文物古迹(相关文件;文物保护标志)。

文字:20世纪80年代,台湾保生大帝庙宇联谊会各宫庙在重修祖宫的过程中提供了主要的资金支持,而且也为大陆其他同祀庙宇的重建提供了帮助。

照片:元保宫捐修青礁慈济宫。

(重修前后;施工情况、图纸;文化工作人员工作照等)。

照片:1996年台湾屏东万寿宫发起捐资修建了龙湫庵。

照片:2000年,理事会复建文武庙前殿。

照片:2003—2004年,海沧镇政府对慈济东宫环境的改造。

(主殿前广场、百草园相关图纸;施工现场;各级领导的关心指导)

照片:2005年起,海沧区政府对慈济东宫景区的建设

(颂典广场、名中医长廊、圣德堂等)

照片:白礁慈济西宫,海沧慈济北宫、玉真法院以及闽南各地保生大帝宫庙的重修或重修后的闽南各地保生大帝宫庙。

文字:2008年,保生大帝信俗被列入第二批国家级非物质文化遗产保护名录。台北保安宫保生文化祭荣获联合国教科文组织亚太文化资产保存奖。

图片:相关文件、申报书等材料。

2. 保生慈济文化节

1989年,海沧设立国家级台商投资区,2003年成立海沧区。因台而设、因台而兴的海沧区,致力构建对台交流前沿平台,着力打造对台交流先行区。2006年,海沧区首创保生慈济文化节,凸显"健康、慈济、和谐"主题,弘扬闽南文化,促进两岸交流。保生慈

济文化节被国台办列为重点对台交流项目。

照片:海沧区主办的第一、第二、第三届保生慈济文化节有关照片。

(情景设置视频—文化节颂典仪式)

文字:青礁慈济祖宫保生大帝颂典仪式既循古制又有创新,其双语(通赞分别用普通话、闽南话司仪)、双主祭(大陆主祭一人,台湾主祭一人)的形式充分体现了保生大帝两岸同崇的盛况。

文字:为加强两岸民俗文化的交流,2007年和2008年青礁慈济祖宫保生大帝神像先后到金门及澎湖巡安,并即将到台湾本岛进行巡安活动。

图片:金门、澎湖巡游图片。

音像资料:台湾及东南亚宫庙活动、文化节以及巡游纪录片。

3. 保生慈济文化的传播

保生慈济文化的传播不仅通过移民的携带、进香的潜移默化宣传影响进行,而且通过众多的民间艺术形式如故事、传说、歌仔戏、答嘴鼓、芗剧等口耳相传。

图片:传播地图、各地宫庙及活动图片、民间艺术形式表现图片。

音像资料:《歌仔戏——吴真人传奇》等视频资料。

4. 保生慈济文化的研究

制牌:保生慈济文化文献中心。

文字:文献中心收集部分保生大帝传记和相关历史文献、闽台及海外宫庙出版物、学者调查报告及研究成果等资料。这些资料来自于闽台各宫庙及方言女士(已故厦门文史专家方文图之女)、周学辉等先生的无偿捐赠。文献中心将继续收集保生大帝的相关史料,努力建成研究保生慈济文化资料最全的中心。

照片:历届海峡两岸吴真人研究会的现场照片。

实物:历来海峡两岸吴真人研究的主要成果。

(论著、论文及其他)

五、"健康·慈济·和谐"

闽南文化被文化部公布为首个国家级文化生态保护实验区,保生慈济文化被列为闽南文化生态保护实验区首批保护项目。本次展览,致力于表现保生慈济文化生态的历史与现状。虽是全新的项目,但在各界领导和有关专家的指导和帮助下,终于呈现在这里。希望通过展览,进一步弘扬慈济精神、传播闽南生态文化、促进闽台文化交流。

场景:表现"健康·慈济·和谐"的主题。

照片:海峡两岸民间到青礁祖宫进香的热烈场面;连战先生的手迹"普济群生",大陆政要的关心视察等,陪衬场景的气氛。

海沧区非物质文化遗产展示厅文字稿

前　言

海沧,一块位于东南沿海的灵秀水土,旧属海澄三都,是古漳泉驿路的交汇点,也是闽南文化传承的重要区域。先民们在这片土地上繁衍生息,创造了灿若繁星的非物质文化遗产,构筑起安身立命的精神家园。随着时代的变迁,古老的方言服饰、民俗技艺正逐渐退出历史的舞台,而那些凝结先民古老经验和智慧、情感和价值的文化标识也随之散落于滚滚洪流中,消失在烟雾风云里。

非物质文化遗产是一个民族血脉。当历史的尘埃落定,一切归于沉静之时,唯有文化留存。本展馆通过"海沧人家""习俗流芳""强身健体""品位生活"四个主题展示,再现海沧人民生活场景和非物质文化遗产保护名录项目的文化魅力,唤醒大众对传统文化的记忆和情感,并以此激发大众的文化自觉,共同关心爱护中华民族优秀的文化瑰宝。

海沧人家

海沧,博采古越文化、中原文化、外来文化,形成一体多元的文化融合;海沧、凝聚山岳部落、海岸文明、大洋文化,构建自由开放的文化模式。晴天碧海、红砖古厝,组成海沧的主流格调。

千百年来,海沧人民凭借这些简陋的生产工具世世代代在这片土地上劳作生息、经营拼搏,他们的精神世界伴着悠长的记忆慢慢积淀下来,成为我们血液中的一部分,成为我们熟谙的日常生活,构建起海沧独特的人文气息和文化底蕴。

习俗流芳

海沧地处亚热带,气候炎热潮湿,海沧先民利用落后的生产技术在与大自然的斗争中难以抵御旱灾、洪灾、疾病等侵袭,再加上对变幻莫测的海洋的恐惧,滋生了富有特色的海沧民间信仰,尤以保生大帝信仰为主流。保生大帝信仰习俗起源于海沧青礁,传播遍及闽南地区、台湾及东南亚;其衍生活动之一"蜈蚣阁"是海沧东屿等村落到供奉保生大帝祖宫—青礁慈济宫进香的重要艺阵;隆重、热闹的"送王船"习俗是钟山等村落为"代天巡狩"王爷举行的祭典仪式,他们是村民祈祷风调雨顺、国泰民安的福神和保护神。

随着清末闽南移民在台湾的垦殖开拓,这些信仰习俗也随着移民的脚步而散布于宝岛各地,逐渐形成根深蒂固的中华文化传承,并造就了台湾与大陆间难以割舍的亲缘和"神缘"关系。

强身健体

  古往今来，强身健体、延年益寿一直是人们的不懈追求。习武既能防身，还可强健筋骨。清末泉州人蔡玉明以太祖拳为基本功底，综合其他门派拳法的特点创立"五祖拳"。其弟子沈扬德到海沧新垵传授五祖拳、设武馆，从此五祖拳在新垵村开始流传、继承、发展。新垵由此成为著名的武术之乡，至今家家户户习武成风。

  为了祛病强身，海沧人民在与疾病做斗争中积累了青草药治病的宝贵财富。海沧地处亚热带，气候温暖、雨量充沛，一年四季适宜植被的生长，蕴藏着极为丰富的药用植物资源。青草药以新鲜植物为药，具有源广、价廉、简便、效好、毒副作用小等独特优点，为群众的防病、治病、保健发挥了很大的作用。

品味生活

  精美的生活用品、精细的家常美食、精致的生活方式向我们诉说着海沧人对生活的热爱，对品味的追求。

  身处恶劣环境的先民们，就地取材，制作出许多美味可口、营养丰富的地方小吃，尤以"海沧三宝"扬名，"海沧三宝"之一的"土笋冻"正成为海沧饮食文化一张闪亮的名片；对香道的研究，更体现了海沧人民在平淡而隽永的日常生活中平和、从容、淡定的生活方式。

后　记

  海沧，正不断走向城市化，走向和平崛起的一个时代。历史的发展不断向前,但是我们却不得不去回顾历史的曲折,不得不依托于我们的根源意识,尝试着由此而发掘出激励我们更为地向前、更为顺畅地向前的历史文化资源,探索出新的存在价值。

  非物质文化遗产是中国历史文化资源中特有的传承和表达方式。它们携带着绵长而又深厚的文化营养,传递着民族精神的基因,浸润着一代又一代人。建设非遗展厅,旨在对海沧文化中的一隅进行一次扫描和解读,仰以察古,俯以观今,为文化的积累和传播尽一份绵薄之力。

  我们衷心感谢为展厅建设提供支持与帮助的人士。林致平先生、周赞家先生、林广明先生、郑伟明先生、陈淑华女士等热心人士提供了精美的图片,厦门卓远科技有限公司为展厅的建设尽心尽力,在此我们致以衷心的感谢。

游海沧(表演唱)[①]

编剧:姚溪山、黄达绥

幕后(唱)厦门海沧宏图展
    捷报频传上九天
    仙姐仙妹相凑阵
    观赏盛景下凡间
众(唱)腾云驾雾披彩练
    飞跃瑶池舞翩翩
    异彩纷呈新海沧
    名人美景在眼前
领 众姐妹,你看,咱已来到海沧了

[①] 本稿为2013年年初"文化下乡"宣传"和谐拆迁"而创作。

甲　咦！听说海沧原来是个偏僻的山场渔村,怎么就变成大城市啦!
领　神奇的互联网传来人间信息,海沧正在大开发,大建设,大发展,热火朝天!
众　是呀！听说,海沧区委区政府提出四个定位,要将海沧建成东南国际航运中心、海西先进制造基地、厦门健康新城区、对台交流合作先行区。
领　众姐妹,你来看
领　(唱)海沧依山临海港,
众　(唱)独具天然好资源。
领　(唱)海沧大桥飞彩虹,
众　(唱)厦门海沧紧相连。
领　(唱)十年前、大开发,
众　(唱)改革开放催征帆。
领　(唱)海沧人高举旗帜紧跟党,
众　(唱)开拓奋进豪情满腔!
甲、乙　(唱)改山改水改观念,
丙、丁　(唱)敢冲敢闯敢争先!
甲　(唱)保税港区辉煌亮点,
　　　　万吨货轮航运忙;
乙　(唱)东孚建成岛外中山路,
　　　　万商云集涌财源;
丙　(唱)渔村山场起巨变,
丁　(唱)处处旧貌焕新颜!
领　(唱)放眼望海沧大地春潮涌,
合　(唱)"五大战役"气象万千!
甲　(唱)要打造临港经济核心区,
乙　(唱)经济崛起雄踞东南,
丙　(唱)"双港双城"宏图大展,

第六章　文稿例选

丁　（唱）大手笔大项目引资招商。
领　（唱）打一场"腾笼引凤"攻坚仗，
合　（唱）掀起了建设海沧新高潮！
领　海沧政府抓工程，
众　主要领导亲自挂帅士卒先身，
领　各级各部门密切配合，
众　派出了强将精兵！
领　坚持做到利民惠民暖民，
众　倾注热心细心耐心公心！
领　（唱）领导干部宗旨抱定，
　　　　执政为民忠实践行！
　　　　为群众、谋福祉，
　　　　机制完善敢创新。
甲　（唱）群众工作第一等，
　　　　与群众保持鱼水情，
　　　　群众利益关顾好，
　　　　最大限度让利于民。
（唱）　利益关照主公正，
　　　　化解心结举措新，
　　　　评估补偿最公平，
　　　　政策兑现暖人心。
领　众姐妹，快来看。
众　哦，那一片片,新点点的高楼大厦,太美了
领　那是海沧新城。
甲　你看那是东南国际航运中心
乙　你看，那是生物医药产业园
丙　你看那是东孚玛瑙文化街
丁　你看，那是泰地海西中心。

245

我的群文工作

你看那是阿罗海城市广场

甲　（唱）用最好地段建安置房，
　　　　　居住生活环境大提升。

乙　（唱）解除了征迁户后顾之忧，
　　　　　拆迁安置同步进行。

丁　（唱）群众就业生活的情景，
　　　　　时刻牵挂领导的心。

合　（唱）亲情回访话幸福，
　　　　　"一线服务"见深情。

领　（唱）海沧人胸怀广阔顾大局。

众　（唱）志同道合众志成城，

领　（唱）众人拾柴火焰高，

众　（唱）海沧建设热腾腾！

领　（唱）真情融汇凝聚力——

众　（唱）创造了闪光的"海沧精神"，

甲、乙　（唱）建设工作全面推进，

丙、丁　（唱）工作业绩又刷新！

合　（唱）和谐幸福大建设，
　　　　　助力海沧再飞腾！

领　众姐妹，春满海沧，美在海沧，海沧有很多地标建筑和旅游景点。

众　是吗？

领　是的，咱就一同前去游览。

众　走了

（众舞下）

亲情回访（小品）

编剧：姚溪山、黄达绥

（注：本剧为排练演出方便，以闽南语写作）

人物：高丽英、李良顺、何书记、宋主任，
　　　　姜婶、桃婶、芹菜婶、水仙婶等。

〔某社区文艺活动广场。
〔幕后合唱《好日子》歌曲。
开心的锣鼓敲出年年的喜庆，
好看的舞蹈送来天天的欢腾，
阳光的油彩涂红了今天的日子哟，
生活的花朵是我们的笑容。
〔高丽英引领社区歌舞队姜婶、桃婶等边唱边舞上。

众　（唱）哎——
　　　　　今天是个好日子，
　　　　　心想的事儿都能成，
　　　　　明天是个好日子，
　　　　　打开了家门咱迎春风……
〔高丽英的手机响。
〔姜婶对她比示，接听手机。
〔歌舞暂停。

高丽英　（接听手机）喂——我是高丽英。又有人要来进货！嗨，叫你全权处理你就大胆处理嘛！什么？赚钱重要？我现在做的事比赚钱更重要！就这样，挂了！

姜　婶　看看！咱丽英就是潇洒，多棒！放着大钱不赚，带领着咱这婆婆妈妈跳舞。

高丽英 喂喂!姜婶啊!咱这次可是要代表社区参加海沧区第三届市民节文艺汇演,咱们要以最赞的表演去夺标得冠嘛。

众 对!用最赞的表演夺取冠军!

高丽英 时间紧迫,要抓紧排练。大嫂大婶们!

(唱)抓紧排练做准备,

我宣布一条紧急措施,

众 啊!什么紧急措施?

高丽英 (唱)高度集中注意力,

统统关掉身上的手机。

众 (纷纷行动)好!关机、关机……

高丽英 (唱)琐碎杂事莫去管,

一切干扰要排除!

好啦!现在开始表练舞蹈《江南 Style》,一二三……

[幕后响起《江南 Style》乐曲,众欲起舞。李良顺内声:"丽英、丽英……"背个画夹,兴冲冲而上。丽英不予理睬。

李良顺 (又比又喊)先停一下,停、停……老婆、老婆……

高丽英 别吵别吵!

李良顺 (拉丽英一旁)我有要紧事报告你!

高丽英 你先一边去吧!

众 (推开良顺)对!紧急定措施,干扰要排除!

(开玩笑地把良顺推下场)

[高丽英领众欲跳舞。

[李良顺又上,把丽英推至一旁。

李良顺 老婆,报告你一个紧急情况……

高丽英 什么紧急情况,快讲快讲!

[众一旁偷听夫妻谈话。

李良顺 咱街道领导要来社区亲情回访!

众 (各自欣喜旁白)领导要来甲咱回访?

李良顺　老婆!

　　　（唱）咱搬迁安置到社区,

　　　　　各级领导与咱心相依,

　　　　　牵挂咱日常起居敢会贯势,

　　　　　牵挂咱劳动就业可适宜。

众　（各自表达）对呀!

　　　（唱）领导亲情来回访,

　　　　　热情接待才合宜,

　　　　　将他请到阮兜去,

　　　　　泡一泡好茶招待伊。

　　　　　会报阮幸福的情景,

　　　　　道一声感谢表情谊。

高丽英　老公!我这块排练紧张,你先回家准备,领导一来,你马上通知……

李良顺　好好!我先回去!（匆匆而下）

姜　婶　丽英,我想请假一下。

高丽英　你想请假?

姜　婶　（唸）我忽然刚想起,

　　　　　　今天是好日子,

　　　　　　阮老公做生日,

　　　　　　我着回去煮面"索"红圆。

桃　婶　我也要请假!

高丽英　你也要请假!

桃　婶　（唸）我那老小妹,

　　　　　　打电话来通知,

　　　　　　外甥订婚要"吃写",

　　　　　　叫我着去做大姨!

芹菜婶　我也要请假……

水仙婶　我也要请假!

众　　阮也要请假!

高丽英　怎样,恁突然都要请假?

众　　阮兜有好代志,阮着去准备!

高丽英　恁兜都有好代志?

众　　是啊! 是大好事,阮着紧回去……(欲走)

高丽英　(阻拦地)回来,都给我回来!

　　　(唱)大家突然要请假,

　　　　　到底是走那一步棋?

　　　　　我一下将恁看透透,

　　　　　恁心里到底想什么?

　　　　　恁都想将领导请去恁兜? 是唔是?

众　　领导来亲情回访,咱着恰古意。(七嘴八舌地)节目排练暂时停止……

高丽英　这可不行! 排练必须争分夺秒,继续开始!

众　　还要排练? 这……

高丽英　对啦! 咱还着把节目排练好,用咱的歌声、咱的舞姿、咱的欢笑迎接领导的来临! 你说好不好!

众　　这……好、好、好!

高丽英　好! 咱就歌舞起来!

　　　〔乐曲响起,众欲起舞。

　　　〔李良顺急匆匆而上。

李良顺　停、停、停!

众　　李老师,又怎样啦?

姜婶　　李姓呀! 你老婆喊阮跳,你却叫阮停,恁敢是治搬"答嘴鼓",实在离谱……

李良顺　我给恁说,刚才区政府和咱街道领导都到各家各户去看望走访啦!

众　　啊！领导敢有去阮兜啦？

李良顺　有啊！何书记和宋主任还要到文化广场来看恁排练节目呢！

众　　（欣喜地）真的,领导要来看咱排节目？

李良顺　你们看,何书记、宋主任来啦！

高丽英　快,列队欢迎！

众　　（众列队,有节奏地鼓掌）欢迎欢迎,热烈欢迎……

〔何书记、宋主任各拿一只塑料椅子从欢迎队伍的背后上。

何、宋　不用拍手欢迎了！

宋主任　何书记来看看大家。

何书记　大家坐下来,拉拉家常聊聊天。

众　　好啦！（纷纷下去各拿塑料椅子上,与两位领导围住在一起）

何书记　你们从各地农村安置到小区居住,我们下来,想看看恁生活过得怎样？请恁谈谈感觉如何？

众　　感觉很好呀！

高丽英　书记、主任啊！

　　（唱）政府选择者尼好地段,

　　　　建设高档次的楼盘,

　　　　安置给阮来居住（唸带）

　　　　正正合着阮的心肝。

姜婶　　对呀！

　　（唸板）这里确实好地理,

　　　　　是高品位的文明小区,

　　　　　户型配套阮都足甲意,

　　　　　做梦也唔敢想,有者好的代志。

桃婶　　（唸板）这里交通足便利,

　　　　　公交车停靠咱小区,

　　　　　四通八达很容易,

可搭动车坐飞机。
水仙婶　（唸板）附近建起学校和医院，
　　　　　　　　读册看病后顾之忧可排除，
　　　　　　　　新建一座大超市，
　　　　　　　　爱买啥物有啥物。
芹菜婶　（唸板）小区环境足优美，
　　　　　　　　绿树花草喷水池，
　　　　　　　　站在高楼看景致，
　　　　　　　　赊输天仙下瑶池。
李良顺　（唸板）文化休闲场所很"四序"，
　　　　　　　　会使唱歌跳舞搞文娱。
高丽英　（唸板）青礁慈济宫与咱近距离，
　　　　　　　　是著名朝圣游览区。
合　　　（唸板）可去拜神游览求保庇，
　　　　　　　　平安顺境大赚钱。
宋主任　大家相处住了敢会贯势？
合　　　（唱）和睦好比姐妹兄弟，
　　　　　　　相敬相爱相扶持，
　　　　　　　风清气顺精神爽，
　　　　　　　恰赢人参吃补脾！
何书记　按盏阮就放心了。（对水仙婶）哎，水仙婶。
水仙婶　哎！书记，你也会识我？
何书记　识呀！你安置在小区，劳动就业可解决了？
水仙婶　解决了、解决了！农贸市场给我安排了摊位，我是种菜变卖菜，日日见钱财，财源滚滚来！
何书记　按尼很好！
高丽英　书记，阮迁来小区，家家户户收入都增加了，生意照做钱照赚，分到的冗房出租收钱，集体财产盘活入股，年年还

第六章 文稿例选

有分红哩!
众　　　是呀,如今好日子,亲象倒吃甘蔗节节甜。
宋主任　这次区里布置领导到社区回访,就想了解居民还有什么
　　　　须求。
何书记　对!恁的行求,是阮的责任,大家且讲无妨!
众　　　有什么须求嘛……(各想)没,没什么须求呀!
姜婶　　(突然)有!我有须求!
众　　　(欲阻)姜婶……你生活那么富裕,还有啥须求?别给领导添
　　　　麻烦了。
何书记　有须求,尽管说!
姜　婶　书记要我讲,我就讲,是按尼啦!
　　　　我有一个查某囝——
(唱)今年年纪三十二,
　　人品才貌是这枝(翘大拇指),
　　她是博士生、高工资,
　　贤捡贤"刁"捡了煞过时。
　　成了剩女还未嫁出去,
　　急得我喝蜜还过唔知人甜。
高丽英　姜婶啊!你敢是要请人帮忙,替你做媒人?
众　　　啊!你想叫领导给你做媒人?
姜　婶　是啊是啊!
　　　　(唱)请帮我选个好女婿,
　　　　　　让我早早抱孙儿……
何书记　这个好办啊!
众　　　好办?
何书记　是啊!咱海沧区第三届市民节,还要举办"相亲联谊会",
　　　　你就让你女儿去对个象,钓个金龟婿啊!
众　　　(欢跃)好啊!相亲找真爱,选个好女婿!

253

高丽英　大嫂大婶们,领导给咱安置甲者四序,还进社区来给我们
　　　　关心慰问,我们就用歌声舞姿来回报各级领导的关爱。
众　　对!唱起来,舞起来!
　　〔《江南 style》乐曲响起。
　　〔高丽英率众队员跳起"骑马舞"。
李良顺　幸福海沧,美丽海沧
众　　幸福海沧,美丽海沧

〔剧终〕
2013 年元月 3 日二稿

喜盈门(小戏)

编　剧:姚溪山、黄达绥

（注:本剧为排练演出方便,以闽南语写作）

时　间:当代
地　点:李良顺家
人　物:李良顺,中学美术教师,拆迁户,男,37 岁。
　　　　高丽英,拆迁户,个体老板,良顺妻,女,35 岁。
　　　　陈民惠,街道"拆迁办"副主任,女,36 岁。

〔李良顺家厅堂,排设时尚,一个油画画板架尤为醒目。
〔在幕歌声中,高丽英身背手包,喜滋滋地边按计算器边上。
幕　歌　（唱）执政为民立宗旨,
　　　　　　　干部合力谱新篇,
　　　　　　　多为群众谋福祉,
　　　　　　　看海沧和谐拆迁进行时。
高丽英　（唱）手按着,计算器,

第六章 文稿例选

　　一字一按都见钱，
　　喜气盈门多财利，
　　心花怒放笑嘻嘻！

老公老公！你看，我那在中学当美术教师的老公，都放学了，还不回家。自从他参加"促签促搬"志愿者活动，课余时间，总爱跟人无闲刺刺。真是鸡母"清"粪扫，无事讨事做。你可知道，最近新建一条厦成高速刚好从阮这块"切"过去，我这座新点点的五层楼着拆啦！这几天，街道"拆迁办"的领导轮番上门找我，连我那书呆仔老公，暝日也在身边动念我，为着拆迁事，甲我起"嘟嘟"！逼我快签协议，哼！拆什么迁？签什么协议？我正无哩给他听！
（唱）几年前着建设旧厝拆除，
　　建这座五层楼在大路边，
　　三门面经营水产做生意，
　　专销售四散的生猛海鲜！
　　咱海沧大建设日新月异，
　　经济发展勿会输哩坐飞机，
　　我是水涨船高当好势面，
　　凭借这环境优势大赚钱！
（从提包里掏出一叠单据，算起账来）
　　有钱先赚先好，无哩甲伊番老老，哈哈哈——
（唱）怪不得透早客鸟叫无离，
　　财神爷对我特别支持，
　　今仔日批发海产二千二，
　　实赚了千二元刚圆圆。
　　生意若定定者景气，
　　我会赚甲走路绊着线。
　　你看看，我这风水宝地，日日见财喜相连，那会堪哩给拆迁！可是阮老公的老同学宋民惠是街道"拆迁办"副主任，她动员了很多人拆迁，这班她揪住我不放，与阮老公做一国，动员我紧签拆迁协议书。我是会"胎"（推）莽"胎"（推）甲依挨挨"塞过溪"！她陈民惠虽然无那好剃头，哼哼！

（唱）我这粒头壳吗无那好剃，

　　　勿会堪哩给人便宜给人"篇"，

　　　拆迁断了我财利，

　　　我唔签约看她要怎呢（怎样办）？

　　　挨挨挤挤闪过去，

　　　超工甲伊捉"三脚猪"！（捉迷藏）

〔李良顺一手拿酒瓶、一手持酒杯，边喝酒，边默不作声从内室上，走到高丽英身边，出其不意地大声说话。

李良顺　你捉"三脚猪"，我"胡"漏网鱼！

高丽英　（吓了一跳）老公，你是要甲我惊惊死？

李良顺　你治时仔变甲者无胆？（喝酒）

高丽英　（惊讶）喂喂，借问一下，你治时学会喝酒？

李良顺　现学现喝，借酒……壮胆！

高丽英　你借酒壮胆，敢是要去甲人相打？

李良顺　无无……我要甲你……甲你……

高丽英　甲我按盏啊？你说呀！

李良顺　（又喝一口酒壮胆）甲你……冤家！

高丽英　啊！你，也敢甲我冤家？

李良顺　以前是唔敢……（又喝口酒），这"存"敢、敢（又喝酒）

高丽英　（阻止）别喝啦！你说，你为啥敢要甲我冤家？

李良顺　要甲你"起嘟嘟"，为着拆迁这……大事！

高丽英　又要讲拆迁……我不与你"贝"啦！（欲走）

李良顺　（抓住）我勿会放你煞！

高丽英　你，你是要按盏？

李良顺　我、我（又喝一口酒）我有话要讲……要讲……高丽英！

高丽英　（一听直唱其姓，愣住）你……

李良顺　你给我听着——

（唱）　你在生意场上当老板，
　　　　家庭又是你专权，
　　　　我从来都是围着你转，
　　　　定定给你喊西又喊东。
　　　　你是喊水会坚冻，
　　　　我是傀儡柴头尪……

高丽英　（唱）这吗是你自觉自愿，
　　　　　　服从我领导你无怨言。

李良顺　（唱）平时服从还"含含"，
　　　　　　我、我、我……

高丽英　你按盏！

李良顺　（唱）我正正勿会忍哩这一班！

高丽英　（唱）你敢是想要"造反"？
　　　　　　还是想抢班夺权？

李良顺　（唱）该我主意我主意，
　　　　　　我该担当应担当，
　　　　　　大事我要管一管……（又喝酒）
　　　　　　我要做一个名副其实的"查埔人"！
　　　　　　坦白给你讲，过去人都呵老我是"妻管严"，这班我要"管妻严"！

高丽英　按尼讲，你是借酒壮胆，故意要甲我闹的？

李良顺　对！我李良顺要学一学水浒英雄，
　　　　（唱）"该出手时就出手，风风火火闯九州，依呀嗨……"

高丽英　（一拍桌子）给我"惦"去！

李良顺　（吓一跳，唱歌声像泄气皮球）"风风火火……"

高丽英　李良顺,看来你想横柴"椰"入灶……

李良顺　(忙喝一口酒)我是"虾龟"勿会忍哩咳……(连声咳嗽起来)

高丽英　(连忙替顺拍背,温柔地)老公,拜托了,别憨了,你按尼赌气气,到底为什么?

李良顺　嗨是赌气气(掏出"拆迁协议书",拍在丽英面前)马上把协议签好势!

高丽英　老公,我不是甲你讲过了。你只管教好你的册,这拆迁的事我主意,你"妹"管!

李良顺　不!征地拆迁是咱海沧腾飞发展的大事,是建设美丽海沧、幸福海沧的喜事,这可是造福子孙的千秋大计。人人都要负责,人人都有担当!咱要做跨岛发展排头兵。

　　　　(唱)给你讲甲有嘴"无烂",
　　　　　　你固执已见一再拖延,
　　　　　　你看哪干群合力一股劲,
　　　　　　征地拆迁处处热火朝天。
　　　　　　咱必须立马做决断,
　　　　　　把这"拆迁协议"签签签!

高丽英　(口气转软,近乎哀求)老公啊!这字若一签,咱这楼房就无了了啦!你怎不想想咱这座楼是按盏"起"起来的呀!

李良顺　好!你说,这座房是按盏建起来的!

高丽英　(唱)几年前,咱的旧厝着拆迁,
　　　　　　想建一座新楼房,
　　　　　　虽然拆迁有补偿,
　　　　　　资金还是很困难。
　　　　　　那时节,
　　　　　　你当教师赚薪水,
　　　　　　我在山场种水田,
　　　　　　家境清贫少存款,

　　　　　　急得我吃无味来睡勿会香。
　　　　　　我做田兼去卖海产，
　　　　　　走村穿社叫卖蚵蛭。
　　　　　　我唔甘给你做粗重，
　　　　　　内内外外全靠我一人。
李良顺　（唱）为建房街道帮助咱"宗"贷款，
　　　　　　亲成朋友都来凑"三工"。（帮忙）
高丽英　（唱）搬运沙石我自己赚，
　　　　　　闲时还兼做小工，
　　　　　　暝日拖甲人消瘦，
　　　　　　倾注心血建楼房。
　　　　　　这楼房给咱带来好字运，
李良顺　（插白）你怎不摸心肝想想看，若不是区政府下大本钱进行水电路"三通"基本建设，咱这里形成集市，融汇人气，才使咱楼房地段升值，门面生意兴旺，财源滚滚呀！
　　　　（唱）这楼房给咱发达变好空。
　　　　　　这楼房占着好地段，
　　　　　　建门面才让你开店经商，
　　　　　　这楼房有政府给咱温暖，
　　　　　　这楼房与海沧发展紧相关。
高丽英　（唱）到如今，这新新的楼房要拆迁，我、我心如刀割越想越唔甘！
李良顺　老婆啊！
　　　　（唱）人哩讲吃果子要拜树头，
　　　　　　品好茶着识水源。
　　　　　　你的头壳已"短板"，
　　　　　　生活好过就变一个人。
高丽英　（跳起来）啊！你说我头壳"短板"？我是怎样变一个人？

李良顺	对！你在拆迁上，想偏空，凸歪枝，图有利，占便宜，规个头壳都是钱钱钱！
高丽英	你是秀才读书，册读太多变"园晶"，有钱讲话大声很风气，无钱给人看无走路头刺刺。啥人不想利益关系，啥人纸字仔有嫌多？
李良顺	君子爱财取之有道，政策顾民惠民，咱着感恩照执行！快把协议签了！
高丽英	（故意地）我若不签这张协议呢？
李良顺	你……（又猛喝一口酒）你不签这张协议，就……就签另一张协议！（掏出一纸，拍在丽英面前）签！
高丽英	（拿纸张一看一惊）啊！"离婚协议书"！
李良顺	不错！
高丽英	你，要与我离婚？
李良顺	正是！
高丽英	当真？
李良顺	无假！
高丽英	咱夫妻……哼！恁呣是口口声声说和谐拆迁？
李良顺	志不同道不合，难予和谐！
高丽英	你若与我离婚？
李良顺	这座楼对半分！
高丽英	啊！要分楼？
李良顺	对，这五层楼一人分一半，你那半不拆迁，我这半先拆迁！
高丽英	啊！好好一座楼，拆走你一半，我一半要按盏带（住）？
李良顺	若离婚，田无沟，水无流，一人一家代，公婆随人"猜"！
高丽英	你是发高烧，还是吃酒醉？
李良顺	我是心头满腹火，酒后吐真言。
高丽英	你……
李良顺	签字！

第六章 文稿例选

[手机铃响。

高丽英　你的手机……

李良顺　是你的……对！是我的！（接听）是我，宋民惠……要来我家……嗯……

高丽英　（一怔）宋民惠要来！不能让她缠住，我还是先闪避一下。（急急进入内室）

李良顺　（发现丽英不在）高丽英……（欲追入内室，丽英紧闭房门，把其挡在门外）

李良顺　高丽英你出来……（敲门）出来！好，你怎样入去，我就要让你怎样出来……（急想办法）

[宋民惠拎个提包匆匆地上。

宋民惠　老同学！

李良顺　宋主任……

宋民惠　（示意不能这样称呼）嗯……

李良顺　民惠，又麻烦你跑这一趟。

宋民惠　说什么呢？丽英呢！

李良顺　她……她有事……你请坐。（倒茶）

宋民惠　又出去了！唉，要做个生意，也真够忙的，你这个家也真难为她了。

李良顺　可她……

宋民惠　（发现《离婚协议书》拿过去看）老同学，这是……

李良顺　（不好意思欲收回）老同学……

宋民惠　这《离婚协议书》是你的杰作？（发觉李带酒气）哦！你这滴酒不进的教师竟喝起酒，啃！还红了脸……

李良顺　对不起，老同学，我也是不得已而为之，为了拆迁的事……

宋民惠　为了拆迁的事，你更不能这样做！老同学呀！你真不知足，象高丽英这样人贤惠、会赚钱、会顾家的好老婆，那是

261

	点灯也无帝找,你还想离婚？
李良顺	可这班拆迁,她却成了绊脚石。
宋民惠	话不能这样讲。你是一名"促签促搬"志愿者,更要记住：
	(唱)拆迁宗旨要抱定,
	幸福和谐暖人心,
	怎可房屋未拆迁,
	先要拆散好婚姻！
	为了拆迁想离婚,
	如此做法该严厉批评！
李良顺	她那么固执已见,我真拿她没办法？
宋民惠	(唱)拆迁工作第一等,
	要诚心细心又耐心。
李良顺	我有嘴讲甲"无烂",她就是听不进去。
宋民惠	她不是听不进去,是她还听无入心。咱区领导明确提出：
	征地拆迁要最大限度让利于民,要把工作做过细——
	(唱)多摆事实算细账,
	自古人心是天秤,
	坚持服务人性化,
	换位思考心贴心。
李良顺	换位思考？
宋民惠	对！辛辛苦苦建起来房屋,就要拆迁了,一砖一瓦都关联情感,都牵动着利益呀！
李良顺	拆迁赔偿,有惠民政策……
宋民惠	有人总有种种顾虑。比如你这座五层楼房,按"一换一"的政策规定,可换到三、四套新房,但有人会当心换另个地方不习惯、不方便,条件不如现在好。
李良顺	这也很现实。
宋民惠	区政府下大决心,在寸土寸金的海沧,选最好地段,建高

第六章 文稿例选

　　　　品质的楼盘来做安置房。
李良顺　用最好地段建安置房？
宋民惠　对！现在已建了几个高品位的小区，用来安置拆迁户入住，那里环境优美，交通便利，配套齐备！（拿出个样图）我已帮你在兴东鑫花园选择了几套置换的新房，你看看，包你满意……（展图）
李良顺　（看图激动地）太漂亮、太好了！
宋民惠　你老婆还担心搬进小区，不好做生意。
李良顺　她啊，总是为赚钱……
宋民惠　为赚钱是好事啊！丽英这几年做生意贤赚钱，她还当了纳税模范、文明市民嘛，这就是为海沧经济发展做出了贡献呀！

〔宋民惠进门时，高丽英慢慢步向门边聆听门外讲话。

李良顺　老同学，她尾巴翘上天，你千万别再呵老她。
宋民惠　我实话实说。对了，我还要告诉你，你们的集体资产被盘活，可置换生产厂房，拆款入股。咱海沧已建成油画一条街，把油画生意做向全国、推向海外，需要大批美术人才，你这美术教师可以大显身手，大有作为啦！
李良顺　真的！老同学，你想到我心理去了，多谢啊！
李民惠　我还替丽英联系一处新的海鲜摊点……（手机响，接听）喂！我是……啊！邓老板您好……新摊点已选好，你要与高丽英搞批发连锁店，那太好了……请高丽英听电话……对不起她不在家呀！必须要与她当面说定？若无别人要争去了？这……好！我去找她，我马上去找……

〔李良顺欲敲门，高丽英迫不及待地开门而出。

高丽英　不用找，我来了！
宋民惠　丽英（递给手机）
高丽英　（急切地接过手机）邓老板，我是高丽英！……定了定了

263

　　　　　……好好！（合上手机）谢天谢地！
李良顺　（冲着丽英）哼！什么谢天谢地……
高丽英　（紧握民惠的手）多谢你，宋主任……
宋民惠　这是我应该做的事，不用谢我。
高丽英　对对！民惠啊！刚才你讲的话最贴心，逐句逐字都钻入心肝底，拨亮一盏灯！
　　〔内声："宋主任、宋主任"——甲乙各执一叠协议书，随声而上。
甲、乙　宋主任，好消息、好消息！
甲　阮这组 32 户 35 幢楼房已签好拆迁协议了！
乙　阮这组 45 户 51 座房屋的拆迁协议也都签好了！
甲　海沧的群众呀——
　　　（唱）热烈拥护拆迁决定，
　　　　　　顾全大局眼亮心明，
乙　（唱）算清了发展的大账，
　　　　　期盼着美好的前程。
甲　（甲）大家表示输人呣输阵，
　　　　　拆迁踊跃争代先，
乙　（唱）为海沧大建设争做贡献，
甲、乙　（唱）签约任务提前完成！
宋民惠　（唱）海沧人爱拼敢赢显特性，
　　　　　　　大开放大建设奋发先行！
甲　（发现桌上"离婚协议书"）啊！甲有这张"离婚协议书"？
乙　敢是因未拆房子先拆姻缘？
宋民惠　恁别黑白讲！
高丽英　哦！那"离婚协议书"吗，嗨！那是——
　　　　阮也跟人稀罕，（普通话）"玩玩浪漫"！
甲、乙　是玩浪漫呀！
高丽英　不错，老公，你讲对不对呀！

| 李良顺 | 嘿嘿嘿,浪漫……稀罕……
| 宋民惠 | 人因啊!天生一对,夫妻治"做讪气"!
| 李良顺 | 对对对,是"做讪气""做讪气"。
| 高丽英 | 是他哩吃酒醉……
| 李良顺 | (对英)借问一下,咱这楼房拆迁?
| 高丽英 | (爽朗大方地)协议煞签,
| 李良顺 | 好!签签签!
| 众 | (唱)爱民惠民宗旨定,
　　　春风化雨暖人心,
　　　上下合力抓建设,
　　　和谐幸福喜盈门!

〔在合唱声中李良顺、高丽英作签订协议状,亮相。
〔剧终〕。

2012年12月16日

蜈蚣阁(歌词)

国遗项目蜈蚣阁,
龙头凤尾真神奇,
那个阁身呀,
彩绸花卉来装饰
五彩缤纷惹人爱
帝王将相、才子佳人阁上坐
活榫相接成一串
红色百足真鲜艳,
蜿蜒爬行几千米,长呀长又长,

杏林圣手吴真人,
悬壶济世淡名利,
那个心胸呀
慈悲为怀佑大众,
济世为本保安康,
神术回春、寿世庇民惠众生,
慈济精神存人间,
千秋德泽千年颂,
万载德馨万世传,传呀传又传。

大地春回万象新,
海沧再谱慈济情,
那个蜈蚣阁呀
寄托情怀叙情缘,
共缅保生圣德行,
伴随旗幡锣鼓、轿舆神像去进香
虔诚抬阁到祖宫
共同祈苍生福祉
世世代代保平安,保呀保平安。

海沧区文化中心启动庆典上的区领导讲话稿[①]

尊敬的各位领导、各位来宾:
　　大家好!

[①] 写于2007年11月,为当时参加庆典仪式的区领导提供的讲话稿。

第六章 文稿例选

在党的十七大胜利召开的金秋十月,在全区人民团结奋斗,掀起海峡西岸经济区建设新高潮的大好形势之际。我们在这里欢聚一堂,共同庆祝海沧区文化中心正式启用。首先,我谨代表海沧区委、区人大、区政府、区政协对海沧区文化中心落成启用表示热烈祝贺,向长期支持和参与海沧区文化中心建设的各单位和建设者们表示衷心感谢与诚挚慰问!

海沧区文化中心是厦门市和海沧区的重点建设项目,是保障广大人民群众文化权益的民心工程,是塑造城市形象、提高城市品位的靓点工程,是我区文化设施建设的一个新的里程碑,它的建成,使我区的文化设施建设水平一跃进入全国同类城市的先进行列,为海沧区文化事业乃至厦门市文化事业的大发展奠定了良好的硬件基础。今天,它的正式启用,既是我区文化界的一件大喜事,也是我区社会事业发展中的一件大喜事,是我区在经济建设取得巨大成就的基础上,社会主义精神文明建设的又一项丰硕成果。可以说,海沧文化中心的建成启用,功在当代,利在千秋,是今天政通人和、欣欣向荣局面的体现,其意义和影响极其深远。

一个城市的发展,必须有深厚的文化积淀,这是城市的魂之所在。在人们越来越追求更高生活品位的今天,海沧区文化中心为我们打造了一个文化艺术与大众交流融合的平台,不仅为海沧承接大型文化活动和艺术展览提供了可能,还将成为海沧居民心中的文化圣殿。十月,是文化中心的好日子,又恰逢党的十七大召开的特殊时刻,我衷心希望在文化中心工作的同志们以此为新起点,勇于争先、不负众望,不断提高管理水平和服务水平,努力把文化中心建设成为海沧的"艺术展示中心、文献资源中心、信息服务中心、社会教育中心、学术研讨中心",为提高全民科学文化素质,建设创新型新海沧,构建和谐社会,实现我区新一轮跨越式发展做出更多更积极的贡献!同时,我们也坚信,通过海沧文化中心这个窗口,会让更多的人走进海沧、了解海沧、爱上海沧,海沧文化中心这

我的群文工作

一朵"文化艺术的奇葩",一定会绽放更加绚丽夺目的光彩!

最后,祝各位领导、各位来宾身体健康、工作愉快!

谢谢大家!

海沧文化中心正式启用庆典上的市领导讲话稿①

尊敬的各位领导、各位来宾:

大家好!

在硕果累累的金秋,我们在这里欢聚一堂,共同迎来了海沧区文化中心的启用庆典。耗资近一亿两千万、设施先进、功能齐备的海沧区文化中心竣工并投入使用,这是海沧区文化事业发展中一个重要里程碑,也是我市文化战线的一件盛事、喜事。在此,我谨代表市委市政府,向海沧区文化中心的落成表示热烈祝贺!向关心和支持我市经济、社会发展,特别是文化建设的海沧区广大干部群众表示亲切的问候和衷心的感谢!

海沧自古以来,物华天宝,人杰地灵,深厚的文化底蕴润泽着这片沃土。海沧区人民并未满足于经济发展中取得的骄人成绩,在精神文明建设上也同样敢为人先,海沧区人们政府依托经济强劲的物质基础,敢投入、重实效,将文化建设落到实处。海沧文化中心的落成,赋予海沧新的内涵,体现了海沧区"两个文明"建设的丰硕成果。

文化中心拥有图书馆、影剧院、文化场所、文化广场、青少年宫等多项设施功能,集艺术性、标志性、实用性于一身,是我市乃至我省区级一流的文化基础设施,它必将极大地丰富人民群众的业余文化生活,有效抵制不良文化倾向的侵蚀,并为区域内各级学校提

---

① 2007年,为参加海沧区文化中心启动庆典仪式的市领导写的讲话稿。

供开展素质教育的良好基地与精神食粮。它必将对海沧精神文明建设将起到极大的推动作用。海沧区应该以文化中心落成为契机,充分发挥文化中心的硬件优势与集聚效应,做足机遇文章,凭风借力,激流勇进,使海沧区的文化事业迈上一个崭新的台阶。

希望文化中心的运行,能确保其公共服务功能,健全管理机制,提高运行质量,以期达到公共财政使用效率的最大化。

同志们,让我身后的这座崭新的文化中心来见证海沧区文化事业的蓬勃发展,见证经济社会的繁荣稳定。我们有理由相信,海沧区这颗"明珠"一定将更加熠熠闪光,璀璨夺目。

最后,祝各位领导、各位来宾身体健康、工作愉快!

谢谢大家!

海沧区庆祝建党90周年文艺演出讲话稿[①]

各位领导、各位朋友们:

今天我们欢聚在一起,参加庆祝建党90周年文艺演出活动,在这里,谨让我向莅临今天现场的各位领导、各位朋友致以亲切的问候和衷心感谢!

回首建党90年来的伟大成就,我们无比骄傲和自豪;展望未来,我们满怀激情和信心。为了展示我区干部群众热爱党、热爱祖国、创新进取的精神面貌,我们把建党90周年系列文化活动作为一项重要工作,列入全年政治工作计划,始终坚持把红色元素融入文化活动,以丰富多彩的形式将主题文化活动引向深入。我们积极开展"文化下乡"活动,将丰富多彩的文艺节目输送到农村,通过"送文化"带动"种文化",并向"育文化"延伸,农村文化的种子开始生根发芽、开花结果。昔日城市"文化扶贫",今日农村文化"反哺"

---

① 建党90时周年时,为区领导参加文艺演出写的讲话稿。

城市。从今晚起,各镇街文艺骨干和民间文艺社团将带着特色文艺到城市搭台,这是近年来我区群众文化大繁荣大发展的一次集中展示,即是对农村'种文化'成果的检验,又能促进城乡文化互动发展,扩大基层文化的参与度。

同志们,2011年是中国共产党成立90周年,也是全面实施"十二五"规划的开局之年,我们将继续加大基层文化工作力度,做出更大成绩,促进我区物质文明、政治文明和精神文明的协调发展,早日实现小康社会的奋斗目标!

最后,祝文艺演出活动圆满成功,祝各位领导同志身体健康、工作顺利!谢谢!

保生大帝信俗与厦门非物质文化遗产展厅开展仪式上的讲话稿[①]

尊敬的各位领导、各位嘉宾、女士们、先生们:

大家好!

阳春布德泽,万物生光辉。值此保生大帝信俗被成功列为国家级非物质文化遗产及第三届海沧保生慈济文化节举行之际,我们在圣德堂,隆重举办主题为"保生大帝信俗与厦门非物质文化遗产"的陈列展。

非物质文化遗产,是人类通过口传心授,世代相传的无形的、活态流变的文化遗产,是一个民族古老的生命记忆和活态的文化基因,它体现着一个民族的智慧和民族的精神。厦门是闽南文化传承地区,传统文化底蕴深厚,作为国家级的非物质文化遗产——

---

① 2008年,为市领导参加保生大帝信俗与厦门非物质文化遗产展厅开展仪式写的讲话稿。

保生大帝信俗，千百年来，凭借着其独特的凝聚力、渗透力，已经成为闽南文化传承、两岸文化交流的重要载体，是两岸同胞、海内外华人华侨的亲情纽带。

本次在展出厦门非物质文化遗产保护名录26项，其中已被列入第一、二批省级非物质文化遗产保护名录20项，被列入第一、二批国家级非物质文化遗产保护名录9项。陈列馆采取图片、实物、影像等方式，全面展示保生大帝信俗与厦门市非物质，对更好地弘扬慈济精神、传播闽南文化、促进闽台文化交流具有重要的作用。

最后，祝各位领导、各位来宾身体健康，工作顺利！谢谢！

第三届海峡两岸（厦门）文化产业博览交易会海沧分会场暨"祖国"大型油画长卷创作启动仪式主持词[①]

尊敬的各位领导、各位来宾：

下午好！

今天，万人瞩目的第三届海峡两岸（厦门）文化产业博览交易会在厦门举行。我们相聚海沧兴港油画村，在这里隆重举行海沧分会场暨"祖国"大型油画长卷创作启动仪式。

出席今天启动仪式的领导有：……

以及来自两岸三地的画家、画师代表们！

各位领导、各位来宾：

现在有请海沧区美术产业协会会长×××先生致辞；

（致辞毕）

现在有请海沧区委常委、宣传部部长×××同志致辞；

---

① 2010年6月18日，区领导的主持词。

（致辞毕）

作为本次文博会亮点之一的《祖国》油画长卷，是由《江山如此多娇》《五十六个民族》和《中华五千年》三部分组成，总长度960米，寓意祖国960万平方公里的国土面积，由千名画家、画师分三年时间共同创作完成。今年文博会期间，先期完成第一部分——《江山如此多娇》365米油画分卷的创作，作品主要展示祖国大好河山及神州美景，明年及后年将继续完成第二、三部分的创作。《祖国》巨幅油画长卷将以全球绝无仅有的创作手法，以其气势恢宏的创作场面，载入厦门文化产业史册并在国际上造成一定的影响。我们坚信，此作品必将成为全国美术界公认和推崇的极具价值的油画作品之一。

接下来，有请市区领导为油画长卷题字。

感谢各位领导的美好祝愿，下面有请参与巨幅画卷创作的画师代表进行现场签名。

现在，有请厦门市海沧区政协主席×××同志宣布启动仪式正式开始。

（启动仪式毕）

让我们以热烈的掌声对《祖国》之《江山如此多娇》大型油画长卷创作启动仪式取得圆满成功表示祝贺！

第三届海峡两岸文博会海沧分会场暨"祖国"大型油画长卷创作启动仪式到此结束。请各位领导、各位来宾参观兴港油画村及油画长卷创作现场。

谢谢！

第七章 群文大家谈

我常常和别人说,我很幸运,遇到一群高素质、敬业的同事,让我工作得心应手,非常愉快。刘丽萍,我们区非遗专家,她高效踏实的工作作风有口皆碑;陈淑华,对摄影的执着追求,在厦门摄影界已有一席之地;张洁,馆里大材料的写手,对海沧文化产业了如指掌,曾经好几个单位想把他挖走,他还是很执着的留在文化馆;阮文婷,馆里最年轻的,也是厦门市排舞、广场舞具备资质的评委;陆建英,厦门市著名编导,一台文艺晚会交到她手上,她会还大家一个惊喜;蔡菲,厦门大学音乐专业高才生,做事踏实、认真、默默无闻,除了发挥自己专业所长之外,还承担了馆里的财务、人事等工作,成了馆里的大管家;凌琳,丰厚的文化底蕴造就了她与众不同的主持风格,在我的眼里,她的主持是最好的,当然,工作作风也是一流的,等等这些,都让我为他们骄傲。

我经常想,有这么优秀的团队在那里,还需要我干嘛,也许我就是多出来的一位。

以文慧民　以文乐民　以文富民[①]
——海沧群众文化建设纪实

"扎实推进社会主义文化强国建设""坚持贴近实际、贴近生活、贴近群众""丰富人民精神文化生活"……十八大报告把文化建设推上前所未有的高度,文化强国的脉络越发清晰。

回顾十七大以来的这十年,文化建设书写了一次次惊叹。以农家书屋、广播电视村村通、文化信息资源共享、公共电子阅览室建设计划、农村数字电影放映等为代表的一系列文化惠民工程相继上马,顺利推进。

远的不说,看看我们生活的小城——海沧。这个昔日闭塞的小渔村如今处处充满了文化的馨香,无数精彩的故事在这里上演,无数人的命运因之而改变……

"农家书屋"铺就幸福路

"农家书屋真不赖,富了口袋富脑袋",这是时下流传于海沧鳌冠的一句口头语。村里虾苗养殖户吴建有是农家书屋的常客。他说,在这里他不仅能够浏览养殖书籍,还可以上网获得更多的关于市场信息方面的知识。"养虾苗是个技术活,卖虾更是!这几年,我也算是知道读书上网的好处了"。

在鳌冠村,还有很多像吴建有这样的村民,通过信息资源共享捕捉到了市场信息,掌握了实用技术,收入上也有了可观的改变。

[①] 作者凌琳,负责各类材料的撰写,大型文艺演出主持,曲艺类、语言类项目培训,馆内刊物编辑工作。

大家从读书中体会到了乐趣。据村里文体协管员介绍，现在，平均每天到书屋借阅的人数有 30 多人，书屋也成为居民们最喜欢去的地方之一。

"广场舞"舞出新生活

"火辣辣的歌谣是我们的期待，一路边走边唱才是最自在……"每当夜幕降临，海沧区文化活动中心广场便成了欢乐的海洋。老体协的朱乐嫒老师说，最初跳广场舞时，来这儿的人数屈指可数，"那时候人的思想没开放，只有七八个人敢跳"。而如今成百上千的居民聚集在此跳排舞扭秧歌，他们和着节拍，轻踏舞步，笑容在每一张脸上无声地绽放。

据了解，单海沧街道就有 37 个文化广场，面积约一万多平方米，每晚活动人数可达两三千人。"我们现在一点儿也不觉得无聊了。大伙儿凑在一起，跳跳舞，聊聊天，比看电视、打麻将强多了！"阿姨们兴奋地说。除了组织健身外，这些阿姨们还经常参加各类比赛。她们不仅舞出好日子，也迎来健身娱乐的新气象。

"草根演员"展示新风貌

在钟山村，有个奇特的称呼——"草根演员"。那些土生土长的渔家大哥渔家嫂或收工回来，或刚喂完家禽，可一转眼，大家就成了"草根演员"。

2011 年，在区文化馆的推动下，村里大胆开办"社区晚会"。海报一贴出，家家户户都争着上台，结果上了几十个节目，"热闹"了四个多小时。演出的节目中，自行编排的节目占六成以上，用居民的话说："虽然我们的节目土了点，但说的、唱的、演的都是自己身边熟悉的人和事，土得有滋有味，感到亲切贴心。"今年，在居民的强烈要求下春晚再次上演,这次不仅本社区居民争相一睹为快,周边社区的群众也都闻讯赶来观看。对这些"草根演员"们来说,上台演出早已不在话下,有的甚至早已打出名号。

类似的例子举不胜举。过往的十年,文化惠民这场静悄悄的革命在不知不觉中改变了人们的生活方式,转变了思想观念。以文慧民,启迪思想智慧;以文乐民,滋养精神生活;以文富民,加快奔小康步伐早已在实践中得到映证。站在新十年的起点,循着十八大报告中一条条有力的论述,我们看到的将不仅是国家文化事业的大发展大繁荣,更有人民"精神幸福指数"的大提升。神州大地必将绽放出社会主义文明之花。

小歌手赛的启示[①]

海沧区小歌手赛是海沧区文化馆由 2010 年开始举办的一项赛事,其目的是丰富我区少年儿童的文化艺术生活,为广大少儿提供展示的平台,同时,也为我区储备少儿声乐的优秀人才。

与其他同类型比赛不同,我们的这一赛事是不设门槛的。只需报名参与就可以获得登台展示的机会。虽然有些孩子在嗓音条件及演唱水平上有所欠缺,但重要的是孩子们通过小歌手赛这个平台得到自我展示的机会,得到一次很好的锻炼,因此也受到家长们的广泛好评。

但是,这一赛制也存在着不少问题。由于初赛不设门槛使得报名人数众多,加重了活动组织者的工作量,出现了工作人员不足、调配困难、比赛时间过长等问题,使得初赛不得不采用清唱的形式,这也在一定程度上影响了孩子们的发挥。

---

① 作者蔡菲,负责文化馆文艺、声乐类培训、大型活动的策划、人事、财务工作。

如何解决这一问题呢？我认为可以尝试与教育系统合作的形式，将初赛设在各个学区中心校内举行，我馆及教师进修学校指派评委下到各校进行评判选拔，选上的小歌手最终参加区决赛；或是将比赛时间定于暑假，增设海选环节，周一至周五进行海选，挑选出部分孩子进行初赛、决赛。这样即解决了孩子平日要上课的问题，又化解了周末集中比赛文化馆人手不足的压力。

我和摄影谈恋爱①

因为喜欢，因为爱；用镜头和这个世界谈谈恋爱。这是厦门一个摄影群的群歌，我很是喜欢这个歌词。

> 踏着四季的节奏　徜徉云里雾外
> 为了人生不留太多苍白
> 冬去春来　奔跑在人海
> 只为把梦想带回来
> 岁月如歌　痴心不改
> 用镜头和这个世界谈谈恋爱
> 山海永恒　光影情怀
> 快乐出发　人生精彩
> 因为喜欢　因为爱

很多人说，喜欢拍照的人都有一种情结，力求照片尽善尽美，我也是如此。因为这个情结，往往要付出很多时间和精力。一张反映海沧生活区全景的照片让我每年奔波于蔡尖尾山不下十次，

---

① 作者陈淑华，负责文化馆展览部、主攻摄影，承担亲子类和摄影类等培训工作，兼负责办公室事务。

目前最满意的一张照片看来还带着一些缺憾:云彩很不错,美中不足的是拍照的时候正值退潮时分,能看到海上的滩涂;若是满潮前后,海中有城,城中有海,就美了。为了拍好这个场景,每次都要到寺庙的高处拍摄。有时候一个人上山拍照,就雇用摩托车到山顶,然后把摩托车师傅的手机号码记下来,等拍摄结束后,再打电话叫师傅上来接。因为赶着去大屏山拍摄晚霞,泥泞路、陡坡,雇佣的摩托车两次摔倒,过后想想心里都害怕;为了找个好的拍摄点,经常要摸索找荆棘路,脚划破皮、被蚊子叮等都是常事。

虽然拍照的过程很辛苦,倒也乐在其中。虽然照片存在缺憾,但是正因为缺憾的存在,让我心有期望,希望下一次拍照的时候有更理想的画面出现。

我算是半路出家,误打误撞进入摄影这个圈子的。刚开始接触摄影是因为工作的需要,单位经常有演出任务,要记录下这些照片作为信息报送及资料保存。每次拍完一场晚会,如果一个节目能挑到一两张满意的照片,很高兴。拍了一段时间后,慢慢地拍出了心得,开始享受快门按下的那一瞬间。后来,拍照对我来说不再仅仅是工作的需要,而是自己的兴趣爱好。利用节假日,逛逛海沧的各村居,用手中的相机拍摄下海沧的民风民俗,倒也是一件乐事。

我喜欢摄影,也喜欢和影友聊聊摄影,于是建立了海沧的摄影QQ群——"海天一摄",里面有两百多位摄影爱好者,海沧的影友大概有80%。群里经常会发布一些摄影信息,影友在这里交流摄影心得体会等。晨曦、傍晚或周末的时候,约上几位志同道合的摄影爱好者到海沧湾公园等周边采风,在摄影的过程中大家相互学习,互相进步。每两个星期举办公益摄影沙龙,邀请不同的摄影老师分享不同领域的摄影,话题广泛,自由谈论,各抒己见,互动性强。每期都有30多位影友参加。在组织的同时,也是学习的过程,在潜移默化中慢慢的认识摄影,了解摄影,研究摄影。

兴趣是最好的老师，喜欢没有理由。拍拍照，和摄影谈谈恋爱，累并快乐着。

我与非遗工作[①]

转眼间我来海沧文化馆工作已经6年多了。6年的时间说长也长，说短也短。回首这段时间在文化馆经历的点点滴滴，感悟颇深。

还记得刚来上班的时候，从教师改行过来的自己还不太清楚文化馆是做什么的，也不知道群文工作具体要干什么，一切都是从零开始。第一天的工作是校对厚厚的一叠非遗普查资料。这些资料是海沧第一次非遗普查的成果，凝结着所有调查人员的心血。大约看了一周时间，我从字里行间慢慢了解了海沧的历史文化和风土人情，也对自己接下来要从事的工作有了一个模糊的概念。

非物质文化遗产保护在国际上已经进行了几十年，而我国是近几年才开始，算是新生事物。很多人连非遗是什么都不知道。其实我在接触这个工作之前，头脑中对非遗的概念也是空白的。但是慢慢地接触中，我觉得这个工作是很有意思的。

非遗是人们口口相传，世代传承的非物质性的文化遗产，是最贴近生活的东西。因此，非遗保护工作也不是光坐在办公室就能完成的，更多的时候我需要下乡，走到村民身边，听他们讲历史，讲典故。

来到馆里的第三年，文化馆启动了拆迁村落民俗调查。我和调查组的成员开始深入钟山、东屿、后井等村庄进行实地考察。在调查中，我接触到了海沧许多淳朴的村民。对于我这个陌生人，他们热情地带路，毫无保留地把自己知道的典故和盘托出。

[①] 作者刘丽萍，负责文化馆的非物质文化遗产和文物保护工作。

东屿村的柯奋斗阿伯给我留下了深刻的印象。他在村里拆迁点上班，平时工作比较忙，但是每次接到我的电话后，他都马上抽出时间接受采访。有一回讲到东屿渔业养殖的时候，为了让我拍到第一手照片，他还主动带着我下到东屿村的滩涂上，撑着一艘小渔船出海，让我拍到了海蛎养殖、紫菜和红树林的照片。等上岸的时候，他的鞋和长裤都被海水湿透了。

前段时间，柯阿伯打来电话，很不好意思的请我帮忙在网上帮他投票。我一问才知道原来老人家正在评选"美丽厦门 共同缔造"的先进个人。我马上回到办公室，打开评选的网站进行投票。投票时，我看到网站上面有柯阿伯的简介，看完后我对他更是肃然起敬。柯奋斗阿伯年近六十还赡养家里的三位老人。九十高龄的姑妈，多年守寡无子无靠，他将其接到自己家里赡养至今已有20年。父亲已86岁，卧床一年有余，他每天为老父翻身换洗尿布与衣裤。母亲也是84岁高龄。除了家里的事情外，他退休之后仍热心于村里的事务，率先拆迁安置，从2010年10月开始每天义务参加东屿村征拆工作。他们家庭被评为厦门最美家庭，他本人随后也获评"美丽厦门 共同缔造"先进个人。

其实像柯奋斗阿伯这种淳朴、和善的老人家，在下乡进行非遗调查的过程中我还不时会碰到。他们激励着我在今后的非遗保护工作中继续保持对工作的热情和与人为善的态度。

关于城乡公共文化服务体系建设的思考[①]

"十二五"期间，文化部、财政部共同开展"国家公共文化服务体系示范区（项目）创建工作"这一战略性文化惠民项目。国家公

---

① 作者张洁，负责文化产业工作，完成局里交办的各种创建和督办工作，文化馆的主要公文撰写工作，兼负责文化遗产保护工作。

共文化服务体系示范区(项目)创建工作的基本要求是按照公益性、均等性、基本性、便利性的原则,在全国创建一批网络健全、结构合理、发展均衡、运行有效的公共文化服务体系示范区,培育一批具有创新性、带动性、导向性、科学性的公共文化服务体系项目,为我国公共文化服务体系建设探索经验、提供示范,推动公共文化服务体系建设科学发展。

经过严格的申报、评审、公示等程序,2011年5月,包括厦门市在内的31个城市入选第一批创建国家公共文化服务体系示范区(项目)名单。经过两年多的创建,2013年11月,文化部、财政部在上海召开国家公共文化服务体系示范区(项目)创建工作会议,会上宣布了厦门等31个城市获评"第一批国家公共文化服务体系示范区(项目)"。

自创建工作开展以来,海沧区紧紧围绕国家公共文化服务体系示范区创建工作为中心,严格按照《国家公共文化服务体系示范区(项目)创建标准》,全面完成区、镇(街)、村(居、场)三级公共文化设施网络达标建设,不断改善公共文化服务供给能力,努力完善公共文化组织支撑和资金、人才、技术等保障措施。示范区创建工作取得显著成效,基本建成覆盖城乡、网络健全、结构合理、发展均衡、运行有效的公共文化服务体系,获评"厦门市创建国家公共文化服务体系示范区先进区"。同时,海沧区文化馆、海沧区海沧街道文化站获评"厦门市创建国家公共文化服务体系示范区先进单位"。

一、海沧区城乡公共文化服务体系建设的基本现状

海沧区位于福建省厦门市西部,东与厦门本岛隔海相望,西与漳州接壤,在厦门岛内外一体化和厦漳泉同城化中具有独特的区位优势。下辖东孚镇、海沧街道、新阳街道,面积184.46平方千米,常住人口43万(其中户籍人口13万,新厦门人30万)。1989

年经国务院批准成为全国设立时间最早、面积最大的国家级台商投资区;2003年设立海沧行政区。经过25年的高速发展,2013年海沧区全年完成地区生产总值424.46亿元;工业总产值1 023.4亿元;固定资产投资240.8亿元;全区财政总收入140亿元;区级财政总收入71.31亿元;城镇居民人均可支配收入3.86万元,达到中等发达国家水平;农民人均纯收入达1.86万元,达到全国领先水平。全区财政总收入跨入全省三个"百亿县(市、区)"行列;人均地区生产总值、人均工业产值、人均财政收入排名全省第一;农民人均纯收入实现全省"八连冠"。海沧区综合实力跃居"2013年度全国百强区"第20名;排名"最具投资潜力中小城市百强区"第19名;成为第9个"全国社区管理和服务创新实验区"。

(一)加大投入,完善公共文化服务设施网络建设

坚持规划先行、项目带动,促进海沧文化事业可持续发展,建成覆盖区、镇(街)、村(居、场)三级的公共文化服务设施网络。

(1)投资8亿元建成区级文化中心和体育中心,启动东孚镇文体中心和新阳街道文化中心建设,区图书馆RFID智能馆藏系统建成投用,区文化馆、区图书馆均获评国家一级馆。

(2)全区3个镇(街)均建有建设面积500平方米以上,且按标准配置的综合文化站,达标率100%,38个村(居、场)均建有建设面积200平方米以上,且按标准配置的文化活动室,达标率100%。

(3)区、镇(街)、村(居、场)文化场所均建有标准配置的公共电子阅览室和全国文化信息资源共享工程基层服务点,达标率100%。

(二)积极探索,创新公共文化人才队伍建设机制

先行先试,勇于探索,积极创新文化人才发展机制、文化活动组织机制、文化工作者管理机制等三大机制。

（1）创新文化人才发展机制，制定并实施《海沧区文化人才发展规划（2013—2016年）》《海沧区高层次文化人才引进和培育暂行办法》《海沧区关于鼓励文艺创作参展参赛的奖励暂行办法》等文化人才扶持政策。

（2）创新文化活动组织机制，制定并实施《关于政府面向社会购买公共文化服务的方案（试行）》，坚持面向市场，引入竞争机制，采取项目补贴和政府招标采购等方式，引导社会力量参与公共文化产品的生产和供给。与厦门歌舞剧院合作举办"美丽海沧"系列广场文化活动，与海投集团合作开展商业广场文化演出，与海沧旅游集团合作打造闽台民俗阵头表演，与厦门书香阳光文化传播有限公司合作推行基层图书统一配送流通服务模式。

（3）创新文化工作者管理机制，制定并实施《海沧区文化协管员管理办法》，在全省首推并实施村（居、场）专职文化协管员聘用机制，实行网格化管理，每个村（居、场）均设有政府财政补贴的专职文化协管员。全区共组建民间文艺团体188支、文化社团9个、群众文化示范点6个、少年儿童艺术培训基地5个、专职文化协管员38人，注册登记文化志愿者607人。

（三）拓宽渠道，提高公共文化服务供给能力

积极拓宽服务渠道，着力面向基层、面向农村，实现资源下移、服务下移，让广大人民群众共享文化发展成果。持续深化免费开放服务、基层文化服务、弱势群体文化服务等三大服务。

（1）各级公共文化场馆全面免费开放，并常年组织开展各类免费培训项目。区图书馆免费服务项目有图书阅览外借、数字资源浏览、阅读推广、基层辅导、流动服务、公益讲座等。区文化馆设免费服务项目有文艺演出、展览展示、辅导讲座、艺术培训、游艺娱乐、体育健身等，并常态化开展形体、合唱、京剧、国学读经、摄影、

书法、排舞、拉丁舞、百姓健康舞等10多项免费培训课程。

(2)"美丽海沧"基层文化服务品牌活动持续深入开展。2013年全区共举办大型广场文化活动125场、大型展览15场,实现每个村(居)每年放映电影12场以上,组织规模较大的群众文体活动8次以上。区图书馆在基层建立7个图书分馆、22个图书流动服务点、23个农家书屋,2013年共开展下基层服务42次,送书到农村、社区、学校、部队、企业等8 246册。

(3)针对弱势群体和特殊人群建立相应的长效服务机制体制。各类公共文化设施免费向农民工和老少残群体开放,配套专门的活动区域和服务项目,经常性组织面向农民工和老少残群体的文体活动和文化培训,有效保障弱势群体和特殊人群的基本文化服务权益。

(四)打造品牌,丰富公共文化服务内涵

大力发展公益性文化活动,着力促成"文化搭台、赛事支撑、群众参与、商贸并进"的文化活动发展新格局,积极打造非遗文化、节庆文化、体育文化等三大文化品牌。

(1)以非遗文化为依托,打造常态化的"美丽海沧"非遗文化活动品牌,将保生大帝信俗、海沧蜈蚣阁民俗、闽台送王船习俗、新垵五祖拳等特色民俗文化融合到活动中。

(2)以重大节庆为节点,打造海峡两岸(厦门海沧)保生慈济文化旅游节、厦门玛瑙文化旅游节、海沧汽车文化节等特色节庆文化活动品牌。

(3)以丰厚的体育资源为基础,打造国际山地越野公开赛、国际武术大赛、国际自行车公开赛、中国女子高尔夫公开赛等特色体育文化活动品牌。

二、海沧区城乡公共文化服务体系建设存在的主要问题

(一)公共文化服务经费保障的长效机制尚未健全

海沧区用于公共文化建设的财政资金投入偏重于重大文化项目的建设,而建成后的公共文化服务设施运行、管理、维护等费用仍有部分未纳入区级财政经常性支出预算,造成部分建成后的公共文化服务设施未能全面发挥应有的作用。例如:农家书屋书籍不能及时充实更新,书籍报刊种类、数量偏少;基层公共电子阅览室开放时间无法保障;农村群众性文化活动专项资金紧缺等。

(二)公共文化服务设施的管理和使用效率有待提高

海沧区基本构建了较为完善的公共文化服务设施网络,但还存在部分基层公共文化服务资源开发利用不足;文化设施的管理和使用未能规范;文化服务的水平和能力较为薄弱等现象。如何把各类公共文化服务设施管理好、维护好、运营好,最大限度地发挥其使用效益,必须尽快建立科学化、制度化和规范化的长效机制。

(三)公共文化服务人才队伍的力量亟需充实和加强

海沧区高层次文化人才总量偏少,专业水平不高,原创能力不强,无法满足全区文化大发展大繁荣的迫切要求。例如:区图书馆工作人员编制不足,缺乏图书管理专业人员;镇(街)文化专干不专,大多身兼数职;部分村(居、场)文化协管员专业素质不高。这在一定程度上影响了公共文化服务体系功能的全面发挥。

三、完善海沧区城乡公共文化服务体系建设的工作思路

(一)指导思想

以党的十七届六中全会、十八大和十八届三中全会精神为指导,深入贯彻落实科学发展观,牢牢把握先进文化的前进方向,培育和践行社会主义核心价值体系。以发展为主题,以改革为动力,加快完善城乡公共文化服务体系建设,全力推进城乡公共文化服务均等化、标准化和一体化建设,不断满足人民群众日益增长的精神文化需求。

(二)目标任务

围绕《美丽厦门战略规划》和"美丽厦门·活力海沧"定位,统筹城乡文化发展,以完善城乡文化设施建设、打造城乡文化活动品牌、传承弘扬地方非遗文化三大项目为抓手,推进海沧文化大发展大繁荣,把海沧打造成为全国一流的公共文化服务体系示范区。

(三)具体举措

1. 完善城乡文化设施建设

构建覆盖城乡、布局合理、功能完善的公共文化设施网络体系,实现区级文化活动中心建设面积6 000平方米以上,镇(街)级文化站建设面积500平方米以上,村(居)级文化室建设面积200平方米以上。有条件的镇(街)文化站达到1 000平方米以上、村(居)文化室达到300平方米以上。

(1)建设"城乡十分钟文化圈"。加快推进海沧区体育中心二期及东孚文体中心、新阳文化中心建设和街区24小时自助图书馆系统建设,基本构建以区级大型公共文体设施为核心,镇(街)公共

文体设施为枢纽,村(居)基层文体设施为基础的三级公共文化服务网络,重点突出均等性、便利性,构筑"城乡十分钟文化圈"。

(2)实施"村(居)五个一工程"。实现每个村(居)建有一个标准配置的文化活动室,一个群众文化活动广场,一个纳凉点,组建一支以上文化志愿者队伍,配置一名以上专职文化协管员。

2. 打造城乡文化活动品牌

打造具有鲜明地域特色的公共文化活动品牌,培育和提升对台文化、广场文化、非遗文化和节庆文化等品牌活动,构筑"镇街有品牌、村居有特色""周周有演出、月月有活动"的公共文化服务供给体系。

(1)打造对台文化品牌。充分挖掘"保生慈济"的历史价值、文化价值和社会价值,持续举办海峡两岸(厦门海沧)保生慈济文化旅游节,传承和弘扬闽南文化,深化对台交流合作,扩大"保生慈济"文化品牌影响力。

(2)打造"音乐厦门"文化品牌。引进台湾知名文化艺术机构微风乐集艺术团落户海沧,定期举办"广场音乐会+四季音乐厅演唱会",把海沧打造成为两岸流行音乐文化交流中心。

(3)打造"美丽海沧"广场文化品牌。依托海沧广场资源优势,利用政府购买文化服务产品(歌舞剧院等专业社团演出)和民间社团力量,每月定期在区文化中心广场、阿罗海城市广场、青礁慈济宫景区、天虹商场等场所,常态化开展"美丽海沧"文化演出活动,举办广场舞等大型群众性赛事。围绕统筹城乡发展,推动公共文化服务均等化工作目标,开展"美丽海沧"文化下乡、进社区主题活动。结合台商投资区特色,开展"美丽海沧"五送文化进台企(送文艺演出、艺术培训、书画摄影展览、书籍刊物、电影等)活动并在台企设立图书分馆,组建台胞文艺团队和文化志愿者队伍。

(4)提高民间文化品牌。按照共同缔造理念,持续对洪塘村"温馨夕阳"文艺队、海虹社区"海虹欢唱队"等村居民间文艺队伍进行提高,使之成为建设美丽海沧、宣传先进文化的重要基层力量。

(5)繁荣节庆文化品牌。结合重大会展节庆赛事活动,组织开展海峡两岸(厦门)文博会海沧分会场、厦门(海沧)玛瑙旅游文化节、海沧汽车文化节、海沧市民节、城市狂欢节等节庆活动。

3. 传承弘扬地方非遗文化

结合闽南文化生态保护实验区建设,深入贯彻"保护为主、抢救第一、合理利用、传承发展"的工作方针,全面推动非物质文化遗产的保护、传承和弘扬。

(1)善非遗文化保护体系建设。传承弘扬非遗文化,在现有三个国家级非遗保护项目(保生大帝信俗、蜈蚣阁民俗、送王船民俗),有多个省级、市级非遗保护项目的基础上,持续推动一批优秀非遗项目申报市级、省级、国家级保护名录予以保护。推进海峡两岸中医药博物馆、青礁慈济宫保生慈济文化生态展览馆、海沧区非物质文化遗产展示厅提升建设,全方位展示海沧优秀非遗项目。持续推进拆迁村落民俗文化调查、整理工作,完成"风土海沧"系列民俗文化丛书六个拆迁村落"一村(居)一书"的任务。

(2)育"一村(居)一品"文化活动。以闽南文化生态保护实验区建设为抓手,深入挖掘闽南民间文化优势资源,培育村(居)特色非遗文化活动。充分发挥民间文艺骨干和民间艺人作用,采取共同缔造方式,让他们发挥所长,就地取材,参与文艺作品的创作,用优秀文艺作品服务基层群众。重点培育保生大帝信俗、送王船民俗、蜈蚣阁民俗、五祖拳等群众文化活动的开展。

(四)保障措施

1. 健全组织机构

筹备成立海沧区文化改革发展工作领导小组,明确行政职级,落实岗位责任,加强统筹协调,形成齐抓共管推进城乡公共文化服务体系一体化发展的新格局。

2. 加强学习提升

深入学习贯彻党的十七届六中全会、十八大和十八届三中全会精神,用足用好中央、省、市各级出台的文化改革发展扶持政策。学习借鉴厦门岛内,以及北京、深圳、新加坡等先进城市和地区的成功经验,加速推动海沧城乡公共文化服务体系一体化发展。

3. 创新机制体制

结合"美丽厦门·共同缔造",采取"以奖代补"形式,大力完善我区公共文化服务体系建设。持续创新政府采购公共文化服务机制,充分发挥社会力量,引入社会资金投入共建"文化海沧",持续提升我区文化基础设施建设和文化服务供给水平。

4. 加大资金投入

争取市级及市级以上财政资金倾斜,加大区级财资金对文化建设的投入,确保"公共财政对文化建设投入的增长幅度高于财政经常性收入的增长幅度"和"文化建设支出占财政支出比例达到全市领先水平"两项指标全面达标。设立海沧区文化发展专项资金,研究制定专项资金使用管理办法,做好财政资金使用绩效评估工作。

5. 完善人才保障

深入贯彻实施《海沧区文化人才发展规划(2013—2016年)》、《海沧区高层次文化人才引进和培育暂行办法》等文化人才政策,结合重大文化项目建设,积极探索人才和智力的灵活引进和使用方式。通过岗位聘任、项目聘任、客座邀请、定期服务、短期合作等方式,柔性引进高层次文化人才服务于我区文化建设,推动海沧文化大发展、大繁荣。

我与免费培训①

群众文化工作是由政府保障的人民群众享受的基本文化权益,是为丰富群众精神文化生活而提供的服务。文化馆发挥其自身功能,需义不容辞地担负起为群众提供公益性文化服务的责任。其中免费培训成为满足人民群众日益增长的物质和精神需求的重要途径之一。

海沧区文化馆一直开办健康有益的免费培训。平均一年开办三期,每一期三个月。至目前为止,我馆已开设了上百个培训项目,受益群众达几千余人。

一、免费培训的几点前提条件

(一)社会调查,开展人民群众喜闻乐见的文化项目

首先,做好开班前的社会调查工作,结合实际,从老百姓的"需求"出发,增加老百姓感兴趣的项目班级,不盲目开办五花八门不切实际的培训项目。

(二)利用文化馆现有师资资源

充分利用我馆现有师资力量,积极开展丰富多彩的群众性培训文化活动。海沧文化馆开展免费培训以来,每期培训,文化馆内部工作人员都必须亲自担任授课教师,在培训项目专业不对口以及师资力量不足的情况下才会考虑外聘教师。

---

① 作者阮文婷,负责文化馆文艺演出和文艺培训的统筹安排,承担古筝、广场舞类的培训工作,兼负责文化馆服装管理。

二、免费培训的几个亮点

（一）针对外来务工人员子女量身定制培训项目

弱势群体是权利缺失的一个群体，也是一直被社会关注的群体。如何去关怀和帮扶这些外来来务工人员弱势群体，成为我馆重点关注的问题。我馆在免费培训内容中增加专门针对外来务工人员子女开设的少儿舞蹈培训班、外来务工人员子女古筝基础班、提高班等，为我区许多经济条件有限的外来务工家庭带去一份温暖。

（二）开设以面试为前提的两个少儿培训团队项目

为推动我区艺术事业发展，进一步提升我区群众整体艺术水平。自2013年起，以面试为前提，我馆面向全区招收具有一定文艺特长和潜质的青少年，目前创办了海沧区文化馆少儿合唱团、海沧区文化馆少儿舞蹈队。

（三）"亲子"特色培训项目

亲子共同参加培训，也是我馆免费培训的又一亮点。

由于亲子培训对象的特定性及培训模式的新颖性，得到了很多小朋友们的喜爱，同时也获得了众多家长的肯定和支持。我馆在免费培训项目中开设过"亲子书法培训班""崇礼学堂·亲子国学读经班""亲子创意软陶"等。

第七章 群文大家谈

用心经营　用爱管理
——群文管理工作感悟一二

常听说许多文化馆一直游离于机关事业单位的边缘，出现有编制，没经费的尴尬境界。个人认为，文化馆被边缘化，除了政策等因素外，也不排除文化馆人自身的因素，因为许多在文化馆工作的人有艺术特长，在政府没有去重视文化馆的同时，文化馆也选择远离政府，结果越走越远，直至被边缘化。

海沧区文化馆工作得到海沧区委区政府的高度重视，财政拨付活动经费跨越式的增长，在编制非常紧缺的情况下，政府为文化馆增编增岗，局里也将其编制人员"支援"文化馆。

所有的一切，离不开文化馆团队的共同努力，是团队成就和巩固了文化馆在区里的地位，这种关系用一句最简单的话来说，就是"有为才有位"。

更可贵的是，在繁重的工作压力下，海沧区文化馆的同仁们都觉得在文化馆工作能"顺心"，每个人始终都能精神饱满地投入工作。

最近网上流行一个帖子：中欧商学院有个教学案例：给出3家公司；A公司规定8点上班，迟到或早退要扣钱，统一制服、佩戴胸卡，每年组织一次旅游、2次聚会、3次联欢，每个员工每年要提出4项合理化建议；B公司规定9点上班，但不考勤，办公室可以根据个人的爱好布置，饮料和水果全开放式免费供应，上班时间可以去理发、游泳；C公司没有规定上班时间，把狗和孩子带来也行，上班时去度假不扣工资。要求学生根据3家公司的管理制度判断哪个公司更有前途。

90%的学生认为A公司的发展前景最好。答案却相反，A公司是个 DVD 生产企业,1997 年成立,2005 年已倒闭。B 是微软的;C 是近年来发展最快的谷歌。这个案例是想让未来的商业精英们意识到,公司的发展,是不靠传统的约束管理办法。

事实上,大多数中国企业的员工可能对 A 公司的制度更有亲切感。当然,机关事业单位的工作人员和企业员工不一样,企业有量化的工作目标,而在行政机关和事业单位,工作目标会因随时可出现的工作任务和主题工作而进行调整。个人认为,类似于谷歌一样的管理环境不是特别适合于承担政府职能的行政企事业单位,但"以人为本"还是应该成为每个单位管理员工的永恒主题。

在近四年的文化馆管理工作中,我主要做到:

其一,有章可循。人们常说,规章制度是为约束不自觉的人而制定的,对于遵守制度的人来说,制度也就不成制度了。其实,制度应该不是约束的,而是人们行为准则的标准。首先,是规范性作用,在各项制度的约束下,大家的行动有规可循,照章行事,工作协调,行动一致,避免各自为政,自行其是,甚至互相冲突,造成管理混乱。其次,是秩序性作用,按照规章制度有节奏有秩序地进行工作、学习和生活,各部门职责清楚,分工明确,不会互相推脱,徒增内耗。最后,提高管理效率。规章制度能使员工行为合矩,不偏离单位的发展方向。通过合理的设置权利、义务和责任,使职工能预测到自己的行为和努力的后果,激励员工为企业的目标和使命努力奋斗。所以,文化馆必须要有严明的制度,作为大家行为的一个参照。自觉遵守的制度,时间长了,就成了大家的一种习惯。2009年,我们就制定了相关制度,刚开始,觉得是在遵守制度,但一年过后,大家遵守制度,形成习惯,近年来,我倒觉得我们馆里的制度成为挂在墙上的一片纸而已。

其二,以身作则。孔子所说:"其身正,不令而行;其身不正,虽令不从。"个人认为,一个单位的领导,在于 99% 的领导者个人所展现的威信和魅力和 1% 的权力行使。这种威信与魅力,来自领导自身的示范，以身作则体现在做事的态度和做事的能力上。古语说："己欲立而立人，己欲达而达人"，这句话的意思是，只有自己愿意去做的事，才能要求别人去做，只有自己能够做到的事，才能要求别人也做到。应该把"照我说的做"改为"照我做的做"，用无声的语言说服同事，这样才具有亲和力，才能形成高度的凝聚力。其次，在利益面前，多谦让，多替别人着想。在责任面前，要勇于担当，如果部下犯了错误，关起门来可以好好批评，但对外，作为管理者，首先要把错误责任揽过来。

其三，以诚相待。"真诚是人与人之间沟通的桥梁，是一种让人信赖的信物，只有以诚相待，才能使双方建立信任感，如果以真诚去对待他人，他人亦必定会以真诚回报"，美国罗切斯特医学中心的研究发现，当员工在工作中感觉孤立无援时，很容易产生抑郁情绪。在单位里，如果每一个员工都能够与同事及合作伙伴互相关心、互相帮助，他们对工作会更投入，更容易获得长久而稳定的工作。与自己的同事、助手建立友谊，将友谊延伸到工作之外，宽松的工作环境更容易激发员工的工作积极性和归属感，减小工作带来的压力。只有去善待别人、帮助别人，才能处理好人际关系，从而获得他人的愉快合作。

首先，讲真话、不虚饰。在同事面前，不要刻意去伪装自己，把自己的优点和缺点都展示出来，让同事一目了然，领导不是万能的，一旦遇到不能做到的事情，就明白说明自己能力有限。能做到的事在没能成功或没有百分百把握的情况下，也不能把话说"满"了，告诉同事，自己会努力的，力求达到目标。作为管理者，首先是人，之后才是管理者。把同事当朋友，在自己无助的时候，让大家来关心自己，也是创设良好同事关系的基础。

其次，守信用，不食言是作为管理者的基本要求。"一言既出，驷马难追"也应该用在管理者身上。做事即做人，待人如待己。管理者的信用和善行会衍生出一群人的信用和善行。

最后,敢于承认错误。人非圣贤,孰能无过,现实生活中,有些人不讨人喜欢,甚至四面楚歌,不是大家故意和他们过不去,而是他们在与人相处时总是自以为是,对别人百般挑剔,随意指责,人为地制造矛盾。而一旦自己错了,更是百般抵赖或者掩饰,只有处处与人为善,严以律己,宽以待人,敢于承认错误才能建立与人和睦相处的基础。

馆里的一位同事由于工作特别敬业,且文笔也不错,曾经区委办、区府办、区工会、局里等单位以各种优惠条件想"挖"他过去,每一次,他都断然拒绝,我也曾劝过他做好选择,但他说"我不在乎待遇,我在乎的是我们这个工作氛围"。确实,以诚相待是我们这个团队为人的根本,就是这种处事方式,为大家紧张的工作创设宽松的工作环境。

其四,扬长避短。晋朝葛洪说:用得其长,则才无或弃;偏诘其短,则触物无可。意思是说"用人如果用他擅长的方面,那么人才就不会被弃之不用;如果片面责难他不擅长的方面,那么所有的人都会觉得不合意"。许多人夸海沧区文化馆团队的每个人都特别能干,都能独当一面,其实,每个人都有自己的专长和弱项,作为管理者,要善于发现他们的闪光点,挖掘他们的潜能,把每个人安排在适合他们的岗位上,自然都可以独当一面了。

总之,凡事只要有心就能做成,凡事有爱就能做好。文化馆团队建设任重而道远,求得领导放心,大家"顺心",还是今后不懈努力的方向。

后 记

转眼在群文界待了十年，想为自己这人生中最宝贵的十年工作留点记录。于是就有了将自己的部分工作经验，从事群文基础工作的基本思路，具体案例，建设群文团队的具体办法以及从事群众文化工作的心路历程整理出来的想法，希望也能从不同角度展示海沧区文化馆人的工作面貌和工作状态，从最基层的视角阐释对群众文化的看法。

承担大量行政工作，以管理行政机关干部的模式来管理文化馆专业技术干部的海沧区文化馆，其存在形式和工作职能有可能在众多的文化馆中是个特例，这种状态合理不合理，我不敢断证，但可以肯定，尽管工作量大，但在海沧区文化馆工作的文化馆人他们都很热爱文化馆这份工作。

很早就想梳理一下这几年的工作经验，但一直认为文字工作是自己的弱项，平常习惯性地把事情处理得简单化，包括文字方面，人家可以用优美的文字来表述一件事，可在我手上，往往是干巴巴的、索然无味的两句话。也常常听朋友说：和你聊天，感觉你有思路，为什么不用文字去表达你的思路呢？真的动笔时，才发现说半天的话写出来就一两句。

　　还好自己对承诺不会食言，在厦大出版社王鹭鹏编辑的鼓励下，我试着动手整理自己的思路和原有的工作成果，发现，如一团乱麻，想写的太多，试图呈现的也太多，该怎么呈现才能有条理性，让别人也看得懂，着实花了不少脑筋，一开始，我将一团文字按照自己的思路发给王编辑时，他耐心地对我进行引导，让我主动删除"边角料"；整理好后，一直觉得自己的东西羞于见人，更不敢称其为一本书，只想私下整理、私下印刷、私下收留。当编辑要我找人写序言时，我有一种丑媳妇难见公婆的感觉，不敢找朋友或领导去写，一直拖到书要印刷了，才硬着头皮求厦大外文学院的吴光辉教授给我写个序言。结果，吴教授说，哪有这么不好意思，早该找他了，也不至于那么纠结。他提出非常中肯的意见，又对书本体系和内容进行了画龙点睛的指导。海沧区文化馆的刘丽萍、张洁、凌琳、陈淑华、蔡菲、阮文婷、陆建英提供了许多详细的一手资料并参与资料的整理，陈淑华提供书中精美的图片。这些人帮助我圆了梦想，在此一并表示诚挚的谢意！

　　因水平有限，书中有许多不尽完善之处，希望大家批评指正。

2014年8月

图书在版编目(CIP)数据

我的群文工作/黄达绥著.—厦门:厦门大学出版社,2014.8
ISBN 978-7-5615-5216-2

Ⅰ.①我… Ⅱ.①黄… Ⅲ.①群众文化-文化工作-中国
Ⅳ.①G249.2-53

中国版本图书馆CIP数据核字(2014)第212367号

官方合作网络销售商:

厦门大学出版社出版发行

(地址:厦门市软件园二期望海路39号   邮编:361008)
总 编 办 电 话:0592-2182177   传真:0592-2181253
营销中心电话:0592-2184458   传真:0592-2181365
网址:http://www.xmupress.com
邮箱:xmup@xmupress.com

厦门市竞成印刷有限公司印刷

2014年8月第1版   2014年8月第1次印刷
开本:889×1194   1/32   印张:9.75
字数:250千字
定价:30.00元

本书如有印装质量问题请直接寄承印厂调换